Allegria

Der Autor

Dr. Jim B. Tucker ist Professor für Psychiatrie und Neuro-Verhaltenswissenschaften an der Universität von Virginia. Er setzt das Werk des Begründers der Reinkarnationstheorie Ian Stevenson fort, der erstmals wissenschaftlich das Phänomen von Kindern erforscht hat, die sich an frühere Leben erinnern. Tuckers erstes Buch »Life before Life. A Scientific Investigation of Children's Memories of Previous Lives« wurde in zehn Sprachen übersetzt.

Dr. Jim B. Tucker

KINDER ERINNERN SICH

Dem faszinierenden Phänomen der Wiedergeburt auf der Spur

Aus dem Amerikanischen
von Gabriel Stein

Ullstein

Besuchen Sie uns im Internet:
www.ullstein.de

Wir verpflichten uns zu Nachhaltigkeit
• Klimaneutrales Produkt
• Papiere aus nachhaltiger Waldwirtschaft und anderen kontrollierten Quellen
• ullstein.de/nachhaltigkeit

Allegria im Ullstein Taschenbuch

Titel der Originalausgabe:
RETURN TO LIFE
Erschienen 2013 im Verlag St. Martin's Press,
New York, USA

MIX
Papier
FSC FSC® C083411

Ullstein Taschenbuch ist ein Verlag
der Ullstein Buchverlage GmbH, Berlin.
Deutsche Erstausgabe im Ullstein Taschenbuch
1. Auflage September 2014
3. Auflage 2021

Übersetzung: Gabriel Stein
Lektorat: Barbara Krause
Umschlaggestaltung: X-Design, München,
unter Verwendung eines Motivs
von shutterstock
Satz: Keller & Keller GbR
Gesetzt aus der Minion
Druck und Bindearbeiten:
CPI books GmbH, Leck
ISBN 978-3-548-74617-3

Im Gedenken an Ian

Inhalt

Es ist nicht erstaunlicher,
zweimal geboren zu werden als einmal.

Alles in der Natur ist Auferstehung.

Voltaire

Ein zurückgekehrtes Kind?

Patrick, ein niedlicher kleiner Junge mit langem dunklem Haar und verschmitztem Lächeln, war mein erster Fall. Er war gerade fünf geworden, als ich ihm und seiner Familie in deren Haus in einem kleinen Vorort des Mittleren Westens begegnete. Ich begleitete Dr. Ian Stevenson, der – vormals ein »junger rastloser Mann« – mit Ende dreißig Leiter der Psychiatrischen Abteilung an der University of Virginia in Charlottesville wurde, dann aber die akademische Karriere aufgab, um sich vierzig Jahre lang beharrlich seinem eigentlichen Interesse zu widmen: Kindern, die über Erinnerungen an frühere Leben berichten. Fast achtzig Jahre alt, doch mit ungebrochener Neugier suchte er diese Familie auf, weil Patricks Mutter zu der Überzeugung gelangt war, ihr Sohn sei die Reinkarnation seines verstorbenen Halbbruders.

Ian stufte Patricks Fall als potenziell bedeutsam ein. Obwohl er viele Bücher und Artikel über Kinder und ihre zahlreichen Aussagen veröffentlicht hatte, die zu den Eigenheiten verstorbener Personen passten, stammten seine besten Fälle allesamt aus anderen Ländern, meist aus Asien, wo der Glaube an die Wiedergeburt weitverbreitet ist. Seine amerikanischen Fälle hingegen waren weniger stichhaltig. Sie umfassten zwei wesentliche Typen: Kinder, die sich aufgrund ihrer Erinnerung offenbar für ein verstorbenes Familienmitglied hielten, und Kinder, die über ein früheres Leben sprachen, aber nicht genügend Details nannten, um eine damals lebende Person zu identifizieren. Jene Fälle, die innerhalb ein und derselben Familie angesiedelt waren, wiesen eine charakteristische Schwäche auf: Das Kind mochte zufällig mitgehört haben, wie andere über den Verstorbenenen redeten. Obwohl Patricks Fall dieser Kategorie angehörte, unterschied er sich doch durch eine entscheidende Besonderheit: Der Junge hatte am Körper drei ungewöhnliche Male, die äußeren Verletzungen beziehungsweise Symptomen seines verstorbenen Halbbruders zu entsprechen schienen und also nicht damit erklärt werden konnten, was ihm vielleicht durch andere Familienmitglieder zu Ohren gekommen war.

Ian organisierte eine dreitägige Reise, deren Ablauf genau geplant war und ein gründliches Vorgehen ermöglichte. Am ersten Tag würden wir ein langes Gespräch mit der Familie führen, es am nächsten Tag fortsetzen, um Gesichtspunkte zu behandeln, die wir übersehen hatten oder klären mussten, und an diesem wie auch am dritten Tag andere Personen interviewen, die in Patricks Leben eine Rolle spielten. Wir hofften, dass der Junge sich dank unserer intensiven Beschäftigung hinreichend wohlfühlen und uns von seinen Erinnerungen berichten würde.

Wir kamen im Haus der Familie an und setzten uns mit Lisa, Patricks Mutter, ins Wohnzimmer. Ian holte ein Klemmbrett und ein Aufnahmegerät aus seiner durch etliche Reisen um die Welt abgenützten Aktenmappe. Er testete das Aufnahmegerät und stellte es auf den Couchtisch. Zuerst befragte er Lisa über ihren verstorbenen Sohn, an dessen Leben sich Patrick zu erinnern schien: »Ist es für Sie nicht schwierig, über dieses Thema zu sprechen?« Lisa erwiderte: »Nein. Es könnte mir Mühe machen, aber dem ist nicht so. Wo soll ich anfangen?« Ian bat sie, an der Stelle einzusetzen, wo ihr Sohn zum ersten Mal krank wurde, und mit gleichmäßiger Stimme begann sie nun ihre Erzählung.

Kevin war vor zwanzig Jahren zur Welt gekommen. Lisa, eine junge Mutter, und Kevin, ihr erstes Kind, waren wohlauf, ungeachtet der Trennung von seinem Vater. Doch im Alter von sechzehn Monaten begann Kevin zu hinken. Das geschah zunächst nur zeitweise; dann, nach ungefähr drei Wochen, hinkte er ständig. Lisa ging mit ihm zum Arzt, der den Jungen für drei Tage ins Krankenhaus einwies, wo er gründlich untersucht wurde. Ein Knochenscan blieb ohne Befund, aber Röntgenaufnahmen zeigten außergewöhnlich viel Flüssigkeit im linken Hüftgelenk. Der Arzt ging von einer Entzündung aus.

Als Kevin entlassen wurde, hinkte er immer noch. Zwei Tage später fiel er hin, und die Ärzte in einem anderen Krankenhaus stellten fest, dass ein Bein gebrochen war. Sie legten einen Gipsverband an, der dem Jungen jedoch so starke Schmerzen bereitete, dass sie ihn nach drei Tagen entfernten. In diesem Zustand konnte Kevin das Bein nicht belasten und weigerte sich zu gehen. Daraufhin brachte Lisa ihn zu einem orthopädischen Chirurgen. Er ordnete weitere Röntgenaufnahmen an, die erkennen ließen, dass in zwei Knochen des linken Beines die Substanz teilweise zerstört war. Erneut wurde Kevin ins Krankenhaus eingeliefert. Der behandelnde Arzt teilte Lisa mit, ihr Sohn habe einen Tumor im Bein. Diese ohnehin schon schwierige Phase wurde durch die wechselnden Diagnosen immer noch schlimmer. Wie Lisa sagte, machten sie etwa zwei Wochen durch, in denen es einmal hieß, Kevin sei an Leukämie erkrankt, dann wieder, er sei nicht an Leukämie erkrankt. »So ging es ständig hin und her.« Doch die nächste Nachricht sollte noch schrecklicher sein.

Um genauere Untersuchungen durchzuführen, wurde Kevin in eine spezielle Kinderklinik verlegt. Neben dem geschwollenen Bein bemerkten die dortigen Ärzte, dass sein linkes Auge blau unterlaufen war und hervorquoll und dass sich über seinem rechten Ohr ein Knoten befand, möglicherweise ein Tumor. Sie vermuteten ein Neuroblastom – eine Krebserkrankung, die irgendwo im Nervengewebe beginnt, oft in der Nebenniere, und sich dann ausbreitet. Ein Röntgenbild von Kevins Nieren offenbarte einen Klumpen oberhalb der linken Niere. Mittels Skelettaufnahmen wurden verschiedene Läsionen und ein dunkler Bereich über dem hervortretenden linken Auge entdeckt. Am vierten Tag seines Krankenhausaufenthaltes kam Kevin in den Operationssaal. Die Ärzte entnahmen dem Knoten über dem rechten Ohr eine Gewebeprobe und führten einen langen Zentralvenenkatheter in die rechte Seite des Halses ein.

Die Biopsie bestätigte, dass es sich um ein metastatisches Neuroblastom handelte. Zumindest stand die Diagnose endlich fest, selbst wenn sie äußerst ungünstig ausfiel. Damit begann Kevins Behandlung, eine Chemotherapie, die über den Zentralvenenkatheter verabreicht wurde. Die Stelle, an der die Infusion in seinen Hals tröpfelte, entzündete sich des Öfteren, aber insgesamt vertrug er diese Eingriffe ziemlich gut. Außerdem unterzog man ihn einer Strahlentherapie – auch am linken Auge und am linken Bein –, die nach seiner Entlassung aus dem Krankenhaus fortgesetzt wurde. Er konnte zehn Tage später nach Hause zurückkehren.

Eine Weile schien Kevin ganz munter zu sein. Lisa präsentierte uns Fotos von ihm. Das erste wurde vor dem Ausbruch der Krankheit gemacht. Man sieht ein rundliches lachendes Baby mit vielen hellen Locken. Die zwei anderen Fotos stammen aus der Zeit danach. Sie zeigen einen dünneren und kahlen kleinen Jungen mit blau unterlaufenem linkem Auge, das stark hervortritt. Kevin war zu jung, um zu verstehen, dass er sterben würde, und so wirkt er auf beiden Fotos glücklich – strahlend auf dem einen, mit einer Spielzeug-Feuerwache beschäftigt auf dem anderen. Sie sind einfach herzzerreißend.

Sechs Monate nach seiner ersten Einlieferung musste Kevin wieder ins Krankenhaus. Er blutete aus dem Zahnfleisch, weil der Krebs in sein Knochenmark eingedrungen war, das nicht mehr genügend Blutplättchen bilden konnte. Mittlerweile war auch das rechte Auge blau unterlaufen, während die Färbung um das linke verblasste. Lisa zufolge konnte er nun auf dem linken Auge nichts mehr sehen. Die Krankheit war offenbar im Endstadium, doch ungeachtet dessen bekam Kevin eine Blutplättchentransfusion, außerdem abwechselnd Chemotherapie und Strahlentherapie an der rechten Augenhöhle. Schließlich wurde er entlassen und starb zwei Tage später.

Lisa sprach über all dies in ruhigem, sachlichem Ton – vielleicht deshalb, weil Ian und ich eher auf Fakten als auf Emotionen bedacht waren. Ian äußerte zwar, dass Kevins Tod sie sicherlich stark mitgenommen hatte, aber als sie darauf kaum etwas erwiderte, gingen wir zu anderen Themen über. Wir erwarteten nicht, dass sie uns ihr Herz ausschüttete, und stellten zahlreiche Fragen, damit sie einfach nur die Umstände seiner Krankheit und seines Todes schilderte.

Nach diesem tiefen Einschnitt setzte Lisa ihr Leben fort. Schon lange vom Vater ihres Sohnes getrennt, hatte sie noch vor dessen Krankheit eine Beziehung mit einem anderen Mann begonnen. Die beiden heirateten nach Kevins Tod, und bald brachte Lisa ihre Tochter Sarah zur Welt. Vier Jahre später wurde das Paar geschieden, und Lisa heiratete erneut. Sie bekam einen zweiten Sohn namens Jason und dann, zwölf Jahre nach Kevins Tod, Patrick, durch Kaiserschnitt entbunden. Als die Hebamme ihr Patrick überreichte, habe sie instinktiv gewusst, dass er auf irgendeine Weise mit Kevin verbunden war. Dieser Gedanke sei ihr bei der Geburt der anderen Kinder nicht in den Sinn gekommen.

Nach Kevins Tod habe sie sich leer gefühlt, ständig getrieben von dem Wunsch, ihn zurückzubekommen. Mit Patrick im Arm hatte sie das Gefühl, dass ein schweres Gewicht von ihr genommen wurde, da nun die Trauer um Kevin ein Ende hatte. Obwohl Lisa eine physische Ähnlichkeit zwischen den beiden Jungen feststellte, gab es eine Verbindung, die darüber hinausging.

Bald bemerkte sie eine weißliche Trübung in Patricks linkem Auge, und die Ärzte diagnostizierten ein Hornhautleukom. Anschließend wurde Patrick regelmäßig von einem Augenarzt untersucht. Nach mehreren Wochen ließ die Trübung nach, verschwand jedoch nicht vollständig. Zwar konnte man die Sehkraft des Kleinkindes nur schwer einschätzen, aber im Grunde war Patrick auf dem linken Auge genauso blind, wie Kevin es auf dem gleichen Auge gegen Ende seines Lebens gewesen war.

Außerdem spürte Lisa eine Schwellung oberhalb von Patricks rechtem Ohr – genau dort, wo Kevins Tumor einer Biopsie unterzogen worden war. Als wir Patrick untersuchten, stießen wir tatsächlich an der besagten Stelle auf einen Knoten. Dieser war inzwischen ein Stück weit hinter das Ohr gewandert, aber Lisa erklärte, dass er sich bei der Geburt direkt über dem Ohr befunden habe. Der Knoten war hart, erhaben, mehr oder weniger rund, mit einem Durchmesser von etwa einem Zentimeter – und überhaupt nicht schmerzempfindlich. Patrick ließ uns so oft darauf drücken, wie wir wollten.

Überdies war Patrick mit einem ungewöhnlichen Mal am Hals zur Welt gekommen: eine dunkle, schräge, ungefähr vier Millimeter lange Linie, die bei unserer Begegnung wie eine kleine Schnittwunde aussah. Sie zeichnete sich auf der rechten Vorderseite des Halses ab – in dem Bereich also, wo bei Kevin der Zentralvenenkatheter eingeführt worden war. Allerdings hatten wir Mühe herauszufinden, auf welcher Halsseite das geschehen war.

Wir sahen Kevins Krankenakten auf der Suche nach entsprechenden Hinweisen auf die exakte Stelle durch und entdeckten schließlich die handschriftliche Notiz eines Chirurgen, die zum Glück lesbarer war als viele andere. Sie listete die angewandten

Verfahren auf, zum Beispiel das folgende: »Einführung des Zentralvenenkatheters (jugularis ext.), Spitze in VCS oder VS rechts.« In Normalsprache ausgedrückt hieß das: Der Zentralvenenkatheter war in die *vena jugularis externa* (äußere Drosselvene) gelegt worden, die an den beiden vorderen Seiten des Halses verläuft. Die Spitze des Katheters ragte demnach entweder in die rechte *vena subclavia* (VS, Schlüsselbeinvene), in welche die äußere Drosselvene mündet, oder in die *vena cava superior* (VCS, obere Hohlvene), die das Blut aus diesen Venen ins Herz befördert. Als entscheidende Anhaltspunkte bei unserer Suche erwiesen sich die äußere Drosselvene, die keinen Zweifel daran ließ, dass der Katheter in den Hals eingeführt worden war, und die rechte Schlüsselbeinvene, derzufolge es sich um die rechte Halsseite handelte, wo sich nun Patricks Mal abzeichnete.

Einer der unerklärlichsten Aspekte des Falles bestand darin, dass Patrick hinkte, sobald er gehen konnte. Er hatte einen seltsamen Gang, da sein linkes Bein nach außen schwang. Dies entsprach dem Gang Kevins, als er nach seinem Beinbruch eine Gehschiene tragen musste. Wir baten Patrick, mehrmals das Zimmer zu durchqueren; noch im Alter von fünf Jahren hinkte er leicht, obwohl es dafür keinen medizinischen Grund zu geben schien.

Mit vier Jahren begann Patrick über Kevins Leben zu sprechen. Als Erstes bekundete er seinen Wunsch, zum »anderen Haus« zu gehen. Darüber redete er eine ganze Weile, bisweilen offenbar verzweifelt, dass ihm dies verwehrt blieb. Lisa fragte ihn, warum er dorthin zurückkehren müsse. War an jenem Ort ein Spielzeug oder ein Kleidungsstück, das er haben wollte? Er antwortete: »Erinnerst du dich nicht, ich hab dich dort zurückgelassen.« Darauf erwiderte sie: »Ja, aber jetzt hast du mich hier.« Lisa fragte weiter, wie ihr Zuhause ausgesehen habe, und er sagte, es sei »schokoladenbraun und orange« gewesen. Tatsächlich hatte sich Lisas und Kevins Zuhause – eigentlich kein Haus, sondern eine Wohnung – in einem braunen und orangefarbenen Gebäude befunden.

Patrick ließ immer wieder und völlig unerwartet Bemerkungen über Ereignisse in Kevins Leben fallen. Wenn Lisa versuchte, ihm solche Aussagen zu entlocken, reagierte er meist nicht. Kurze Zeit später wiederum konnte es passieren, dass er seinen Halbbruder aus heiterem Himmel erwähnte.

Eines Tages, als Lisa sich gerade für die Arbeit fertig machte, fragte Patrick, ob sie sich an seine Operation erinnere. Auf ihren Einwurf, er sei nie operiert worden, entgegnete er: »Doch, direkt hier am Ohr«, und zeigte auf die Stelle über dem rechten Ohr, wo man Kevins Tumor eine Gewebeprobe entnommen hatte. Lisa bat ihn, die Operation zu beschreiben, aber er erklärte, sich nicht daran zu erinnern, weil er eingeschlafen war.

Ein anderes Mal war Patrick ganz aufgeregt, als er ein Foto von Kevin sah. Er hatte es noch nie zu Gesicht bekommen, weil Lisa keine Fotos von Kevin im Haus aufbewahrte. Mit zitternden Händen sagte er: »Das ist mein Foto. Ich hab danach gesucht.« Im Brustton der Überzeugung rief er: »Das bin ich.« Außerdem sprach er über jenen braunen Welpen, der damals bei der Familie war. Lisa und Kevin hatten wirklich einen solchen Hund besessen, den Lisas Mutter ihnen überließ, als sie in eine Wohnanlage umzog, in der keine Haustiere erlaubt waren.

In der Woche vor unserem Besuch hatte sich Patrick auf der Couch zurückgelehnt und gefragt: »Weißt du noch, als wir schwimmen waren?« Patrick war nie geschwommen, schilderte aber einen Tag, an dem Kevin im Swimmingpool der Wohnanlage seiner Großmutter herumplanschte. Er sagte, Oma sei zusammen mit dem Vater seiner Schwester da gewesen. Er entsann sich, wie sie im Spiel den Kopf des Mannes unter Wasser getaucht und das Geräusch nachgemacht hatten, das zu hören war, als er nach Luft schnappend wieder hochkam.

Lisa erzählte uns auch, dass Patrick mit seinem Bruder Jason über den Himmel gesprochen habe. Als wir Jason danach fragten, berichtete er uns von mehreren Situationen, in denen Patrick gesagt hatte, er wolle die Familie insbesondere seine Mutter – in den Himmel mitnehmen.

Am nächsten Morgen unterhielten wir uns mit Lisas Schwester. Sie erwähnte ebenfalls einiges, was Patrick über den Himmel bemerkt hatte, und beschrieb Ähnlichkeiten zwischen ihm und Kevin sowie beider Neigung zum leisen Sprechen, ihre schüchterne, manchmal ängstliche Art.

Danach erwies sich eine in unseren Augen besonders günstige Gelegenheit leider als Reinfall. Wir fuhren mit Lisa und Patrick zu dem Gebäude, wo sie mit Kevin gelebt hatte. Seit einiger Zeit sprach Patrick zwar nicht mehr über dieses Zuhause, aber wir hofften, dessen Anblick würde sein Gedächtnis anregen. Ihre damalige Wohnung war nicht zugänglich, und Patrick zeigte keinerlei Anzeichen, das Gebäude wiederzuerkennen. Er sagte etwas über eine Spielzeug-Rennstrecke, die Lisa für jene von Kevin hielt, doch da er hierbei auf sein Spiel mit Jason Bezug nahm, hatte ich meine Zweifel. Immerhin konnten wir bestätigen, dass das Gebäude braun und orange war.

Hinterher trafen wir den Vater von Patrick an seinem Arbeitsplatz. Er bestätigte, dass dessen Symptome – die Trübung des Auges, der Knoten über dem Ohr und die Narbe am Hals – eindeutig schon bei der Geburt vorhanden waren. Ihm gegenüber habe Patrick nicht über Kevins Leben gesprochen, wohl aber gegenüber Lisa, das sei ihm zufällig zu Ohren gekommen. Er erachtete solche Ausführungen als eher seltsam, hatte jedoch mittlerweile akzeptiert, dass Patrick sich an Kevins Leben erinnerte.

Darüber hinaus trafen wir Lisas Exmann, den Vater von Patricks Schwester. Er entsann sich der schwierigen Zeit, als er und Lisa Kevin zu den verschiedenen Kliniken brachten und von dort abholten. Allerdings konnte er sich nicht erinnern, mit Kevin schwimmen gegangen zu sein, wie Patrick es geschildert hatte. Diese Gedächtnislücke war nicht überraschend, lag die Begebenheit doch mindestens siebzehn Jahre zurück. Jedenfalls war ihm noch gegenwärtig, wie er einmal mit Kevin durch den Park spaziert war. Von Patrick hatte er nur wenig mitbekommen, und die Möglichkeit früherer Leben erschien ihm eher vage; aber er war überzeugt, dass Patrick dazu beigetragen hatte, Lisas Kummer zu lindern. Sie sei Kevin äußerst nah gewesen und habe unter seinem Tod schrecklich gelitten. Er sei zu dem Gespräch mit uns bereit gewesen, weil er hoffte, die Studie über Erinnerungen an frühere Leben könne ihr helfen.

Am dritten Tag fühlte sich Patrick wohl genug, um mit uns zu plaudern. Oft redete er leise und undeutlich, sodass man ihn manchmal kaum verstand. Die Verwirrung wurde noch größer, weil er ab und zu von Kevin in der dritten Person sprach. Ich fragte mich, ob diese wechselnden Perspektiven so zu erklären waren, dass er als fünfjähriger Junge zwar Erinnerungen an Kevins Leben hatte, zugleich aber keinen Sinn darin finden konnte, eine andere Person zu sein.

Unter anderem erzählte er uns, mit Kevin und ihrem Cousin den Zoo besucht zu haben. Patrick war zwei Jahre zuvor einmal im Zoo gewesen, aber nicht mit dem Cousin, während Kevin mehrmals dort war. Dann redete er über Kevins Kinderzimmer und die zwei Schränke darin. In Wirklichkeit gab es nur einen Schrank, der aber zwei Schiebetüren hatte. Außerdem beschrieb Patrick einen apfelförmigen »Wasserball«, und Lisa zufolge besaß Kevin tatsächlich ein derartiges Spielzeug in der Badewanne. Schließlich beteuerte er, in Begleitung von Kevin auf einer Farm mit Stieren gewesen zu sein. Patrick kannte keine solche, doch Kevin hatte sich tatsächlich auf einer Viehfarm aufgehalten, die seiner Tante gehörte.

Unsere Reise war trotz mancher Unwägbarkeiten ein Erfolg. Wir hatten Lisas Geschichte erfahren, Kevins Krankenakten studiert und sogar Patrick dazu gebracht, uns einige seiner Erinnerungen mitzuteilen. Durch die sehr angenehme Begegnung mit Lisa und ihrer Familie empfand ich umso mehr Achtung vor den Personen, die sich mit dem Phänomen der Wiedergeburt auseinandersetzen. Sie waren nicht nur Figuren auf den Seiten von Ians Bericht, sondern Menschen aus Fleisch und Blut, von denen manche jene Tragödie durchgemacht hatten, die schließlich zum Ende eines Lebens führte, an das ein Kind sich später zu erinnern schien.

Nach unserer Rückkehr wollten wir berechnen, wie hoch die Wahrscheinlichkeit war, dass zwischen Patricks und Kevins Symptomen eine Verbindung bestand. Selbst wenn wir das Hinken außer Acht ließen: Wie wahrscheinlich war es, dass ein Kind mit drei Malen geboren wurde, die den Wunden eines seiner Geschwister entsprachen? Ian hatte zuvor ermittelt, dass die Wahrscheinlichkeit, zwei ähnliche Male auf einem anderen Körper anzutreffen, bei 1 zu 25 600 lag.[1] Gemäß seiner Grundannahme umfasste der Oberflächenbereich der Haut eines durchschnittlichen Erwachsenen 160 Zentimeter. Wenn man sich diesen Bereich als Quadrat auf einer flachen Ebene vorstellte, hätte es ungefähr die Maße 127 x 127 Zentimeter. Da Ian die Entsprechung zwischen dem Mal auf dem einen Körper und der Wunde auf dem anderen dann als gegeben ansah, wenn beide sich innerhalb eines Radius von 10 Zentimetern an der gleichen Stelle befanden, kalkulierte er, wie viele 10-Zentimeter-Quadrate in jenen Oberflächenbereich des Körpers passen würden – nämlich 160. Die Wahrscheinlichkeit, dass ein einzelnes Mal hier einer Wunde dort entsprach, lag also bei 1 zu 160; bei zwei Malen und zwei Wunden betrug sie folglich 1 zu 160 im Quadrat oder 1 zu 25 600.

Da diese Zahl von Kritikern angezweifelt wurde, beschlossen wir, für Patricks Fall weitere Experten zurate zu ziehen. Ich suchte zwei Statistiker der medizinischen Fakultät auf und erklärte ihnen die Ausgangslage. Obwohl sie zunächst interessiert schienen, teilte mir der eine bald mit, dass er es ablehne, die Wahrscheinlichkeit abzuschätzen. Seiner Ansicht nach würde jede Berechnung das komplexe System allzu grob vereinfachen. Und er fügte hinzu: »Begriffe wie ›höchst unwahrscheinlich‹ und ›extrem selten‹ kommen einem in den Sinn, wenn man den vorliegenden Sachverhalt zu beschreiben versucht.«

Ian war seit Langem von Fällen fasziniert, in denen es um derartige Male ging. Sie hingen zusammen mit seinem Interesse an der Wechselbeziehung zwischen Geist und Körper, das noch aus seiner »klassischen« Phase in der psychosomatischen Medizin stammte. In dem Jahr vor unserer Begegnung mit Patrick hatte Ian *Reincarnation and Biology*[2] veröffentlicht, ein zweitausendseitiges Werk, entstanden in mehrjähriger intensiver Arbeit. Es behandelte über 200 Fälle von Kindern mit Malen oder Geburtsfehlern, die den – meistens tödlichen – Wunden einer inzwischen verstorbenen Person entsprachen.

Ungeachtet Ians Faszination für diese Fälle stand ich ihnen anfangs eher skeptisch gegenüber. Mir war schleierhaft, wie die Wunde auf dem einen Körper sich als Mal auf dem anderen zeigen konnte, selbst wenn man die Vorstellung von Verbindungen zu früheren Leben akzeptierte. Nach einem meiner Vorträge stellte ein Student die gleiche Frage, die Ian mit folgendem Zitat von Charles Robert Richet beantwortete, einem Physiologen und Mediziner, der 1913 den Nobelpreis erhielt und außerdem über Spiritismus und Parapsychologie forschte: »Ich habe nie gesagt, dass es möglich ist, sondern nur, dass es stimmt.«

Diese Erklärung überzeugte mich kaum. Doch Ian schrieb in *Reincarnation and Biology* auch über wissenschaftliche Studien, die zeigten, dass mentale Bilder auf unterschiedliche Weise bestimmte Wirkungen auf den Körper haben können. Ein Beispiel war der Fall eines Mannes, der sich lebhaft an ein traumatisches Erlebnis neun Jahre zuvor erinnerte, als ihm die Arme auf den Rücken gebunden waren. Dabei erschienen auf seinen Unterarmen Abdrücke wie die von Seilen.[3] Wenn also Bilder im Kopf solche Spuren auf dem Körper hervorrufen und der Geist nach dem Tod weiterexistiert, etwa in einem sich entwickelnden Fötus, dann konnte ich begreifen, dass dieser durch solche geistigen Bilder beeinflusst wird. Es wären nicht die Wunden auf dem früheren Körper an sich, die das Mal oder den Geburtsfehler verursachten, sondern die Bilder der Wunde im Kopf des verstorbenen Individuums. Demnach schienen im Fall Patricks seine Male genau den Verletzungen zu entsprechen, die auf Kevin einen starken Eindruck gemacht hatten: der Blindheit auf dem linken Auge, dem Knoten über dem Ohr, wo eine Gewebeprobe entnommen worden war, sowie jener Stelle, an der man den Zentralvenenkatheter für die Chemotherapie eingeführt hatte.

Zwei Jahre später statteten wir Lisa und Patrick erneut einen Besuch ab. Er hatte weiterhin ungewöhnliche Bemerkungen gemacht, sogar über ein Leben vor Kevin gesprochen, diesmal auf Hawaii. Patrick erzählte über seine dort ansässige Familie und einen verstorbenen Sohn. Zudem erwähnte er eine Statue, die bei einem Vulkanausbruch geschmolzen war, und wie die Bewohner sie dann neu errichteten. Aufgrund dieser Schilderungen glaubten seine Eltern, er erinnere sich an Ereignisse aus den 1940er-Jahren.

Mehrere Monate vor unserem Treffen fragte Patrick eines Abends seine Mutter, die gerade das Essen zubereitete: »Weißt du eigentlich, dass du einen Verwandten hast, über den niemand redet?« Diesem Verwandten sei er vor seiner eigenen Geburt im Himmel begegnet – einem großen dünnen Mann mit braunem Haar und braunen Augen, der zu Patrick sagte, er heiße Billy und werde »Billy der Pirat« genannt. Er sei von seinem Stiefvater umgebracht worden, aus nächster Nähe erschossen oben in den Bergen, und ebenso traurig wie bestürzt darüber, dass nach seinem Tod niemand ein Wort über ihn verliere.

Lisa wusste nichts von irgendeinem Verwandten namens Billy. Sie rief ihre Mutter an, um sich zu erkundigen, und erfuhr, dass deren älteste Schwester einen Sohn namens Billy zur Welt gebracht hatte. Die von Patrick genannten Details stimmten also. Drei Jahre vor Lisas Geburt war Billy von seinem Stiefvater erschossen worden. Über den Mord sprach man in der Familie nie. Als Lisa dann den Spitznamen »Billy der Pirat« erwähnte, musste ihre Mutter lachen, denn der ging auf sein ungestümes Wesen zurück. Seit Billys Tod hatte sie ihn nicht mehr gehört. Es schien ausgeschlossen, dass Patrick je zuvor etwas über Billy oder dessen Spitznamen erfahren hatte.

Ein äußerst offener und unvoreingenommener Wissenschaftler

Patricks Geschichte mag vertraut klingen, denn ich hatte sie in meinem ersten Buch *Life Before Life* kurz zusammengefasst, und Carol Bowman, Autorin zweier Bücher über die Erinnerungen von Kindern an frühere Leben[4], die uns zugunsten Ians einzigartiger Forschungsmethode auf den Fall aufmerksam machte, schrieb darüber in einem der ihren. Ian hatte schon seit Langem solche Geschichten gehört. Er war eine außergewöhnliche Persönlichkeit, einerseits der Inbegriff eines seriösen Wissenschaftlers – manchmal formell und stets präzis in seiner Sprache –, andererseits aber den seltsamsten Dingen auf der Spur. Sie zu erforschen bedeutete nicht unbedingt, sie zu akzeptieren, weshalb er bei keinem der Fälle, die ihm begegneten, seine analytische Vorgehensweise aufgab.

Lisa sagte, Ian erinnere sie an den Schauspieler James Stewart – ein Vergleich, der abgesehen von dessen Geselligkeit ziemlich zutraf. Beide waren große, schlaksige und kultivierte ältere Herren mit freundlichem Lächeln. Außerdem war Ian liebenswürdig und hilfsbereit – zumal als ich die ersten Schritte auf seinem Gebiet unternahm –, mit einem Sinn für trockenen Humor, den er bei seltenen Anlässen mit verheerender Wirkung einsetzte. So lautete etwa sein Kommentar über ein Buch, das dem Autor zufolge aus dem Geist von William James »gechannelt« worden war: »Wenn dieser banale Text tatsächlich von ihm stammt, kann ich nur sagen, dass dies eine schreckliche posthume Reduktion persönlicher Fähigkeiten bedeutet. (Den Tod zu überleben mit einem solch entsetzlichen Verfall der Persönlichkeit, ist – zumindest für mich – eine eher trostlose Aussicht.)«[5]

Ian hatte bereits eine glänzende akademische Karriere mit Dutzenden Publikationen hinter sich, als er 1957 Leiter der Psychiatrischen Abteilung an der University of Virginia wurde. Außerdem interessierte er sich seit langer Zeit für Parapsychologie und die Frage, ob irgendein Teil unseres Bewusstseins nach dem Tod weiterlebt. Diesen Interessen widmete er immer mehr Zeit und gab dann nach zehn Jahren die Leitung des Instituts ab, um sich ganz auf sein bevorzugtes Forschungsgebiet zu konzentrieren, hauptsächlich auf die Berichte von Kindern über Erinnerungen an frühere Leben. Als er über diese Fälle zu schreiben begann, kannten ihn die Herausgeber von Fachzeitschriften aufgrund seiner Erfolge und seines Ansehens in der Psychiatrie. Dadurch wurden seine Bücher zumindest wahrgenommen und immer wieder mit respektvollen Rezensionen bedacht. In einer davon, erschienen 1975 im *Journal of the American Medical Association (JAMA)*, hieß es zum Beispiel: »Hinsichtlich der Wiedergeburt hat er ebenso sorgfältig wie unvoreingenommen eine ausführliche Reihe von Fällen aus Indien gesammelt, deren Beweise anderswo auf der Welt schwer nachzuvollziehen sind … Er hat eine große Menge von Daten dokumentiert, die nicht ignoriert werden können.«[6] Zwei Jahre später befasste sich eine Ausgabe des *Journal of Nervous and Mental Disease* fast ausschließlich mit Ians Arbeit.

Als wir Patrick begegneten, war jene Zeit für ihn schon in weite Ferne gerückt. Ian hatte immer die wissenschaftliche Gemeinde im Blick und schrieb seine detaillierten Fallstudien eher für ein akademisches Publikum als für die allgemeine Öffentlichkeit. Die Leserschaft, die offen genug war, sich mit seiner Arbeit auseinanderzusetzen, hatte im Laufe der Jahre zwar abgenommen, doch Ian setzte seine Bemühungen unermüdlich fort. Am Ende der ersten Reise zu Patricks Familie entwarf er während unseres Abendessens den Plan für einen Aufsatz über Patricks Fall. Er stellte sich folgenden Titel vor: »Unexpected Correspondence of 4 Physical Abnormalities between a Boy and his Deceased Brother« (Unerwartete Entsprechung von vier körperlichen Anomalien zwischen einem Jungen und seinem verstorbenen Bruder), und schlug vor, ihn der britischen *Lancet* anzubieten, einer der weltweit führenden medizinischen Zeitschriften. Das war jedoch allzu optimistisch von ihm gedacht.

Neun Tage nachdem wir das Manuskript an die Redaktion geschickt hatten, erhielten wir die Antwort: »Nach der Diskussion mit mehreren Redakteuren sind wir zu der Überzeugung gelangt, dass der Aufsatz besser an anderer Stelle veröffentlicht werden sollte.« Also sandten wir ihn an eine weitere Zeitschrift, dann an eine dritte, eine vierte ... Innerhalb eines Jahres wurde er von sechs renommierten Fachzeitschriften abgelehnt.

Schließlich integrierten wir Patricks Geschichte in einen Aufsatz über Fälle mit verschiedenen Malen und Geburtsfehlern, den wir im *Journal of Scientific Exploration* veröffentlichten.[7] Die Zeitschrift wird herausgegeben von der Society for Scientific Exploration, gegründet von einer Gruppe akademischer Wissenschaftler, zu der auch Ian gehörte, deren besondere Interessen bei einschlägigen Zeitschriften auf Widerstand und Argwohn stießen – etwa wenn Astronomen UFO-Berichte untersuchten. Die publizierten Aufsätze spiegelten demnach das Ansinnen von Gelehrten wider, kontroverse Themen zu behandeln. Obwohl unser Aufsatz genau in die Zeitschrift passte, erreichte Patricks Fall nicht das breitere akademische Publikum, wie Ian es erhofft hatte.

Dennoch war sein Optimismus nicht völlig unangebracht. Ein Jahr nach der Ablehnung unseres Aufsatzes druckte *The Lancet* einen Brief von Ian über zweiundvierzig Fälle von Zwillingen, die er und seine Kollegen erforscht hatten und in denen zumindest einer des Paares behauptete, sich an ein früheres Leben zu erinnern.[8] Der Brief war länger als eine Spalte, und die Redaktion gab ihm den Titel »Past Lives of Twins« (Frühere Leben von Zwillingen), der noch nicht einmal mit einem Fragezeichen versehen war.

Als Ian 2007 starb, widmete das *Journal of Scientific Exploration* eine Ausgabe den Besprechungen seiner Arbeiten und den Erinnerungen anderer Menschen an ihn. Einer davon war

Tom Shroder, Redakteur bei der *Washington Post*, der Ian auf zwei Forschungsreisen begleitet und darüber ein Buch geschrieben hatte.[9] Shroder beendete seine Hommage folgendermaßen: »Wie immer die Wahrheit lauten mag – Ians Arbeit, diese zahllosen Aktenordner, die randvoll sind mit der leidenschaftlichen Präzision seiner Forschung ... nun, sie sind etwas. Sie sind wirklich etwas.«[10]

Die Ausgabe enthielt auch einen von Ians Texten aus dem Jahr 1958, der wohl schon auf seine künftige Ausrichtung hindeutete. Unter dem Titel »Scientists with Half-Closed Minds«[11] (Wissenschaftler mit halb verschlossenem Geist) handelte es sich um einen Essay, den Ian für *Harper's Magazine* geschrieben hatte. Darin untersuchte er verschiedene Beispiele, wie die wissenschaftliche Gemeinde bahnbrechende Einsichten zunächst übersehen hatte, und warnte vor der besonders bei Wissenschaftlern gefährlichen Neigung, neue Ideen zurückzuweisen, die unserem bisherigen Verständnis widersprechen.

Obwohl Ian dieses Verhaltensmuster deutlich bewusst war, hielt es ihn nicht davon ab, die für ihn so wichtige Arbeit fortzusetzen. Einmal sagte er mir lächelnd, dass er als Versager sterben werde, weil er sein oberstes Ziel nicht erreicht habe, nämlich die gesamte etablierte Wissenschaft dazu zu bewegen, die Wiedergeburt als Möglichkeit ernsthaft in Betracht zu ziehen. Dieses Ziel war vielleicht unrealistisch, aber Ian zeigte keinerlei Bedauern über den Weg, den er gewählt hatte. Im Gegenteil, er hatte die Reise genossen, von genügend Glück und Einfallsreichtum begünstigt, um viele Jahre seines Lebens den Themen widmen zu können, die ihn in Bann schlugen. Auch wenn er nicht die ganze etablierte Wissenschaft überzeugt hat, öffnete er doch eine Menge Augen, auch die von zahlreichen Wissenschaftlern. Ian bewahrte stets jene Einstellung bezüglich unvoreingenommener Nachforschung, die er schon 1958 befürwortet hatte. Sein letzter Aufsatz war eine wunderbare Zusammenfassung der vergangenen vierzig Jahre unter dem Titel »Half a Career with the Paranormal« (Ein halbes Berufsleben mit dem Übernatürlichen). Der Text endete mit dem Satz: »Niemand soll denken, dass ich die Antwort gefunden habe. Die Suche geht weiter.«[12]

Ich hoffe, dass Sie den im vorliegenden Buch geschilderten Fällen mit der gleichen vorurteilsfreien Einstellung begegnen werden. Vielleicht halten Sie die Vorstellung, dass Menschen sich an frühere Leben erinnern, für allzu fantastisch. Das kann ich durchaus verstehen. Ich arbeite auf diesem Gebiet nicht deshalb, weil ich ein überzeugter Anhänger früherer Leben bin, und auch nicht, um für diese Vorstellung zu werben. Ich habe mich in der Sache engagiert, weil ich für mich selbst herausfinden wollte, ob ein Leben nach dem Tod möglich ist. Wiewohl ich zu der Auffassung gelangt bin, dass in manchen Fällen tatsächlich merkwürdige Dinge geschehen, lasse ich jeweils die anderen Perspektiven nicht außer Acht. Bei der Darstellung der Fälle werde ich Sie mit solchen Überlegungen nicht langweilen, möchte Sie zugleich aber ermuntern, für jeden davon offen zu sein, für den gewöhnlichen Fall ebenso wie für den außergewöhnlichen.

In meinem ersten Buch gab ich einen Überblick über die mittlerweile fünfzigjährige Forschung zur Wiedergeburt. In diesem Buch konzentriere ich mich auf einige bemerkenswerte Fälle, die ich in den letzten Jahren untersucht habe und die – abgesehen von Patricks Fall – nicht ins erste Buch aufgenommen wurden. Doch ich möchte Ihnen das Phänomen nicht nur vor Augen führen, sondern es auch sinnvoll deuten. Sollten Sie ein Problem damit haben, diese Art von Arbeit ernst zu nehmen, so mag das daran liegen, dass die Fälle von der Wissenschaft und der realen Welt sehr weit entfernt scheinen. Gerade deshalb haben wohl viele Menschen die große Menge gesammelter Daten lange Zeit ignoriert.

Am Ende des Buches werde ich mich mit diesem Aspekt auseinandersetzen und zeigen, wie Erinnerungen an frühere Leben mit dem gegenwärtigen wissenschaftlichen Verständnis in Einklang gebracht werden können. Wenn Sie skeptisch sind, fordere ich Sie auf, die endgültige Entscheidung über das Thema erst zu treffen, nachdem Sie sämtliche Tatsachen zur Kenntnis genommen haben. Außerdem werde ich untersuchen, wie dieses Phänomen sogar zu neuen Einsichten über die wahre Natur der Wirklichkeit führen kann – über unser Dasein in dieser Welt als auch über die Möglichkeit eines Lebens nach dem Tod.

Ich hoffe, dass wir alle den Versuch unternehmen, es Ian gleichzutun und sowohl ein kritisches Auge als auch einen offenen Geist zu bewahren. Auf diese Weise können Sie die erstaunlichen Erfahrungen der genannten Familien schätzen lernen und in den Geschichten von Kindern wie Patrick einen wesentlichen Sinn finden – dem kleinen Jungen, der mit den Malen seines geliebten verstorbenen Halbbruders in dieses Leben gekommen sein mag, um sich derart nachdrücklich an ihn zu erinnern, als lebte der andere im eigenen Innern fort.

Wanderung durch Asien

Obwohl Ian nach jahrzehntelanger Forschung schrieb, dass er weiterhin auf der Suche sei, begann meine Suche gerade mit Patricks Fall. Fast nichts in meiner Lebenskurve hatte darauf hingedeutet, dass ich eines Tages Berichte über Erinnerungen an frühere Leben untersuchen würde. Ich wuchs in North Carolina auf, wo ich mit meiner Familie jeden Sonntag den Gottesdienst in einer Baptistenkirche besuchte und als gehorsamer Sohn glaubte, was ich dort hörte. Die Kirchgänge wurden seltener, als ich auf dem College der University of North Carolina war, und endeten ganz, als ich Chapel Hill verließ und nach Charlottesville umzog, um an der University of Virginia meine Ausbildung in Psychiatrie zu beginnen. Viele Dogmen, die mir während der Kindheit und Jugend nahegebracht worden waren, blieben zurück. Ich hatte zwar keine endgültige Entscheidung gegen die Spiritualität getroffen, aber meine Neigungen in diese Richtung machten sich kaum noch bemerkbar.

Zum ersten Mal hörte ich von Ian während meiner Ausbildung. Ich war fasziniert, dass jemand das tun würde, was er getan hatte – eine prestigeträchtige akademische Stelle aufgeben, um über ein Gebiet wie das der Wiedergeburt zu forschen –, aber nicht fasziniert genug, um ihn zu kontaktieren. Tatsächlich bin ich ihm während meiner fünf Jahre in der Psychiatrischen Abteilung nie begegnet.

Nach der Ausbildung blieb ich in Charlottesville und eröffnete eine Praxis in einer nahe gelegenen Gemeinde. Als ich zum zweiten Mal heiratete, interessierte ich mich erneut für geistige Aspekte, da meine Frau Chris zwar nicht religiös war, aber offen für Themen, denen ich nur wenig Beachtung geschenkt hatte, wie etwa Telepathie, Geister, ja sogar frühere Leben. Ich fing an, einschlägige Bücher zu lesen, darunter auch eines von Ian Stevenson mit dem Titel *Children Who Remember Previous Lives* (Kinder, die sich an frühere Leben erinnern), worin er seine Arbeit mit kleinen Kindern beschrieb, die über Erinnerungen an frühere Leben berichteten. Obwohl mich damals die Möglichkeit einer solchen Präexistenz nicht sonderlich anzog, war ich doch beeindruckt, dass der Autor im Lauf der Jahre Hunderte von Fällen untersucht und sich dabei einer sorgfältigen analytischen Methode bedient hatte, die mir zusagte.

Während meiner Lektüre erfuhren Chris und ich aus der örtlichen Tageszeitung, dass Ian Stevensons Forschungsabteilung (damals bekannt unter dem Namen Division of Personality Studies oder DOPS) ein Stipendium zuerkannt worden war, um die Wirkungen von Nahtoderfahrungen auf das Leben der Menschen zu untersuchen, die sie gemacht haben. Oft erzählen sie, ihren Körper zu verlassen, ihn von oben zu betrachten, auf sämtliche Ereignisse in ihrem Leben zurückzublicken und einen tunnelartigen Raum in Richtung einer anderen Welt zu durchqueren, wo sie auf verstorbene Verwandte und ein gleißendes Licht oder Lichtwesen treffen. Da mich die Arbeit in meiner Praxis nicht ausfüllte, schlug Chris mir vor, das Büro der Abteilung anzurufen und nachzufragen, ob die Forscher für ihre Studie Unterstützung bräuchten bei den Gesprächen mit Patienten. Während des Telefonats wurde ich dann eingeladen, am nächsten wöchentlichen Arbeitsessen teilzunehmen.

Als ich mich darauf vorbereitete, überlegte ich, wie Leute sich wohl kleideten, die mit einer derartigen Aufgabe beschäftigt waren. Trugen die Männer zum Beispiel Krawatten? Ich beschloss, äußerst lässige Arbeitskleidung anzulegen – Hemd und Krawatte, aber keine, die elegant wirkte. Am Ende stellte sich heraus, dass Ian in dreiteiligem Anzug erschien.

Von da an besuchte ich die Treffen jede Woche. Nach einer Weile begann ich an einer Studie über die Krankengeschichten jener Personen zu arbeiten, die von ihren Nahtoderfahrungen berichteten, und zu beurteilen, wie nah sie dem Tod tatsächlich gewesen waren. Schnell wurde klar, dass wir damit auch die Qualität der Krankenakten einschätzten, da einige davon, zumal die älteren, überraschenderweise nur wenige Details über jenes Ereignis enthielten. Jedenfalls bereitete es mir Freude, mit den anderen an diesem Projekt zu arbeiten. Auch wenn der zeitliche Aufwand dafür gering war, schien es doch ein lohnenswertes, unbezahltes Hobby zu sein.

Nachdem ich fast zwei Jahre in der Forschungsabteilung verbracht hatte, fragte mich Ian, ob ich gerne nach Thailand und Burma fahren würde, um gemeinsam mit unserem Kollegen Jürgen Keil einige Fälle zu untersuchen, in denen es um frühere Leben ging. Ich ergriff die Gelegenheit beim Schopf, schmiedete Reisepläne und flog drei Wochen nach unserem ersten Besuch bei Patrick für einen Monat nach Asien. In Bangkok traf ich mich mit Jürgen, der bereits solche Fälle in Thailand erforscht hatte. Er war deutscher Herkunft und als junger Mann während der Nachkriegsjahre nach Australien ausgewandert. Ursprünglich Maschinenschlosser und Dreher, wurde er dann Psychologe, der zu der Zeit unserer Begegnung Professor emeritus an der Universität von Tasmanien war. Wir kamen mit unserem Übersetzer zusammen und brachen auf, um einige Fälle aus der Nähe zu betrachten.

Dem eigenen Leichnam nachjagen

Einer unserer ersten Fälle bezog sich auf ein Mädchen namens Ampan und stammte aus früheren Tagen – Ampan war inzwischen neunzehn Jahre alt –, aber die Menschen, mit denen wir uns unterhielten, konnten sich noch genau an die Einzelheiten erinnern. Ihren Eltern zufolge hatte sie erstmals im Alter von fünf Jahren – also später als viele andere Kinder – über ein früheres Leben gesprochen. Eines Tages weinte sie und sagte, sie wolle nach Hause zurückkehren. Ihre Mutter erwiderte: »Dein Zuhause ist doch hier. Wo ist das Zuhause, das du meinst?« Und Ampan antwortete: »In Buhom.« Das ist ein Dorf in der Umgebung, etwa fünf Kilometer entfernt von dem der Familie. Eine gepflasterte Straße verband die zwei Orte, als wir da waren, aber Zeugen versicherten, damals habe es nur einen unbefestigten Weg gegeben, auf dem selten Busse verkehrten. Und obwohl Ampans Vater einen fernen Verwandten in Buhom hatte, waren er und seine Familie nie dort gewesen, und sie kannten auch niemanden, der von Buhom in ihr Dorf gekommen war, um Geschäfte zu machen.

Daraufhin erzählte Ampan die Geschichte eines früheren Lebens. Sie sei an Denguefieber erkrankt und im Bezirkskrankenhaus gestorben. Hierbei handelt es sich um eine durch Mücken übertragene, in tropischen und subtropischen Zonen verbreitete Viruserkrankung. Normalerweise ist sie nicht tödlich, aber eine Variante, das hämorrhagische Denguefieber, kann es durchaus sein.

Die Eltern fragten Ampan, wie ihr Name gelautet habe, und sie sagte: »Wong« oder »Somwong«. Beide berichteten, dass sie zudem einen Familiennamen erwähnt habe, der ihnen jedoch entfallen war. Als ihre Mutter fragte, wie sie zu ihnen gelangt sei, entgegnete Ampan, dass sie im Bezirkskrankenhaus gestorben sei und ein Lieferwagen den Leichnam abtransportiert habe. Sie rannte ihm hinterher, konnte ihn aber nicht einholen. Dann ging sie zu Fuß weiter und erreichte nach ungefähr acht Kilometern die Straße vor dem Haus ihrer Eltern. Während ein kühler Wind wehte, habe sie nach Trinkwasser gesucht und dabei ihre künftige Mutter erblickt. Anstatt ihren Marsch fortzusetzen, legte sie sich hin, um auszuruhen. Anschließend wurde sie durch den Leib ihrer Mutter zur Welt gebracht.

Als Ampan ihre Geschichte zum ersten Mal erzählte, weinte sie und wollte nach Hause. Auch in der Folgezeit brach sie immer wieder in Tränen aus, manchmal täglich, und zwar drei Jahre lang. Als sie schließlich acht war, mieteten dreißig Bewohner ihres Dorfes einen Bus, um ein buddhistisches Segnungsfest zu besuchen, das in Buhom veranstaltet wurde. In der Gruppe befand sich auch Ampan zusammen mit ihrer Mutter und einem Freund der Familie. Als der Bus in Buhom eintraf, führte sie die beiden in ein Haus, lief los und schloss eine Frau in die Arme, die sie »Mami« nannte.

Diese Frau hatte eine Tochter namens Somwong gehabt, die gestorben war – auf genau die Weise, wie Ampan es geschildert hatte. Wir sprachen mit den Eltern von Somwong, ihrer Schwester und ihren Brüdern. Bei diesem ersten Besuch ließ Ampans Mutter ihre Tochter einige Zeit mit der Familie in deren Haus verbringen. Ampan wünschte sich Somwongs Buddha-Amulett; ein solches wird oft als Anhänger getragen und soll den Besitzer vor Gefahren schützen. Gemäß der Auskunft von Somwongs Familie teilte Ampan ihnen mit, wo sich dieses Amulett befand, und entdeckte es tatsächlich an der bezeichneten Stelle. Außerdem suchte sie nach Kleidungsstücken von Somwong, die aber nicht mehr im Haus waren.

Nach ungefähr einer Stunde drängte Ampans Mutter zum Aufbruch, obwohl Ampan sich dagegen sträubte. Hinterher setzte sie ihre Besuche fort, oft zwei oder drei Mal im Monat, und blieb manchmal für zehn Tage. Ihre Eltern, froh darüber, dass sie endlich glücklich war, hatten nichts dagegen. Sie erklärten uns, Ampan habe weiterhin, selbst im Alter von neunzehn Jahren, noch Erinnerungen an ihr früheres Leben. Gewöhnlich enden solche Berichte bei Kindern schon viel früher. Leider konnten wir die junge Frau nicht persönlich treffen, weil sie gerade zu Besuch bei Freunden war. Wir versuchten es erneut auf einer späteren Reise, doch auch dann war sie unterwegs.

Obwohl wir keine Möglichkeit hatten, mit Ampan zu sprechen, berührte mich ihre Geschichte zutiefst, da sie interessante Belege für Erinnerungen an ein früheres Leben bot – einerseits im Hinblick auf die Übereinstimmung zwischen ihren Aussagen und dem Leben Somwongs, andererseits aufgrund ihrer offenbar vorhandenen Fähigkeit, das Amulett des Mädchens aufzuspüren. Doch am meisten beeindruckte mich das Bild jenes Geistes, der einem Lieferwagen hinterherjagt, auf dem sein Leichnam aus dem Krankenhaus abtransportiert wird. Nachdem das Auto verschwunden war, versuchte die Kleine, ihren Weg zurück nach Hause zu finden. Diese Sehnsucht, bei ihrer Familie zu sein, schien in einem anderen Leben fortzudauern, da Ampan ihnen so häufig nachweinte.

Ihr Bericht über Ereignisse zwischen zwei Leben mag überraschend konkret anmuten und keineswegs besonders ätherisch. Wie ich in meinem ersten Buch ausführte, reden nur etwa zwanzig Prozent dieser Kinder über Begebenheiten zwischen den Leben. Bei denen, die es tun, können die Berichte stark voneinander abweichen; einige beschreiben irdische Vorgänge so wie Ampan, manche wiederum sagen, sie seien in ein jenseitiges Reich übergewechselt, zum Beispiel in den Himmel. Dies mag natürlich zum Teil auf kulturelle Einflüsse zurückgehen, aber wie ich an späterer Stelle darlegen werde, gibt es gute

Gründe anzunehmen, dass das *Nachleben*, wenn wir diesen Ausdruck benutzen wollen, nicht homogen ist. Es kann von Individuum zu Individuum variieren, da nicht nur ein Ort existiert, den die Menschen dann aufsuchen, und nicht nur eine Art von Erfahrung, die sie nach dem Tod machen.

Wenn also im vorliegenden Fall Ampan in einem früheren Leben wirklich Somwong war, scheint deren Bewusstsein (oder Geist oder Seele, wenn man möchte) mit dem Diesseits und ihrer Familie eng verbunden geblieben zu sein. Das quälte sie in jungen Jahren, führte aber schließlich zu einer Wiedervereinigung. Somwongs Bindung an ihre Eltern mag ihre Erfahrung nach dem Tod ebenso beeinflusst haben wie die Erinnerungen an das hiesige Leben, das dann auf Ampan überging. Das würde nicht unbedingt bedeuten, dass wir alle nach dem Tod ähnliche Erfahrungen machen oder dass jeder von uns zurückkehrt, um ein anderes Leben zu leben, das unserem vorherigen nahekommt. Solche Aspekte werden am Ende des Buches genauer untersucht. Fürs Erste wollen wir einfach in Betracht ziehen, dass sich unsere Einstellungen in diesem Leben auswirken könnten auf das, was wir nach dem Tod erfahren – und vielleicht sogar darauf, ob wir überhaupt für ein weiteres Leben hierher zurückkehren.

Anormale Daten

Ein anderer Fall betraf einen Jungen namens Juta, der etwas über vier Jahre alt war, als wir ihm zum ersten Mal begegneten. Wir besuchten seine Familie in einem schönen Haus in einer Kleinstadt im Nordosten Thailands, wo er mit seiner Mutter und seinen Großeltern lebte. Vier Monate nach Jutas Geburt starb sein Onkel – der ältere Bruder seiner Mutter – bei einem

Motorradunfall nahe Bangkok. Er wurde von einem Lastwagen erfasst und sein Kopf gegen ein Brückengeländer geschleudert.

Drei oder vier Monate später bekam Juta Atembeschwerden und Fieberanfälle, die mehrere Tage andauerten, wobei sein Körper vor Schüttelfrost zitterte und die Zähne klapperten. Nach seiner Genesung bemerkte die Familie zwei dunkle Flecken auf dem linken Oberarm, die bei unserem Besuch noch immer deutlich sichtbar waren. Sie wiesen eine unregelmäßige, fast dreieckige Form auf, hatten einen Durchmesser von einem guten halben Zentimeter – und stimmten mit Flecken auf dem linken Arm seines verstorbenen Onkels überein. Er hatte sich an dieser Stelle tätowieren lassen wollen. Die Prozedur war jedoch so schmerzhaft, dass er sie nach dem Stechen der ersten drei Punkte des Bildes beendete, von denen zwei jetzt auf Jutas Arm wieder aufgetaucht zu sein schienen. Außerdem trat zu jener Zeit bei ihm der Bauchnabel hervor, genauso wie früher bei seinem Onkel.

Obwohl sich in erster Linie die Mutter um Juta kümmerte, sagte er, sobald er sprechen konnte, Mutter und Vater zu seinen Großeltern. Sein verstorbener Onkel war unter ihren Kindern das einzige gewesen, das sie mit diesen beiden formelleren Begriffen anredete statt mit Mami und Papi. Für seine Mutter Noey wiederum benutzte Juta einen Ausdruck, der so viel bedeutete wie »Kleine Noey« oder »Dumme Noey«. Der Onkel hatte seiner kleinen Schwester, um sie ein wenig zu necken, diesen Spitznamen gegeben, den niemand sonst benutzte. Das berichteten uns zuerst Jutas Großeltern. Als wir später seine Mutter darüber befragten, lachte sie und sagte, sie habe ihrem Sohn einige Klapse auf den Hintern androhen müssen, damit er endlich aufhöre, sie so zu nennen.

Juta zeigte weitere Verhaltensweisen, die die Familie an seinen Onkel erinnerten, besonders wenn dessen Freunde zu Besuch kamen. Er scherzte frech mit ihnen, so wie Kumpel es untereinander tun, warf Eiswürfel in mehrere Gläser, goss Bier oder Whiskey hinein und rührte mit dem Finger um, genau wie einst sein Onkel. Anschließend verteilte er die Drinks an die Freunde und gönnte sich selbst einen (!). Ein Freund bemerkte, dass er mit der gleichen Geste wie sein Onkel das Bier einschenkte und dann auf den Boden der Flasche schlug, um den letzten Tropfen herauszubekommen.

Als Juta zwei war, erzählte er, für eine Firma in Bangkok gearbeitet zu haben, die Wohnblöcke baute, was auch sein Onkel getan hatte. Nicht von ungefähr interessierte er sich sehr für die Ausrüstung, die am Bau verwendet wird. Außerdem deutete er auf das Motorrad seines Onkels und sagte, es sei seins.

Acht Monate nach unserer ersten Begegnung suchten wir die Familie erneut auf. Juta wurde gerade fünf, sprach nicht länger über das Leben seines Onkels und hatte aufgehört, seine Großeltern mit Mutter und Vater anzusprechen. Dafür nannte er seine Mutter nun »Mutter« oder »Mutter Noey« (was ungewöhnlich war). Er trank keinen Alkohol mehr, verweigerte das Bier, wenn ihm ein Glas angeboten wurde, und ebenso den Whiskey, den er mit zwei Jahren in kleinen Mengen getrunken hatte. Die Flecken auf seinem Arm verblassten. Zu diesem Zeitpunkt schien er ein ganz normaler kleiner Junge zu sein.

Die Geschichte ist ein Beispiel dafür, was Ian als »Fall mit anormalen Daten« bezeichnete. Die Daten waren insofern anormal, als das Geburtsdatum des Kindes *vor* dem Todesdatum der früheren Person lag. Wenn ein Kind Erinnerungen hat an eine Person, die nach seiner Geburt starb, heißt das: Eine Seele ging in das Kind ein und verdrängte jene Seele, die vorher in ihm war. Oder die Seelen befanden sich in einem Prozess, der einer Art Tauziehen ähnelte. Der Familie zufolge war Jutas Verhalten in jüngeren Jahren äußerst unbeständig – an manchen Tagen verlangte er nach Alkohol, an anderen nicht. Vielleicht kämpften beide Seelen um die Vorherrschaft.

So seltsam diese Konstellation klingen mag – sie wird bestätigt durch zwei der außergewöhnlichsten und verblüffendsten Fälle, die Ian je untersuchte. Er tat dies zusammen mit Satwant Pasricha, einer klinischen Psychologin in Indien, die bis zu ihrer kürzlichen Pensionierung Professorin für klinische Psychologie am National Institute of Mental Health and Neurosciences (NIMHANS) war.

Der erste Fall handelte von einer Frau namens Uttara, die im Alter von zweiunddreißig Jahren plötzlich eine neue Persönlichkeit an den Tag legte. Aufgrund verschiedener gesundheitlicher Probleme war Uttara ins Krankenhaus eingeliefert worden, wo dann ein Yogi auftauchte und ihr Anweisungen zur Meditation und zu Atemübungen gab, die sie in einen anderen Bewusstseinszustand versetzten. Obwohl Uttara bereits in der Vergangenheit ohne besondere Vorkommnisse meditiert hatte, änderte sich diesmal ihr Verhalten drastisch: Phasen heftiger Aufregung wechselten sich ab mit Phasen tiefen Schweigens. Einmal verließ sie sogar das Krankenhaus. Am merkwürdigsten war, dass sie in einer fremden Sprache zu reden anfing, die ihr Arzt für Bengali hielt, die Uttara jedoch eigentlich nicht sprechen konnte. Er sagte, sein Krankenhaus könne sich nicht um eine Patientin mit derart bizarrem Verhalten kümmern, und bat ihre Eltern, sie mit nach Hause zu nehmen.

Sie mussten also allein mit ihrer Tochter fertigwerden, die sich nicht nur äußerst seltsam benahm, sondern auch kein vertrautes Wort mehr an sie richten konnte. Uttara benutzte eine ihnen unbekannte Sprache und verstand nicht länger Marathi, ihre Muttersprache. Sie mussten mit ihr zunächst über Gesten kommunizieren, fanden dann Leute, die Bengali sprachen und sich mit ihr unterhalten konnten, und lernten schließlich selbst einige Begriffe dieser Sprache. Ihre Tochter erklärte, sie heiße Sharada, und teilte viele Details über ihr Leben in Bengalen mit. Obwohl sie offensichtlich dachte, dass dieses Leben andauerte, schien sie aus einer anderen Zeit zu kommen, da ihr alle nach der industriellen Revolution entwickelten Instrumente, Geräte und Fahrzeuge völlig fremd schienen. Sie erkannte weder Familienmitglieder noch Freunde. Sharada behielt mehrere Wochen die Oberhand, ehe Uttara zu ihrer »normalen« Persönlichkeit zurückfand. Doch Sharada war nicht verschwunden – jahrelang tauchte sie sporadisch immer wieder auf. Ian und Satwant stellten fest, dass Sharada während der ersten drei Jahre dreiundzwanzig Mal auftauchte. Die meisten dieser Phasen dauerten ein bis zwei Tage, manche aber wesentlich länger, eine sogar sieben Wochen.

Sharada nannte nicht nur verschiedene Orte in Bengalen, darunter fünf unbekannte Dörfer, sondern auch die Namen einer Reihe von Menschen, die in ihren Augen Familienmitglieder waren. Die Namen ließen sich zurückverfolgen zu einer Familie, die Anfang des 19. Jahrhunderts in Bengalen lebte. Die Namen und Beziehungen, die Sharada für ihren Vater und sechs weitere männliche Familienmitglieder anführte, stimmten allesamt mit dem Stammbaum der entdeckten Familie überein. Dieser war fünfundsechzig Jahre vorher in einem bengalischen Magazin mit lokaler Verbreitung veröffentlicht worden, doch da Uttara die Provinz Bengalen nie besucht hatte und es das Magazin nur in dieser Gegend gab, gingen Ian und Satwara davon aus, dass sie ihn nie zu Gesicht bekommen hatte. Aufgrund der Tatsache, dass der Stammbaum nur die Namen der Männer enthielt, konnten sie nicht den endgültigen Beweis dafür finden, dass Sharada als reale Person existiert hatte, doch Uttaras Aussagen über deren Familie wurden bestätigt. Offenbar war ihr Körper von jener Frau namens Sharada in Besitz genommen worden, die hundertfünfzig Jahre vorher in einem anderen Teil des Landes gelebt hatte.

Uttaras Eltern bezeugten, dass ihre Tochter nie Bengali gelernt hatte, abgesehen von einigen Unterrichtsstunden an der Highschool, wo ein Lehrer, der selbst die Sprache nicht beherrschte, einen bengalischen Text vorgelesen hatte. Professor Pal, ein Kollege der Forscher, führte vier lange Gespräche mit Sharada in Bengali und erklärte übereinstimmend mit fünf Bengalen, dass sie ungeachtet einiger Fehler in der Redeweise keinerlei Mühe damit hatte.

Ian und Satwant publizierten einen Aufsatz[1] über den Fall, den er vier Jahre später für ein Buch[2] weiter ausarbeitete. Darin hielt er fest, dass der Vorwurf, Uttara habe Bengali auf der Schule gelernt, kaum zu belegen sei. Zudem hatte er vor Ort einen Linguisten gebeten, sich zwei Tonbandaufnahmen mit Sharadas Aussprache und Gesang anzuhören. Der Experte konnte keine Hinweise auf eine archaische Redeweise finden, die andere in Gesprächen mit ihr wahrgenommen hatten. Und er fügte hinzu, ihr Akzent entspreche nicht dem ursprünglichen Bengali.

Ich bin geneigt, über die Fehler in Sharadas Redeweise und ihren Akzent hinwegzusehen, und halte es mit jener Bemerkung des englischen Schriftstellers Samuel Johnson über einen Hund, der auf den Hinterbeinen läuft: »Es klappt nicht gut, aber man ist überrascht, dass es überhaupt funktioniert.«[3] Wenn die Frau tatsächlich eine Sprache benutzte, die sie nicht kannte, verlangt das jedenfalls nach einer Erklärung.

War dies ein Fall von Besitzergreifung durch einen bengalischen Geist, der sich des unvollkommenen Werkzeugs einer Frau bediente, die nie Bengali gesprochen hatte? Oder handelte es sich um einen sonderbaren Fall von Dissoziation, infolge deren eine Frau wie Patienten mit multipler Persönlichkeitsstörung (die heute als dissoziative Identitätsstörung bezeichnet wird) plötzlich die Identität und das Verhalten einer anderen Person annahm? Dann jedoch brachte sie ein Wissen zum Ausdruck, das sie anscheinend nicht in diesem Leben erworben haben konnte.

Ian korrespondierte dreißig Jahre lang ab und zu mit Uttara, seit ihr Abenteuer mit Sharada begonnen hatte. Diese erschien bis zum Ende des Briefwechsels, aber jeweils nur noch einmal im Jahr für kurze Zeit und ohne Uttaras weiteres Leben nachhaltig zu beeinflussen.

Der zweite Fall betraf eine junge Frau namens Sumitra.[4] Ian und Satwant untersuchten ihn zusammen mit dem Psychiater Nicholas McClean-Rice. Sumitra erlebte Situationen, die wenige Minuten bis zu einem ganzen Tag andauerten und in denen sie offenbar in Trance fiel, die Augen nach oben verdrehte und die Zähne fest zusammenbiss. Manchmal war sie dann von verschiedenen Personen besessen, zum Beispiel von einer Frau, die sagte, sie habe sich in einem Brunnen ertränkt, oder von einem Mann, der erklärte, in einem anderen Teil Indiens zu leben. Diese Szenen gipfelten in dem Moment, da Sumitra das Bewusstsein verlor und allem Anschein nach starb. Sie hörte auf zu atmen und hatte mindestens fünf Minuten lang keinen Puls mehr.

Während die versammelten Familienmitglieder um Sumitra zu trauern begannen, erwachte sie auf irgendeine Weise wieder zum Leben. Sie wirkte verwirrt und sprach zunächst kaum. Danach erkannte sie weder ihre Familie noch die Freunde. Sie behauptete, Shiva zu heißen und von ihren angeheirateten Verwandten an einem knapp hundert Kilometer entfernten Ort namens Dibiyapur ermordet worden zu sein. Sie nannte viele Einzelheiten, die nachweislich den Lebensumständen einer gewissen Shiva Divedi entsprachen, von der Sumitras Familie nie etwas gehört hatte und die zwei Monate vor Sumitras »Verwandlung« in Dibiyapur gewaltsam umgekommen war. Am Tag ihres Todes hatte sie sich mit ihren angeheirateten Verwandten gestritten und ihrem Onkel mitgeteilt, dass sie von der Schwiegermutter und einer der Schwägerinnen geschlagen worden sei. Am nächsten Morgen wurde ihre Leiche auf den Bahngleisen entdeckt. Die Verwandten beteuerten, sie habe sich durch einen Sprung vor den Zug selbst umgebracht, aber als ihr Onkel die Leiche sah, fand er es verdächtig, dass anscheinend nur der Kopf verletzt worden war. Er bat die Verwandten, mit der Einäscherung vier Stunden zu warten, damit er Shivas Vater holen könne. Sie ignorierten sein Anliegen, und als der Vater eintraf, war von Shivas Körper nur noch Asche übrig. Später wurde Sumitra ein Foto von Shivas Schwägerin namens Rama Kanti gezeigt, und sie sagte: »Das ist Rama Kanti, die mich mit einem Backstein geschlagen hat.«

Eine Zeit lang wies Sumitra, die sich weiterhin Shiva nannte, ihren Ehemann (und seine Annäherungsversuche) ebenso zurück wie ihren Sohn und bat darum, zu Shivas beiden Kindern geführt zu werden. Ihre Familie hielt sie erst für verrückt, dann für besessen und unternahm keinerlei Anstrengung, ihre Aussagen zu überprüfen. Schließlich erfuhr Shivas Vater von dem Gerücht, der Geist seiner Tochter habe in einem fernen Dorf Besitz von einer jungen Frau ergriffen. Drei Monate nachdem Sumitra wiedererwacht war, stattete er ihr einen Besuch ab. Sie erkannte ihn und sagte, sie sei seine Tochter. Am Ende erkannte sie dreiundzwanzig weitere Personen aus Shivas Leben, entweder in leibhaftiger Gestalt oder auf Fotos.

Sumitras innere Verwandlung machte sich auch in ihrem Verhalten bemerkbar. Aus dem einfachen Mädchen vom Lande wurde, den Forschern zufolge, »eine ziemlich gebildete Frau der höheren Kaste und mit eher städtischem Gebaren, die nun Hindi fließend lesen und schreiben konnte«.[5] Sie schrieb Briefe an Shivas Vater und demonstrierte dabei ein Ausdrucksvermögen, das irgendwo zwischen ihrem früheren und dem von Shiva lag. Ein Brief, der im Rahmen einer nachfolgenden Untersuchung (durch Antonia Mills und Kuldip Dhiman[6]) gefunden wurde, enthielt solche Zeilen: »Papa, hier gefällt es mir nicht ... Gott ist böse, weil er mich in dieser Einöde zurückgelassen hat.«

Ein Jahr nach ihrem Wiedererwachen schien Sumitra für wenige Stunden in ihre ursprüngliche Persönlichkeit zurückzukehren. Im Übrigen aber blieb sie zwei Jahre lang ununterbrochen Shiva – bis zu dem Zeitpunkt, als die erste Untersuchung abgeschlossen wurde. Daran änderte sich nichts bis zu ihrem Tod dreizehn Jahre nach dem Wiedererwachen, wie die zweite Untersuchung bestätigte. Jeder – Sumitra inbegriffen – schien sich allmählich auf die neue Wirklichkeit nach ihrer inneren Verwandlung einzustellen. Sie erwärmte sich wieder für ihre Familie und vermutlich auch für ihren Ehemann, da sie zwei weitere Kinder gebar. Nach einer Weile kam Shivas Familie nicht mehr zu Besuch und ließ Sumitra ihr Leben leben.

Einen Monat nach der ersten Begegnung zwischen Sumitra und Shivas Vater begann Satwant den Fall zu studieren. Sie und Ian interviewten insgesamt vierundzwanzig Mitglieder der beiden Familien, dazu noch neunundzwanzig weitere Personen, um Hintergrundinformationen zu erhalten. Wenn es sich hier nicht um einen ausgeklügelten Betrug handelt, den zahlreiche Menschen aus keinem ersichtlichen Grund begingen, scheinen die Wissenschaftler einen Fall von Besessenheit dokumentiert zu haben. In Anbetracht dieser Möglichkeit schrieben sie: »Obwohl wir nicht dogmatisch behaupten, dies sei die einzig richtige Interpretation des Falles, sind wir der Überzeugung, dass viele der Beweise sie am plausibelsten erscheinen lassen«.[7]

Die dargestellten Fälle sind selbst nach unseren Maßstäben ungewöhnlich. Ich stelle sie hier vor, um deutlich zu machen, dass die Entsprechung zwischen Gehirn und Geist vielleicht nicht immer so unmittelbar ist, wie wir gemeinhin glauben. Eine Grundannahme der modernen Neurowissenschaft lautet: Das Gehirn schafft den Geist oder das Bewusstsein. Wie könnte dann ein Bewusstsein, ursprünglich verbunden mit einem Gehirn, das schon lange tot ist, Besitz ergreifen von einer lebenden Person? Möglicherweise verhält es sich eher so, dass unser Bewusstsein zwar über das Gehirn funktioniert, zugleich aber jenseits davon existiert. Demnach wäre es eine vom Gehirn losgelöste Entität, für die Dauer eines Lebens ziemlich eng mit ihm verknüpft und dennoch eigenständig. Diese alternative Theorie stimmt mit den genannten Fällen, in denen ein Gehirn zwei Bewusstseine enthielt, die sich unabhängig voneinander entwickelten, weitaus mehr überein als die moderne Vorstellung, das Bewusstsein resultiere lediglich aus den Aktivitäten des Gehirns.

Normalerweise beherbergt ein Gehirn während der Lebenszeit des Individuums nur ein Bewusstsein. Doch die Seltenheit jener Fälle mindert nicht ihre potenzielle Bedeutung. In diesem Zusammenhang schrieb der amerikanische Psychologe und Philosoph William James: »Will man die empirische Schlussfolgerung, alle Krähen sind schwarz, umstoßen, suche man nicht zu beweisen, dass es keine schwarzen Krähen gibt. Es genügt schon der Nachweis, dass es eine einzige weiße Krähe gibt«.[8] Mit anderen Worten: Solche Fälle, in denen das Bewusstsein einer verstorbenen Person vom Körper einer lebenden Person Besitz zu ergreifen scheint, stellen die Überzeugung infrage, dass ein Bewusstsein auf ein Gehirn beschränkt ist, das für dessen Inhalte allein verantwortlich ist.

Ein bedauerlicher Jagdunfall

In Thailand studierten Jürgen Keil und ich einen weiteren Fall mit einigen interessanten Wendungen. Das Kind und die frühere Person lebten im gleichen Dorf und waren miteinander verwandt: Der Großvater des Kindes war der ältere Bruder der Mutter der früheren Person, bei der es sich um einen jungen Mann namens Boon handelte, der eines Tages mit drei Freunden auf die Jagd ging. Einer von ihnen ließ versehentlich das Gewehr fallen, ein Schuss löste sich und traf Boon in die Brust. Der Freund geriet in Panik und rannte davon, aber der andere, der Phon hieß, trug den Schwerverletzten aus dem Wald zum Dorf. Die Bewohner bemühten sich um ihn, doch jede Hilfe kam zu spät: Boon war bereits tot.

Wir sprachen mit dem Mann, der den Leichnam versorgt hatte. Ihm zufolge befand sich die stark blutende Wunde unterhalb der linken Brustwarze. Die Kugel hatte nicht den ganzen Körper durchdrungen; an der Stelle, wo sie vermutet wurde, befand sich eine starke Schwellung – ein ausgedehnter blau gefärbter Bereich unter dem rechten Schulterblatt.

Zwei Monate nach dem Unfall wurde ein Junge namens Somsak geboren. Nach den Berichten seiner Familie kam er mit zwei Malen zur Welt: eines auf der linken Brust, das andere am Rücken. Als wir Somsak begegneten, war er neun Jahre alt; zu diesem Zeitpunkt waren die Male kaum mehr zu erkennen und noch schwerer zu fotografieren, aber jenes auf der Brust zeichnete sich weiterhin ab. Boons Mutter, die den toten Körper ihres Sohnes gesehen hatte, sagte uns, Somsaks Mal sei genau an der Stelle, wo die Kugel eingeschlagen war.

Da Somsaks Mutter an Krebs gestorben war, als er sein fünftes Lebensjahr erreicht hatte, interviewten wir die Großmutter und die Tante, um mehr über sein früheres Verhalten zu erfahren. Die beiden erzählten, als Somsak alt genug war, um sprechen zu können, sei er eines frühen Morgens mit der Frage an seine Mutter aufgewacht, warum Phon ihn erschossen habe. In den nächsten Tagen stellte er diese Frage immer wieder. Allem Anschein nach war er verwirrt und glaubte, Phon habe Boon getötet; tatsächlich jedoch hatte sich der Schuss aus dem Gewehr des anderen Freundes gelöst. Ungeachtet dessen richtete sich seine Wut gegen Phon.

Mit zwei Jahren näherte er sich ihm und sagte: »Du bist ein Mörder. Du bist der, der mich umgebracht hat.« Phon teilte uns mit, Somsak sei völlig außer sich gewesen und habe ihn erwürgen wollen. Dann erklärte er, sich an die Umstände von Boons Tod nicht erinnern zu können, und ging plötzlich davon. Diese Tragödie muss schmerzlich für ihn gewesen sein, aber ich fragte mich, ob die Bezeichnung »Mörder«, selbst wenn sie von einem Kleinkind stammte, sein Unbehagen nicht noch vergrößerte.

Wir suchten Boons Eltern auf, die uns berichteten, dass der kleine Somsak das frühere Zimmer ihres Sohnes im Haus ausfindig machen und jedem Familienmitglied das ihm eigene Kopfkissen zuweisen konnte. Er erinnerte sich an Gegenstände, die Boon gehört hatten, zum Beispiel eine Säge und ein Medaillon. Er nahm Sachen von ihm mit, aber keine von anderen. Boons Eltern hatten den Eindruck, Somsak erinnere sich an sie aus seinem Leben als Boon, und er redete sie auch mit den vertrauten Namen an, die jener benutzt hatte. Außerdem habe er Boons Freundin erkannt, die allerdings gerade auf dem Feld arbeitete und daher für ein Gespräch mit uns nicht zur Verfügung stand.

Somsak erwähnte auch die Namen von vier Menschen, die angeblich an Boons Körper vorbeigingen, nachdem Phon ihn ins Dorf zurückgetragen hatte. Er weigerte sich, einen von ihnen im Krankenhaus zu besuchen, weil der Mann ihn damals nicht beachtet habe. Daraufhin sprachen wir mit einem anderen Mann, den er genannt hatte. Dieser erklärte uns sein Verhalten an dem Tag, als Boon erschossen wurde. Er habe zunächst helfen wollen, dann aber zu einem Feld gehen müssen, um eine seiner Kühe vor der Überschwemmung während der Regenzeit zu retten. Als er Boons Eltern hinter sich sah, nahm er an, sie würden sich um ihren Sohn kümmern, und zog los, um nach der Kuh zu schauen. Hinterher sei er zurückgekommen, doch da habe er nichts mehr ausrichten können.

Der Mann betonte, niemand sonst habe ihn auf seine Reaktion beim Leichnam angesprochen. Somsak hingegen wusste auf irgendeine Weise darüber Bescheid. Dass dieser Erwachsene sein Verhalten wegen der Beschuldigung eines kleinen Jungen bezüglich der Ereignisse in einem früheren Leben zu rechtfertigen versuchte, bewegte mich zutiefst.

Am nächsten Tag sprachen wir mit Somsak persönlich. Obwohl er inzwischen neun Jahre alt war und seit Langem nicht mehr über Boon redete, wollten wir herausfinden, was er uns mitteilen würde. Im Hinblick auf Boons Tod zählte er viele Details auf, von denen einige nach unserem Kenntnisstand falsch waren, und gab dann zu, dass er sich zwar weiterhin daran erinnere, erschossen worden zu sein, aber die Informationen, die er von anderen gehört hatte, mit seinen eigenen Erinnerungen vermische.

Das erschien mir glaubwürdiger, als wenn er nach mehreren Jahren des Schweigens über Boon behauptet hätte, dessen Todesumstände noch genau im Kopf zu haben. Im Allgemeinen geben wir nicht allzu viel darauf, was das Kind mehrere Jahre nach der Identifizierung der früheren Person sagt, da es in der Zwischenzeit wohl mehrfach Gelegenheit hatte, etliche Dinge über sie zu erfahren. Vielmehr konzentrieren wir uns auf die Bemerkungen des Kindes ganz zu Anfang des Falles. Sie sind höchst eindrucksvoll, sobald es über das Leben eines völlig Fremden zu sprechen beginnt. Obwohl Somsak jemanden beschrieb, den seine Familie kannte, machten seine Aussagen und Verhaltensweisen den Fall zu einem faszinierenden Untersuchungsgegenstand.

Nach unserem Aufenthalt in Thailand reisten wir weiter nach Burma, 1989 durch das Militärregime in Myanmar umbenannt. Dieser Namenswechsel wurde unterschiedlich aufgenommen; die meisten Einwohner des Landes scheinen den alten Namen zu bevorzugen. Der Kontrast zu Thailand war verblüffend, da dort, zumal in Bangkok, vielerlei Zeichen auf Entwicklung und Aufbruch hindeuteten. Während meiner ersten Reise bot sich mir das Schauspiel eines Baubooms, so wurden etwa riesige Schnellstraßen über verstopften Straßen errichtet, sodass einige Bezirke Bangkoks einer schrecklich missratenen futuristischen Stadt glichen.

Yangon (oder Rangun) hingegen, die größte Stadt Burmas, war das genaue Gegenteil. Die Gebäude sahen verwahrlost aus, und es gab keine Wolkenkratzer mit Büroräumen. Die Menschen waren jedoch äußerst liebenswürdig. Wir untersuchten zunächst einige Fälle in Yangon und fuhren dann weiter in nördlicher Richtung an Orte wie Meiktila und Mandalay.

Charakteristische Markierungen

Einer der Fälle in Burma war ein Beispiel für das, was Ian als »vorläufige Male« bezeichnete, die ich wiederum in meinem ersten Buch erörtert habe. In bestimmten Gebieten Südostasiens setzen die Menschen eine Markierung auf den Leichnam – in der Hoffnung, dass der Verstorbene diese ins nächste Leben mitnimmt. So können sie ein Neugeborenes, dessen Mal mit der Markierung übereinstimmt, als die frühere Person identifizieren, die wiedergekehrt ist.

Ian erforschte zwanzig dieser Fälle, Jürgen und ich entdeckten noch achtzehn weitere.

Yin Yin, ein kleines Mädchen, war bei unserer Begegnung sieben Jahre alt. Ihre Großmutter mütterlicherseits war neun Jahre vor ihrer Geburt an einer Nierenkrankheit gestorben. Ein oder zwei Stunden nach ihrem Tod versah ihre Tochter (Yin Yins Tante) den Leichnam mit zwei Rußzeichen. Das eine befand sich auf der Außenseite des linken Beines direkt über dem Knöchel, das andere auf der Innenseite des rechten Beines unterhalb des Knöchels. Mehrere Personen schauten der Tochter dabei zu, auch eine Nachbarin, mit der wir dann sprachen. Yin Yins Mutter hatte die Zeichen nicht zu Gesicht bekommen, wusste aber, dass sie von ihrer Schwester gesetzt worden waren.

Vor der Schwangerschaft hatte die Mutter drei Träume, in denen Yin Yins Großmutter sagte, sie wolle durch die Kleine ins Leben zurückkehren. In den Träumen war die Mutter zunächst dagegen, woraufhin die Großmutter mit jedem weiteren Traum umso nachdrücklicher insistierte, bis die Mutter schließlich nachgab und erwiderte: »Wie du es wünschst.« Einen Monat später wurde sie schwanger. Während der Schwangerschaft hatte sie ein unstillbares Verlangen nach Tee, Kuchen, Milch und würzigen indischen Speisen. Eigentlich mochte sie all dies gar nicht, wohl aber ihre Großmutter, deren Vater Inder war.

Bei ihrer Geburt wies Yin Yin Male auf, die den beiden Markierungen entsprachen, die ihre Tante auf dem Leichnam der Großmutter angebracht hatte. Das konnten wir zusammen mit der Familie und der Nachbarin bestätigen. Das Mädchen hatte keine weiteren Male, ebenso wenig wie ihre zwei Brüder, die bereits ein Jahr vor unserem Besuch gestorben waren.

Yin Yin begann im Alter von etwa achtzehn Monaten zu sprechen und machte einige Bemerkungen, die das Leben ihrer Großmutter betrafen. Sie fragte nach einem Mörser, der jener gehört hatte, und als sich ihr Onkel am Knie verletzte, sagte sie, die Arznei sei mit diesem Mörser zu zerstoßen und dann auf das Knie aufzutragen. Die Großmutter hatte auch eine Schale besessen, die bei Zeremonien verwendet wurde. Andere Familienmitglieder benutzten keine Schalen, aber während einer Zeremonie fragte Yin Ying nach der ihren.

Beide Fragen stellte sie vor Erreichen des zweiten Lebensjahres und redete auch später häufig über ihr vergangenes Leben. Zum Beispiel erkundigte sie sich nach ihrem Geld und Schmuck. Offenbar war ihre Großmutter ziemlich wohlhabend gewesen. Nach deren Tod musste die Familie mit finanziellen Problemen kämpfen, und so fragte Yin Yin einmal, warum man ihr Geld ausgegeben habe. Als sie dafür einige Klapse auf den Hintern bekam, fragte sie: »Warum achtest du deine Mutter nicht?«

Die Nachbarin, mit der wir uns unterhielten, war in Yin Yins Familie unter dem Namen Ma Win Kyi bekannt. Die Großmutter hatte sie jedoch »Daw Win Kyi« genannt, und das tat auch Yin Yin im Gegensatz zu allen anderen. Außerdem redete sie ihre Eltern und ihre Tante mit deren Vornamen an.

Während des Zweiten Weltkriegs hatte die Großmutter mit einer Cousine in Tavoy gelebt, einer Stadt in einem anderen Teil Burmas, und nur sie nannte die Cousine »Baby«. Diese wohnte später eine Weile bei der Familie, und zwar ab der Zeit, als Yin Yin fünf war. Diese nannte sie ebenfalls »Baby« und sagte eines Tages zu ihr: »Mach bitte deine Ohren zu, denn die englischen Bomber werden ihre Bomben abwerfen.« Man bezog ihre Worte auf die Bombenangriffe der Engländer auf japanische Truppen in Burma während des Zweiten Weltkriegs.

Die Familie, bedrückt wegen solcher Aussagen Yin Yins über das Leben ihrer Großmutter, versuchte, sie davon abzubringen. Eine Zeit lang gaben sie ihr Eier zu essen in der für Burmesen typischen Überzeugung, dass sie dadurch ihr früheres Leben vergessen würde.[9] Das schien nicht sofort zu funktionieren, aber mit zunehmendem Alter sprach Yin Yin tatsächlich weniger darüber. Als wir ihr begegneten, erzählte sie vom Leben ihrer Großmutter nur, wenn sie wütend oder traurig war. Doch zwei Tage vor unserem Treffen hatte sie zu ihrer Cousine ersten Grades, die gerade zu Besuch war, gesagt: »Du siehst aus wie mein Sohn.« Der Familie zufolge ähnelte die Cousine tatsächlich sehr dem Sohn der Großmutter (also dem Vater der Cousine), der allerdings nicht mitgekommen war.

Darüber hinaus hatte Yin Yin eine Angewohnheit, die ihre Familie an die Großmutter erinnerte: Beim Essen zog sie auf dem Stuhl ein Bein hoch. Niemand sonst in der Familie saß in dieser Weise am Tisch. Auch ein Junge in Sri Lanka, dessen Fall Ian erforscht hatte, verhielt sich so: Wenn er trank, zog er die Beine an, genau wie der Mann, an dessen früheres Leben er sich zu erinnern schien.[10]

Im Gespräch mit uns war Yin Yin eher wortkarg, berichtete aber immerhin von einem Gruppenfoto. Daraufhin präsentierte die Familie ein Foto, auf dem auch die Großmutter zu sehen war. Die Kleine erkannte zwar keine der abgebildeten Personen, erwähnte dann jedoch, sich an ein anderes Foto zu erinnern, das in einem besonderen Zimmer des Hauses aufgenommen worden war, und deutete dorthin. Die Familie bestätigte, dass in diesem Zimmer fünfundzwanzig Jahre zuvor tatsächlich ein Gruppenfoto mit der Großmutter gemacht worden war, das dann vor über zwanzig Jahren der Verwandtschaft in Tavoy gegeben wurde und an das man in der Familie seit vielen Jahren nicht mehr gedacht hatte.

Tierverhalten

Der Vollständigkeit halber füge ich hinzu, dass Yin Yins Tante, die den Leichnam der Großmutter gekennzeichnet hatte, uns mitteilte, sie habe einmal auch einen Hund auf diese Weise markiert. Anschließend sei in der Familie, die ihn besaß, ein Junge mit den gleichen Malen am Bein zur Welt gekommen.

Damit sind wir bei dem unangenehmen Thema früherer Leben in Tiergestalt. Ian schrieb, er habe sein anfängliches Vorurteil gegenüber solchen Fällen erst langsam überwinden müssen.[11] (Tatsächlich schrieb er in einem Brief, bei seinem ersten Besuch in Asien sei er geneigt gewesen, sich über solche Behauptungen lustig zu machen.) Nachdem ihm dies gelungen war, hielt er jede Aussage über ein früheres Dasein im Tierreich fest, was jedoch nur äußerst selten vorkam. Sein Kommentar lautete: Wenn Fälle einzig und allein durch religiöse Überzeugungen bedingt sind, sollten wir sie vor allem in Südasien antreffen, wo Hindus und Buddhisten glauben, dass Tiere in Menschen wiedergeboren werden können und umgekehrt.

Natürlich sind Fälle dieser Art meist nicht zu überprüfen. Eine Ausnahme scheint aber offenbar der folgende seltsame Fall in Thailand zu sein. Ian reiste mit seinem Kollegen Francis Story dorthin, wo ihnen eine Broschüre über den Fall eines Jungen übergeben wurde, der behauptete, im früheren Leben ein Python gewesen zu sein. Story wollte die Geschichte näher untersuchen, aber da sie auf der anderen Seite des Landes stattfand, hielt Ian das Unternehmen für Zeit- und Geldverschwendung. Trotzdem fuhr Story nach Ians Abreise in die betreffende Gegend und hielt den Fall für ziemlich authentisch. Er redete mit dem Jungen, dessen Familie und älterer Schwester, nicht aber mit einer weiteren Schlüsselfigur, einem Mister Hiew, weil der Weg zu seinem Dorf unter Wasser stand und unpassierbar war. Immerhin war Hiew schon zuvor für einen Zeitungsartikel in der *Bangkok Times* interviewt worden.

Der Junge namens Dalawong sagte, er sei in einem früheren Leben ein Hirsch gewesen, von einem Jäger erlegt und als Schlange wiedergeboren worden. Kurz vor seiner Empfängnis habe sein Vater Schlangenfleisch gegessen, serviert von einem Bekannten, der nach einem langwierigen Kampf einen Python getötet hatte. Als Dalawong drei Jahre alt war, kam dieser Bekannte, Mister Hiew, zu einem Fest in das Haus neben dem von Dalawongs Familie. Weder Dalawong noch seine Mutter waren ihm vorher begegnet. Beim Anblick des Mannes wurde der kleine Junge wütend und suchte einen Hammer oder Stock, um ihn damit anzugreifen. Er rief, Mister Hiew habe ihn getötet, als er eine Schlange war, und nannte Details des Hergangs – erwähnte etwa eine bestimmte Höhle und einen Kampf zwischen einer Schlange und zwei Hunden, gefolgt von einer Konfrontation mit deren Besitzer, der die Schlange zur Strecke brachte. Allem Anschein nach konnte Dalawong davon nichts wissen, doch Mister Hiew bestätigte die Richtigkeit sämtlicher Details. Dalawong ergänzte, hinterher habe sein Geist seinen künftigen Vater gesehen und ihn für freundlicher gehalten als jene Männer, die das Schlangenfleisch aßen. Er folgte ihm bis nach Hause und ging bald in den Körper seiner Mutter ein.

Sein Vater berichtete, Dalawong habe die linke Schulter von Mister Hiew berührt und gesagt, dass dieser dort von einer Schlange gebissen worden sei. Tatsächlich hatte Hiew an genau der Stelle eine Narbe von einem Schlangenbiss. Dalawongs Wut auf Hiew ließ allmählich nach, denn seiner Meinung nach war es besser, ein Mensch zu sein als eine Schlange. Als er älter wurde, begann er sogar Schlangen zu töten – aus Mitleid, wie er erklärte, weil das Leben in Gestalt einer Schlange sehr schwierig sei.

Zwanzig Jahre nach der Begegnung zwischen Francis Story und Dalawong besuchte Jürgen Keil den jungen Mann. Dalawong war weiterhin überzeugt, in seinem letzten Leben eine Schlange gewesen zu sein. Alle paar Monate besuchte er die Höhle, wo sie getötet worden war, und meditierte dort. Während der Meditation erhielt er Hinweise auf die Verwendung von Heilkräutern und wurde in seinem Dorf mittlerweile als Heiler anerkannt.

Schließlich sollte ich hinzufügen, dass Dalawong mit Ichthyose zur Welt kam, einer Hautkrankheit, die zur Folge hatte, dass sein Körper, insbesondere die untere Hälfte, mit Schuppen bedeckt war. Man könnte also sagen, dass diese Schuppen seiner Haut ein schlangenähnliches Aussehen verliehen.

Vielleicht habe ich mit meinen Ausführungen den Punkt überschritten, an dem eine Geschichte die Vorstellungskraft übersteigt, ja ins Irrwitzige abzugleiten scheint. Zugegeben, der geschilderte Fall stößt auch bei mir an eine Grenze, doch er ist nicht der einzige seiner Art. Kürzlich bekam ich eine E-Mail von einer amerikanischen Mutter, die über ihren Sohn Peter berichtete. Als er sechs Jahre alt war, gab sie ihm eine Halskette aus Bonbons, und er sagte: »Als ich ein Schimpanse war, hat ein Junge so eine in meinen Käfig geworfen. Aber ich wusste nicht, was ich damit anfangen sollte.« Sie fragte ihn, wie er in den Käfig geraten sei, woraufhin er erzählte, in eine Falle getappt und zu einem Zoo transportiert worden zu sein. Außerdem wollte sie wissen, was nach seinem Tod als Schimpanse geschah und bevor er in »Mamis Bauch« kam, doch er erwiderte nur: »Nichts.« Dann kehrte ihr Mann mit den anderen Kindern heim, und sie konnte das Thema zunächst nicht weiterverfolgen. Als sie später versuchte, von Peter weitere Details seiner Geschichte zu erfahren, konnte er sich an ihr Gespräch nicht einmal mehr erinnern. Wenn die Halskette aus Bonbons eine Erinnerung an eine frühere Existenz wachrief, so geschah dies nur ein einziges Mal, denn Peter sprach nie wieder über sein Leben als Schimpanse.

Ich erwähne diese Fälle mit Tieren, um einen Punkt klarzumachen. Auch wenn ich mir vorstellen kann, dass ein Schimpanse vielleicht mehr oder wenige bewusste Erinnerungen an eine Halskette mit Bonbons hat, so glaube ich doch keineswegs, dass eine Schlange sich an die Details eines bestimmten Ortes sowie damit verbundener Ereignisse zu erinnern und Jahre später einen Mann wiederzuerkennen vermag, der sie damals tötete. Zweifellos weiß ich nicht, was im Kopf einer Schlange vorgeht, und gerade dieser Umstand übersteigt mein Vorstellungsvermögen. Dennoch kann ich in Betracht ziehen, dass ein Bewusstsein mit der Schlange assoziiert wurde, während es zugleich jenseits von ihr existierte. Die Aktivitäten des Gehirns würden ihm zwar Informationen liefern, doch das Bewusstsein würde über mehr als das verfügen, was im Gehirn aufgezeichnet wurde, und über den physischen Bereich hinausgreifen. Und dieser transzendentale Aspekt könnte nach dem Tod des Gehirns und des Körpers fortbestehen.

Eine solche Auffassung wird zumindest teilweise bestätigt durch Fälle von Nahtoderfahrungen, in denen das Gehirn des Individuums nicht mehr arbeitet. Es gibt zahlreiche Berichte über Erinnerungen an Ereignisse, die in diesem Zustand ringsherum geschehen sind und deren spezifische Besonderheiten später als äußerst wirklichkeitsgetreu bestätigt werden.[12] Das Bewusstsein des sterbenden Körpers nimmt neue Informationen auf (durch irgendein Verfahren jenseits der normalen fünf Sinne), obwohl die Gehirnfunktion außer Kraft gesetzt ist. Häufig heißt es dann, man habe den Körper verlassen und »außerweltliche« Erfahrungen gemacht.

Dieses Bewusstsein, von dem in Nahtodfällen die Rede ist, mag auch während des Lebens unabhängig vom Gehirn funktionieren. Dalawong schien ein Wissen über Ereignisse im Leben der Schlange zu besitzen, das sie selbst nicht haben konnte. Es gehörte zu jenem Bewusstsein, das dem Jungen zufolge in geistiger Form nach dem Tod der Schlange weiterexistierte, ehe es sich schließlich mit seinem gegenwärtigen Leben verband.

Alles in allem erwies sich Asien als ein fruchtbarer Boden für neue Fälle. Das war nicht überraschend. An den Orten, die ich besuchte, glaubten die meisten Menschen an Wiedergeburt oder waren wenigstens empfänglich für diese Idee. Es spricht sich herum, wenn ein Kind behauptet, sich an sein früheres Leben zu erinnern. Sind die Aussagen überzeugend genug, erscheinen darüber manchmal Berichte in Zeitungen. Sobald unsere Kollegen dort Fälle ausfindig machen, die sich zur wissenschaftlichen Untersuchung eignen, werden sie von den Einheimischen gewöhnlich in die richtige Richtung geführt.

Hier im Westen dagegen stellt sich die Situation grundsätzlich anders dar. Viele der amerikanischen Familien, die uns kontaktieren, halten die Berichte ihrer Kinder geheim. Selbst die Großeltern oder nähere Verwandte mögen darüber nichts wissen und dergleichen auch nicht unbedingt hören wollen. Solche Fälle kommen nur selten in die Medien, und obwohl ich an späterer Stelle einen davon beschreiben werde, sind wir fast immer darauf angewiesen, dass Eltern uns ihre Geschichten mitteilen, da wir sonst keine anderen Möglichkeiten haben, sie zu entdecken.

Ungeachtet dessen beschloss ich nach drei Asienreisen, mich auf westliche Fälle zu konzentrieren. Ich hatte meine Reisen mit Jürgen, auf denen wir manchen interessanten Fällen begegneten, wirklich genossen. Doch mir schien, dass es nicht viel bringen würde, weitere Fälle in Asien zu sammeln. Wenn Ians zweitausend asiatische Fälle die Menschen nicht überzeugt hatten, die Forschung einmal genauer zu betrachten, würde wohl auch die zusätzliche Arbeit auf diesem Sektor kaum dazu beitragen. Meine Hoffnung war, dass westliche Beispiele die Aufmerksamkeit stärker fesseln würden als asiatische. Obwohl sie schwerer zu finden sind, belegen einige doch nachdrücklich, dass sich die Mühe gelohnt hat.

Der Junge aus Barra

Eines Tages bekam Ian eine E-Mail von einer Produzentin in London, die ausloten wollte, ob ein Dokumentarfilm über unsere Arbeit realisierbar sei. Von Zeit zu Zeit erreichen uns solche Anfragen. Manchmal geht es nur um ein Interview, dann wieder soll unsere Forschung im Vordergrund stehen. Ian war im Umgang mit Medien jedweder Art stets äußerst vorsichtig. Normalerweise erteilte er den Fernsehleuten sofort eine Absage, in seltenen Ausnahmen lehnte er erst am Ende der Unterredungen ab.

Ich war und bin in dieser Hinsicht offener. Nach meiner Entscheidung, den Akzent auf Fälle in der westlichen Welt zu legen, musste ich dafür sorgen, dass Menschen etwas über unsere Arbeit erfahren, damit sie uns kontaktieren, wenn ihre Kinder über frühere Leben zu sprechen beginnen. Ians Sorge bestand darin, dass die Medien unsere Untersuchungen und Ergebnisse künstlich aufbauschen, und sie wurde keineswegs geringer, wenn die Produzenten immerzu beteuerten, einen seriösen Film drehen zu wollen.

Ob es sich letztlich um Sensationsmache handelt oder nicht, mag zum Teil Ansichtssache sein. Ich kann verstehen, dass eine solche Berichterstattung in gewissem Maße oberflächlich ist – schließlich läuft der Film im Fernsehen –, vertrete zugleich aber die Auffassung, dass sie ungeachtet der ihr gesetzten Grenzen einen Wert haben kann. Daher gab ich einmal sogar ein Interview für die amerikanische Fernsehserie *Unsolved Mysteries* (Ungelöste Geheimnisse), eben weil ich zu jener Zeit für eine von uns durchgeführte psychologische Testuntersuchung nach Fällen in den Vereinigten Staaten suchte. Nach Ausstrahlung der Sendung setzte sich eine ziemlich bekümmerte Mutter mit mir wegen ihrer Tochter in Verbindung, deren Fall ich dann in meinem ersten Buch beleuchtete.

Obwohl Ian seine Teilnahme an Fernsehproduktionen oder Zeitungsartikeln generell verweigerte, hatte er nie etwas dagegen, wenn ich mich in dieser Richtung engagierte. Bisweilen unterstützte er mich sogar dabei und stellte Informationen oder Fotos von seinen früheren Fällen zur Verfügung. Als die E-Mail der englischen Produzentin eintraf, bat Ian, zu jener Zeit bereits im Ruhestand, unsere wissenschaftliche Assistentin, eine abschlägige Antwort zu erteilen. Allerdings wies sie in dem Schreiben darauf hin, dass ich Dr. Stevensons Forschung fortführe und für das Projekt zwar durchaus offen sei, aber weitere Details benötige, um über meine Mitwirkung zu entscheiden.

Die Antwort kam vier Monate später, was beim Fernsehen durchaus üblich ist. Die Produzenten richten sich mit großem Interesse an uns, verschwinden für eine Weile, kontaktieren uns dann erneut, wobei inzwischen jemand anders die Produktion leitet. Besonders unabhängige Produktionsfirmen verfahren so, dass sie zuerst unsere Bereitschaft zur Teilnahme überprüfen, um anschließend das Konzept an einen Sender zu verkaufen. Da ich diese Abläufe kenne, bin ich nie besonders aufgeregt wegen eines Projekts, das uns vorgeschlagen wird. Die betreffende Produzentin erklärte, ihre Firma sei gerade so mit einem anderen Großprojekt beschäftigt gewesen, dass sie die Planung für künftige Sendungen erst einmal habe aufschieben müssen.

Einen Monat später schrieb sie, dass der britische Fernsehsender Channel 5 ihrer Produktionsfirma October Films einige Mittel zur Entwicklung eines Dokumentarfilms über unsere Arbeit bereitgestellt habe. Er solle Teil einer Serie mit dem Titel *Extraordinary People* (Außergewöhnliche Menschen) sein. Also begannen wir darüber zu diskutieren, welche Fälle für ein solches Programm geeignet wären. Keine leichte Aufgabe, denn Produktionsfirmen haben gewöhnlich nicht das Geld, um das Team nach Asien zu fliegen, wo Ians stichhaltigste Fälle angesiedelt waren. Außerdem lagen sie inzwischen meist schon Jahrzehnte zurück. Doch einer unserer Kollegen, ein isländischer Psychologe namens Erlendur Haraldsson, hatte in jüngerer Vergangenheit dort geforscht. Ich brachte die Produzentin mit ihm in Kontakt, aber die Reisekosten nach Sri Lanka erschienen Channel 5 zu hoch.

Westliche Familien sind einem Auftritt im Fernsehen oft abgeneigt, weil sie nicht möchten, dass das Publikum etwas von den Erinnerungen ihres Kindes an ein früheres Leben erfährt. Dennoch sprach ich mit mehreren Familien, mit denen wir bereits zu tun hatten und die für die Sendung zumindest infrage kamen. Dann stieg die erste Produzentin wegen ihres Mutterschaftsurlaubs aus dem Projekt aus und wurde ersetzt durch Brenda Goldblatt, eine weitere Produzentin bei October Films, mit der ich korrespondierte und mögliche Fälle zu besprechen begann.

Die Zeit schritt fort, und elf Monate nach der ersten Kontaktaufnahme führte ich mit Brenda ein Telefongespräch. Sie teilte mir mit, der Fernsehsender bewillige ein Drittel des Budgets für eine Reise, um mich bei der Untersuchung eines Falles zu filmen. Allerdings wollte man »sichere« Ergebnisse haben. Ein Ding der Unmöglichkeit: Ich konnte nicht im Vorhinein wissen, ob es mir gelingen würde, die Behauptung eines Kindes hinsichtlich seines früheren Lebens tatsächlich zu bestätigen. Am Ende stellte sich heraus, dass die Ergebnisse des Falles, den ich erforschte, zwar nicht eindeutig waren, aber immerhin genügend Stoff für eine interessante Stunde im Fernsehen boten.

Der Wunsch des Senders nach einer Erfolgsgarantie war jedoch nicht das Schlimmste. Im Programm sollte auch ein Mann auftreten, der gerade dabei war, »in England berühmt zu werden«. Es handelte sich um einen »Babyflüsterer«, der sich zu Babys setzte und angeblich ihre Gedanken las. Die Verantwortlichen bei Channel 5 wollten sehen, was er über die früheren Leben von Kindern in Erfahrung bringen konnte. Das interessierte mich nun überhaupt nicht. Es war völlig verfehlt, das ohnehin heikle Thema mit einer weiteren merkwürdigen Idee in Zusammenhang zu bringen. Ich gab Brenda zu verstehen, dass ich da nicht mitmachen würde.

Offenbar hatten sie im Sender über Derek Ogilvie gesprochen, einen professionellen Hellseher aus Schottland, der behauptet, die Gedanken von Säuglingen lesen zu können. Er wurde schließlich zur Hauptperson einer anderen Folge der Serie *Extraordinary People.* Während dieser Sendung versagte er in zwei kontrollierten Tests, was seiner weiteren Karriere aber offenbar nicht geschadet hat.

Eine Zeit lang hörte ich von Brenda nichts, doch in der Zwischenzeit suchte die Produktionsfirma per Inserat nach einer Familie in Schottland, deren Kind über Erinnerungen an ein früheres Leben berichtete. Später hörte ich, dass zwar mehrere Antworten eingingen, aber nur eine den Anforderungen entsprach. Brenda mailte mir, sie habe gerade ein fantastisches Telefongespräch mit der Mutter eines fünfjährigen Jungen namens Cameron geführt. Schon seit Jahren erzähle er eine in sich schlüssige Geschichte. Die Familie lebte in Glasgow, doch Cameron behauptete, eine andere Mutter auf Barra zu haben. Barra ist eine entlegene Insel mit wenig mehr als tausend Einwohnern, die zu den Äußeren Hebriden westlich von Schottland gehört. Die Familie war dort nie gewesen und hatte auch sonst keine Verbindung zu der Insel. Brenda bereitete ein Treffen mit Cameron und seiner Mutter am nächsten Tag vor und erbat von mir einige Hinweise, wie sie mit der Situation umgehen solle. Entscheidend sei, betonte ich, jede Aussage, die Cameron in der Vergangenheit gemacht hat, so genau wie möglich festzuhalten. Erst danach solle er nach Barra gebracht werden. Falls es dazu komme, erwiderte sie, müsse ich unbedingt mit dabei sein, was mir sehr entgegenkam.

Weitere drei Monate vergingen, weil sich Camerons Mutter aus dem Projekt zurückzog. Irgendwie gelang es den Produzenten aber, sie wieder dafür zu gewinnen, und die Sache nahm ihren Lauf. Nach der Methode »Beeil dich und warte dann ab«, die im Fernsehen üblich zu sein scheint, wurde ich aufgefordert, so schnell wie möglich die Reise nach Schottland einzuplanen. Ich würde Cameron und seine Familie zunächst in Glasgow treffen, von wo aus wir gemeinsam nach Barra aufbrächen. Das alles sollte rasch geschehen im Hinblick auf die Sendung am Ende des Jahres (die dann allerdings erst im Jahr darauf ausgestrahlt wurde). Die Dringlichkeit hatte zur Folge, dass wir im Februar nach Barra mussten – zu einer Zeit, da auf den Äußeren Hebriden unwirtliches Wetter herrscht, wie ich schon bald herausfinden sollte.

Die Begegnung mit der Familie

Ich nahm den Nachtflug von Washington nach London und von dort die Maschine nach Glasgow. In Flugzeugen kann ich nie richtig schlafen und traf also ziemlich erschöpft ein; doch bereits nach einer kleinen Ruhepause im Hotel rief Leslie, die Programmleiterin, mich an und fragte, ob wir nun Camerons Familie besuchen könnten. Kurze Zeit später machten wir uns auf den Weg.

Cameron wohnte mit seiner Mutter und seinem sechsjährigen Bruder Martin in einem gepflegten Haus. Wir nahmen im

Wohnzimmer Platz, und ich begann das Gespräch mit seiner Mutter Norma. Sie erzählte, ihr Sohn habe erstmals im Alter von zweieinhalb Jahren von seiner Familie auf Barra geredet – und dann öfter nach Vollendung des dritten Lebensjahres. Er sagte zum Beispiel: »Ich will nach Barra zu meiner anderen Familie fahren«, und beharrte hartnäckig darauf. Insgesamt sprach er Hunderte Male von Barra – und jeden Tag in der Vorschule.

Er hatte verschiedene Details über seine Familie auf Barra genannt, etwa dass sein Vater Shane Robertson heiße. Rückblickend betrachtet, hätte ich Cameron ausführlicher fragen sollen, wie er schließlich auf diesen Namen gekommen sei, denn ich wusste nicht genau, ob es sich um den richtigen handelte. Leslie hatte mir einen Monat zuvor in einer E-Mail von ihrer Unterhaltung mit Camerons Onkel berichtet, der sich daran erinnerte, dass sein Neffe im Alter von ungefähr zweieinhalb Jahren seinem Vater auf Barra den Vornamen Sean oder Shane gegeben habe. Bei meinem Besuch waren wir bereits über den Familiennamen Robertson informiert, aber ich fragte nicht danach, über welchen Zeitraum oder wie häufig Cameron ihn genannt hatte. Jedenfalls war er sich ziemlich klar darüber, dass sein Vater vom Bürgersteig auf die Straße getreten war, nicht in beide Richtungen schaute, dann von einem Auto erfasst und getötet wurde. Der Wagen sei entweder grün und silber oder grünlich silber gewesen.

Zudem sprach Cameron ausführlich über seine Mutter auf Barra. Demnach hatte sie langes braunes Haar, das sie sich dann aber kurz schneiden ließ. Eines Tages habe er geweint und gesagt, seine Familie auf Barra vermisse ihn. Er wollte, dass seine Mutter ihn von der Vorschule abhole, und bekräftigte, sie würde kommen und ihn besuchen. Seinen Ausführungen zufolge hatte er drei Brüder und drei Schwestern, mit denen er Fangen spielte.

Einmal erwähnte er, seine Schwester heiße Lindsay, dann wieder konnte er sich nicht daran erinnern. Seine Familie wohne in einem weißen Haus, weitaus größer als jenes, das er mit Norma und Martin teile. Dort gebe es mehrere Toiletten, und vor der Tür befänden sich hohe Stapel mit Schachteln.

Er redete viel über Aktivitäten, die er auf Barra unternommen hatte. So schwamm er in Felstümpeln, ging zum Strand hinunter und spielte mit Freunden. Die Familie besaß einen schwarzen Hund mit weißem Fleck auf der Brust, den er mit nach draußen nahm, wo viel Platz war. Mit seiner Familie fuhr er auch in die Ferien. Mehrfach sagte er: »Das hab ich gewöhnlich auf Barra gemacht.« Einmal habe er ein schwarzes Telefon benutzt, das seiner Beschreibung nach eines mit Wählscheibe war.

Cameron sprach nie davon, ein Erwachsener zu sein, und schien sich als Kind zu sehen, das ein wenig älter war als er selbst. Ebenso wenig sagte er mit Bestimmtheit, dass er gestorben sei. Stattdessen sei er »durchgefallen« und so in Normas Bauch gekommen. Dieses Stürzen betraf offenbar ein Loch in dem Haus, über das er redete. Einer seiner Sätze lautete: »Ich war in Barra und jetzt bin ich hier.«

In Barra habe er beobachtet, wie Flugzeuge auf dem Strand landeten. Seine Mutter Norma wusste davon nichts, aber bald fanden wir heraus, dass er recht hatte. Cameron erzählte so vieles über Barra, dass sein Bruder Martin dessen überdrüssig wurde, worauf er erwiderte: »Barra gibt es wirklich.« Als Martin einmal wütend auf ihn wurde, reagierte er folgendermaßen: »Wenn du willst, dass ich sage, Barra gibt es nicht, dann sage ich, dass es Barra nicht gibt.« Trotzdem legte er Wert darauf, dass die Leute von Barras realer Existenz überzeugt waren, und freute sich auf unsere bevorstehende Reise.

Anschließend unterhielt ich mich mit Cameron. Er war überraschend mitteilsam. Oft haben wir große Schwierigkeiten, die

Kinder zu bewegen, uns etwas über ein früheres Leben zu berichten. Sie fühlen sich nicht nur unwohl dabei, zu uns als Fremden zu sprechen, sondern müssen erst einmal in der richtigen Stimmung sein, um diese Dinge überhaupt gegenüber jemand anderem – selbst gegenüber ihren Eltern – zur Sprache zu bringen. Normalerweise tun sie das in ruhigen, entspannten Phasen. Cameron jedoch war in dieser Hinsicht keineswegs gehemmt, da er sich schon häufig über Barra geäußert hatte; auch zu mir sprach er, trotz laufender Kamera, ganz offenherzig.

Er sagte, er sei gerne hinausgerannt, um Äpfel zu pflücken. Er habe mit Freunden im Vorgarten der Familie gespielt, die Krebse am Strand beobachtet, sich ihnen aber ferngehalten, damit sie ihn nicht zwickten. Sein Vater Shane Robertson habe eine schwarze Igelfrisur gehabt. Er, Cameron, habe gesehen, wie sein Vater die Straße überquerte und dann von einem Auto überfahren wurde. Es sei ein langer Wagen gewesen in den Farben Blau und Grün. Dieses Detail wich von seiner früheren Darstellung ab, derzufolge der Wagen silber und grün war.

Cameron erzählte mir, seine Familie wohne in einem eingeschossigen Haus, wohingegen seine Mutter sagte, er habe vorher über eine Treppe gesprochen. Das Haus läge nahe am Strand, und dort habe er Flugzeuge landen sehen. Er besitze einen sportlichen Hund mit schwarz-weißem Fell und wundem Bein. Darüber hinaus beschrieb er eine orangefarbene Katze. In den aufgestapelten Schachteln vor dem Haus befänden sich Fische und Wasser. Zuvor hatte er jedoch erklärt, er erinnere sich nicht an deren Inhalt. Abschließend fügte er hinzu, er sei mit vier Jahren aus dem Bett und in ein Loch gefallen, das ihn zu seiner Mutter Norma geführt habe.

Ich war mir nicht sicher, was ich mit diesem Gespräch anfangen sollte. Cameron schien sich über die Details im Klaren zu sein, aber sie stimmten nicht immer mit den früher genannten überein. Überdies war von seiner Mutter zu erfahren, dass er eine Weile kaum noch über Barra gesprochen hatte, in letzter Zeit aber wieder häufiger. Mit fünfeinhalb Jahren war Cameron in dem Alter, da die Aussagen über vergangene Leben meistens in den Hintergrund treten. Vielleicht tauchten sie deshalb erneut auf, weil ihnen durch das Fernsehprojekt erhöhte Aufmerksamkeit zuteilwurde. Es besorgte mich, dass dadurch weitere Ungenauigkeiten mit hinzukamen. Sobald die Aussagen des Kindes über sein vergangenes Leben im Laufe der Zeit eine andere Färbung annehmen, neige ich dazu, eher den früheren zu vertrauen. Was auf unsere gewohnten Erinnerungen zutrifft, die oft allmählich schwächer werden, mag ebenso für die Erinnerungen an Ereignisse in einem anderen Leben gelten, zumal Kinder mit zunehmendem Alter offenbar weniger Zugang zu ihnen haben. Möglicherweise fühlte sich Cameron auch unter Druck gesetzt, vor der Kamera und im Beisein des Arztes zu sprechen, der ihn immer wieder aufgesucht hatte; dies mochte ihn zu bestimmten Antworten verleiten, selbst wenn er in dem Moment nicht sicher war, ob er sich tatsächlich an bestimmte Details erinnerte.

Die Fernsehleute hatten zudem mit Camerons Onkel und der Mutter eines seiner Freunde gesprochen. Ich hätte es vorgezogen, die Interviews selbst zu führen, aber in dieser Situation war das nicht unbedingt erforderlich. Wenn wir auf einen Fall erst treffen, nachdem die frühere Person identifiziert wurde, ist es wichtig, möglichst viele Menschen direkt zu kontaktieren, die die Aussagen des Kindes über diese Person vor ihrer Identifizierung bestätigen können. Im vorliegenden Fall aber hielt ich Camerons Behauptungen fest, bevor irgendjemand versucht hatte, sie zu überprüfen, und wenn wir die Person dann fänden, deren Leben seinen Beschreibungen entsprach, würden wir schon über eine schriftliche Aufzeichnung verfügen.

Der Onkel betonte, Camerons Angaben seien während der drei Jahre, in denen sie geäußert wurden, stets konsistent gewesen. Auch die Mutter des Freundes erklärte, dass Cameron auf seiner Familie in Barra beharrt und immer wieder darüber gesprochen habe. Einmal habe ihr Sohn sogar gesagt, es sei in Ordnung, wenn man sterbe, weil man dann als ein anderer ins Leben zurückkehre.

In diesem Untersuchungsstadium stand Folgendes fest: Cameron hatte von sehr frühem Alter an Bemerkungen über ein Leben in Barra gemacht, die weit über jede Art von Spiel hinauszugehen schienen. Für ihn entprachen seine Erinnerungen ganz und gar der Wirklichkeit. Er sprach mit sehr viel Gefühl über eine Familie auf dieser Insel und nannte zahlreiche Details über sein Leben dort. Dazu gehörten auch solche, die seiner Mutter unbekannt waren. Selbst wenn Cameron auf die eine oder andere Weise Informationen über Barra erhalten hatte, wäre es merkwürdig gewesen, sie zu der Szenerie eines früheren Lebens zusammenzufügen und derart Gefallen daran zu finden. Doch Norma zufolge war er mit solchen Informationen nie in Berührung gekommen.

Die Reise nach Barra

Am nächsten Tag brachen wir Richtung Barra auf. Wir flogen in einer kleinen Linienmaschine und setzten natürlich am Strand auf, der zugleich als Start- und Landebahn diente. Die Flughafenverwaltung behauptet, die Piste am Strand sei weltweit die einzige für Linienflüge.[1] Cameron stieg aus dem Flugzeug und sagte zu seinem Bruder: »Hab dir doch gesagt, dass es stimmt.« Nachdem wir vom Strand zum Flughafengebäude gegangen waren, strahlte er und rief: »Ich bin glücklich, wieder hier zu sein!« Der Flughafen war so klein, dass es dort zu jener Zeit – einige Jahre nach dem 11. September – immer noch keine Metalldetektoren gab. Als wir für den Rückflug eincheckten, wurde unser Gepäck nur von Hand überprüft.

Die Fernsehleute wollten, dass wir alle eine Weile in dem Minibus herumfuhren, den sie gemietet hatten. Obwohl Cameron erklärte, alles zu kennen, was er sehe, konnte man nicht sagen, ob seine Aussagen stimmten, weshalb die Fahrt unergiebig war.

Interessanter waren unsere Unternehmungen am darauffolgenden Tag. Norma und ich gingen zum Heimatmuseum der Insel, um Calum MacNeil zu treffen, den örtlichen Historiker. Ich fragte ihn zuerst nach einem Unfall, bei dem ein Fußgänger ums Leben gekommen war, wie Cameron es beschrieben hatte. Calum erwiderte, er wisse Bescheid über jeden unnatürlichen Tod, der sich ereignet habe, da man sich auf der Insel insbesondere all derer erinnere, die seit Beginn des 19. Jahrhunderts ertrunken waren. Anfang der 1950er-Jahre sei ein Mann namens Donald MacLean von einem Bus überfahren und getötet worden; aber niemand war auf die Weise tödlich verunglückt, wie Cameron es im Hinblick auf seinen Vater berichtet hatte.

Anfangs wollte ich den Namen Robertson für mich behalten, um zu sehen, ob Calum ihn spontan nennen würde. Allerdings stellte sich heraus, dass die Fernsehleute vorher schon mit ihm gesprochen hatten, als sie die Insel auskundschafteten, und so wusste er, dass wir nach einem Shane Robertson suchten. Was er darüber zu sagen hatte, war nicht gerade ermutigend. Der Name Robertson kam auf der Insel nur selten vor. Ein Mann in den 1930er-Jahren hieß so, und gegenwärtig lebte eine Familie gleichen Namens hier, aber der Ehemann stammte von anderswo. Jedenfalls gab es keinen Shane Robertson.

Hinsichtlich der anderen Details verwies Calum zunächst darauf, dass jemand, der Flugzeuge auf dem Strand landen sieht, wie Cameron es geschildert hatte, sich am nördlichen Ende der Insel befinden müsste, das der Junge jedoch ebenso wenig kannte wie den südlichen Teil. Außerdem, fuhr er fort, seien Toiletten nicht vor den 1950er-Jahren in Häuser eingebaut worden und erst ab den 1960er-Jahren allgemein üblich gewesen. Ein Haus mit mehreren Toiletten, das Cameron im Sinn hatte, müsste also relativ neu sein. Auch Telefone hätten kaum existiert, als er aufwuchs, und sich erst im Laufe der 1960er-Jahre langsam durchgesetzt. Die damals verfügbaren Telefone wären dann solche mit Wählscheibe gewesen, wie Cameron behauptet hatte. Calum fügte hinzu, das Schwimmen in Felstümpeln sei sehr beliebt gewesen, was mit der Beschreibung des Jungen übereinstimmte.

Camerons Geschichte über Barra schien insgesamt plausibel, abgesehen davon, dass dort keine Familie gewohnt hatte, die der Erzählung entsprach. Allerdings erwähnte Calum, Männer namens John würden manchmal Shawnie gerufen, zumal wenn in der Familie mehrere Personen John hießen. Shawnie war Shane nah genug, um eine bislang ungeahnte Möglichkeit zu eröffnen, aber die anderen Details bezüglich der Familie passten noch immer nicht zusammen.

An diesem Punkt deutete vieles darauf hin, dass wir in eine Sackgasse geraten waren. Doch dann rief Calum uns am späteren Nachmittag an – er verfügte über neue Informationen. Zurück im Heimatmuseum erfuhren wir von seinen weiteren Recherchen und einer überraschenden Entdeckung: Tatsächlich hatte am nördlichen Ende der Insel eine Familie mit dem Namen Robertson gewohnt. Sie war im Einwohnerregister nicht aufgeführt, weil sie auf dem Festland gelebt und nur die Ferien auf Barra verbracht hatte. Es war eine Schifferfamilie, die in den 1960er- und 1970er-Jahren ein Haus auf der Insel besaß, also genau in dem Zeitrahmen, der uns interessierte. Es handelte sich um ein großes weißes Haus – Sanderling genannt – und lag fast direkt am Strand.

Das war ganz gewiss ein vielversprechender Hinweis. Am nächsten Morgen ging ich ins Einwohnermeldeamt, um nach allen möglichen Robertsons zu suchen. Vier Eheschließungen waren unter diesem Namen aufgelistet, doch die Informationen dazu waren spärlich und wenig hilfreich. Noch einmal kehrten wir zum Heimatmuseum zurück. Calum hatte seine Nachforschungen fortgesetzt und mit einem Zeugen gesprochen, der sagte, dass um das Haus Sanderling herum immer Kinder gewesen seien. Überdies hatte er die Vornamen von verschiedenen Mitgliedern der Familie Robertson entdeckt, aber es war kein Shane dabei.

Die Familie hatte offenbar ziemlich viel Zeit auf Barra verbracht, doch nur wenig Umgang mit den Einheimischen gepflegt. Ich telefonierte mit einer Frau, die erklärte, Mrs Robertson sei eine enge Freundin von ihr gewesen. Allerdings schien ihr Gedächtnis sehr lückenhaft, denn sie konnte sich nicht einmal an deren Vornamen erinnern.

Calum wusste den Namen eines Mannes, der angeblich die Robertsons gekannt hatte. Wir konnten seine Adresse ausfindig machen, und Brenda und ich zogen los, um mit ihm zu sprechen.

Nach einer langen Fahrt erreichten wir sein Haus und klopften an die Eingangstür. Keine Antwort. Brenda hielt Ausschau nach einem anderen Zugang und wollte gerade – ganz unerschrockene Journalistin – einen Zaun überklettern, um zur hinteren Tür zu gelangen, als der Mann auf seine Veranda trat und verkündete: »Ich weiß nichts! Ich weiß nichts!« Und er wusste wirklich nichts. Der heftige Wind brauste auf, derweil wir fröstelnd und niedergeschlagen – und vor allem erfolglos – im Freien standen. Als wir wieder in den Minibus einstiegen, lautete Brendas Kommentar über das Wetter kurz und bündig: »Verdammter Mist!«

Während wir auf unserer vergeblichen Suche waren, fuhr Leslie, die Programmleiterin, mit Norma und Cameron zum Haus Sanderling. Sie konnten nicht hinein, aber außen herumgehen. Wie das Video zeigte, war Cameron beim Anblick des Hauses völlig verblüfft. Obwohl er dann ein wenig lockerer wurde, war er zunächst schweigsam und bedrückt.

Bis zum nächsten Tag hatten die Fernsehleute mit der heutigen Verwalterin des Hauses gesprochen. Sie war bereit, es für uns zu öffnen und zum Glück den Kamin anzuzünden. Während wir durch die Räume gingen, verhielt sich Cameron so, als wäre ihm alles vertraut, und äußerte sich über diesen oder jenen Bereich. Als wir schließlich am Feuer saßen, wirkte Cameron zutiefst betrübt. Norma fragte ihn, ob er seine Familie auf Barra vermisse. Er nickte und lehnte den Kopf an ihre Brust, wollte umarmt und getröstet werden.

Diese Art von emotionaler Reaktion erleben wir bei unseren Fällen häufig. Ein fünfjähriger Junge mag nicht ausdrücken können oder sich nicht einmal bewusst sein, warum er sich so fühlt, aber Cameron empfand offensichtlich eine Traurigkeit und einen Verlust, die für ihn völlig real waren. Obwohl solche Reaktionen vielleicht nicht das gleiche objektive Gewicht haben wie überprüfbare Aussagen – etwa die, dass Flugzeuge den Strand auf Barra als Landebahn benutzten –, sind sie doch nicht weniger wichtig. Auf ihre Weise können sie sogar ziemlich überzeugend sein.

Nachdem wir aufgrund unserer Studien entdeckt hatten, dass die Gefühle mit den eher objektiven Aspekten des Falles einhergehen, entwarf ich eine Skala, welche den Wirkungsgrad jedes Falles anzeigt.[2] Wir codieren all unsere Fälle aufgrund von zweihundert Variablen und geben sie dann in eine Datenbank ein. Ich wählte jene Punkte aus, die dem einen Fall mehr Gewicht verleihen als dem anderen: Male oder Geburtsfehler, die Verletzungen auf dem Körper der früheren Person entsprechen, die Zahl der Aussagen, die das Kind gemacht hat und deren Überprüfung eine Ähnlichkeit mit dem Leben der früheren Person ergibt, die Verhaltensweisen des Kindes, die mit dem früheren Leben in Zusammenhang zu stehen scheinen, sowie die räumliche Entfernung zwischen der Familie des Kindes und der früheren Person. Anschließend kann der Computer den Wirkungsgrad jedes Falles und einen bestimmten Wert berechnen. Dabei stellte sich heraus, dass die Heftigkeit der Gefühle, die das Kind zeigt, wenn es sich an die Vergangenheit erinnert, mit diesem Wert eng korreliert ist. Das heißt, Kinder mit stärkeren Gefühlen weisen wahrscheinlich weitere Merkmale auf, die den Fall umso gewichtiger machen. Ein Kennzeichen der Übertragung aus einem früheren Leben liegt offenbar in der fortgesetzten emotionalen Verbindung.

Nach dem Besuch im Haus Sanderling musste ich in die Vereinigten Staaten zurückkehren und Camerons Familie nach Glasgow. Wir hatten herausgefunden, dass eine Familie Robertson auf der Insel ein Haus besessen hatte – am richtigen Ort und mit dem richtigen Ambiente. Doch der Fall bedurfte weiterer Nachforschungen.

Die Fernsehleute setzten die Recherche fort. Sie beauftragten eine Ahnenforscherin, den Stammbaum der Familie Robertson zurückzuverfolgen. Diese stammte aus Glasgow und besaß über zwanzig Jahre lang ein Haus auf Barra. Für ein Familienmitglied wurden die Kontaktdaten ermittelt – eine Frau namens Gillian, die als Kind Ferien auf der Insel verbracht hatte.

Norma und Cameron suchten sie auf. Die Frau bestätigte die Sommeraufenthalte auf Barra und erzählte, das Ehepaar, das normalerweise in dem Haus wohnte, habe einen schwarz-weißen Schäferhund gehabt, was Camerons Beschreibung entsprach. Doch es gab keinen Shane Robertson. Zwar hießen zwei Männer in der Familie James (woraus Shamus abgeleitet werden kann), aber keiner war von einem Auto überfahren worden. Tatsächlich wurde niemand in der Familie bei irgendeinem Autounfall getötet. Außerdem war – entgegen Camerons Aussagen – keines der Kinder früh verstorben.

Ungeachtet dessen versicherte Norma, dass der gemeinsame Ausflug nach Barra auf Cameron heilsam gewirkt habe. Hinterher sei er hinsichtlich seiner Erinnerungen ruhiger geworden, und die Reise sei das Beste gewesen, was wir für ihn hätten tun können. Cameron fand es traurig, dass seine Familie nicht mehr da war, aber es stimmte ihn froh, sein früheres Zuhause gesehen zu haben. Offenbar hatte er genug gesehen, um sich selbst zu bestätigen, dass seine Erinnerungen der Wirklichkeit entsprachen. Zugleich hatte er bemerkt, dass die Zeit auf der Insel nicht stehen geblieben war. Es gab keine Familie auf Barra, die besorgt auf seine Rückkehr wartete.

Für mich war die Reise weniger heilsam als für Cameron. Er hatte genaue Angaben über ein Leben auf jener Insel gemacht, weit entfernt von seinem heutigen Zuhause, aber einige Details bezüglich der dortigen Familie erwiesen sich als falsch. Dadurch eröffneten sich mehrere Möglichkeiten.

Ein Kritiker mag einwenden, dass Cameron vielleicht eine Fernsehsendung über Barra gesehen und sich dann ein Leben dort ausgemalt hat. Dieses Argument lässt jedoch den emotionalen Aspekt außer Acht. Die Erinnerungen, von denen Cameron berichtete, hatten für ihn eine große Bedeutung. Er stellte sich das alles nicht zum Spaß vor, sondern hielt es für ganz real. Was könnte ein Kind dazu führen, es sich nur auszudenken? Mehr noch, war Cameron ein Kind, das dazu neigte,

Fantasiegebilde zu entwerfen, und dann zu der Überzeugung gelangte, dass sie tatsächlich stimmten?

Ein Hilfsmittel, das zur Beantwortung dieser Frage beitragen könnte, ist die sogenannte *Child Dissociative Checklist.*[3] Hierbei handelt es sich um eine Skala, die entwickelt wurde, um dissoziative Verhaltensmuster bei Kindern zu messen. Sie umfasst harmlose Phänomene wie Tagträume bis hin zu besorgniserregenden Symptomen, etwa wenn ein Kind Stimmen hört und zwei oder mehr Persönlichkeiten in sich trägt, die über sein Verhalten bestimmen. Jüngere Kinder haben oft einen höheren Wert als ältere, und ein Wert von 12 oder darüber deutet auf ein beträchtlich dissoziatives Verhalten hin, zumal bei älteren Kindern. Camerons Wert lag bei 1.

Aus Studien über Kinder mit Erinnerungen an frühere Leben geht hervor, dass die meisten von ihnen einen ziemlich niedrigen Wert gemäß der Checkliste aufweisen, also kaum dissoziative Verhaltensstörungen zeigen. Unser Kollege Erlendur Haraldsson fügte ihr bei seinen Untersuchungen von Fällen in Asien eine Skala hinzu, mit der die Beeinflussbarkeit der Kinder gemessen wird. Er stellte fest, dass jene, die über Erinnerungen an frühere Leben berichteten, nicht beeinflussbarer waren als die übrigen.[4] Auch wenn Skeptiker Camerons Behauptungen als bloße Hirngespinste abtun mögen, scheint er doch keine besondere Neigung zur Fantasterei zu haben.

In seinem Fall sind einige weitere Aspekte in Erwägung zu ziehen. Nach Ausstrahlung der Sendung übermittelten mir mehrere Zuschauer Informationen über den Vornamen Shane. Demnach bedeutet Sean im Gälischen so viel wie »alt«, und der Ausdruck für Großvater lautet *seanair* oder *seanathair.* Eine Frau aus Großbritannien schrieb, die Familie ihres Mannes, der von den Äußeren Hebriden stamme, nenne dessen Vater »Sean«, obwohl er eigentlich ganz anders heiße. Ich weiß nicht genau, ob »Sean« dort genau so ausgesprochen wird wie »Shane«, aber beide Namen liegen offensichtlich nah beieinander.

Der Vorname spielt indes kaum eine Rolle, wenn der Nachname nicht passt. In unserem Fall hatte die einzige von uns aufgespürte Familie Robertson nicht jene Erlebnisse gehabt, die der Junge schilderte, wiewohl ihr Leben auf Barra mit seinen Ausführungen generell übereinstimmte. Es beunruhigte mich, dass wir uns allzu schnell auf den Namen konzentriert hatten. Cameron hatte ja zunächst Menschen und Begebenheiten geschildert, an die er sich zu erinnern glaubte, und erst später den Namen Shane Robertson erwähnt. Vielleicht haben wir diesen versehentlich in seine Erinnerungen eingefügt. Rückblickend betrachtet, hätten wir intensiver nach einer Familie suchen sollen, deren Vater von einem Auto überfahren wurde und die ein Kind in frühem Alter verloren hatte. Calum, der Historiker, hatte von einer solchen Familie nie gehört, aber er kannte den südlichen Teil der Insel besser als den nördlichen, wo Camerons Erinnerung herrührte, Flugzeuge bei der Landung auf dem Strand beobachtet zu haben. Wir folgten dem Namen, weil er eine eindeutige Bestätigung versprach, aber darin lag eventuell ein Irrtum. Wenn Cameron sich tatsächlich an eine andere Familie erinnerte, wäre seine Reaktion im Haus der Robertsons auch so zu erklären, dass es dem in seiner früheren Existenz nur ähnelte, von ihm aber fälschlicherweise für dieses gehalten wurde.

Zudem ist durchaus vorstellbar, dass Cameron Erinnerungen an *zwei* vergangene Leben hatte und sie miteinander vermischte. Seine Beschreibungen von Barra entsprachen der Wirklichkeit, wohingegen die Details über seinen Vater, der von einem Auto überfahren wurde, vielleicht aus einem weiteren Leben kamen. Es sind gewiss Ausnahmen, aber einige Kinder berichten tatsächlich über Erinnerungen an mehrere frühere Leben. Das ist leicht festzustellen, wenn die Kinder diesen Sachverhalt deutlich zum Ausdruck bringen. Doch wir wissen nicht, wie viele andere sich gar nicht bewusst sind, dass die von ihnen geschilderten Ereignisse eigentlich mehr als nur ein Leben betreffen.

Singen und tanzen

Ein Beispiel für ein Kind, das sich an zwei verschiedene Leben zu erinnern scheint, ist Ians Fall des indischen Mädchens Swarnlata Mishra.[5] Die Kleine hatte zum ersten Mal im Alter von drei Jahren von einem früheren Leben gesprochen, und zwar auf einer Reise mit ihrer Familie. Während der Fahrt durch Katni, eine Stadt im Bundesstaat Madhya Pradesh, die sie nie zuvor gesehen hatte, bat sie den Fahrer des Lastwagens, abzubiegen und eine Straße in Richtung »ihres Hauses« hinunterzufahren. Als die Reisegruppe später Halt machte und Tee trank, sagte Swarnlata, in ihrem nahe gelegenen Haus könnten sie einen viel besseren Tee bekommen. Nach der Reise fing sie an, weitere Details über ein vergangenes Leben in Katni mitzuteilen, und erklärte, sie habe Biya geheißen und stamme aus der Familie Pathak. Sie beschrieb das Haus ihrer Familie, die vier stuckverzierten Zimmer und die schwarzen, mit Eisenstangen versehenen Türen. Vom Haus aus, hinter dem sich eine Mädchenschule befand, blickte man auf Hochöfen und eine Eisenbahnlinie.

Obwohl Swarnlatas Familie einige Male den Wohnort wechselte, kam sie der Stadt Katni nie näher als etwa einhundertfünfzig Kilometer. Im Alter von zehn Jahren begegnete Swarnlata einer Frau aus Katni und behauptete, sie kenne diese aus ihrem früheren Leben dort. Im folgenden Jahr erfuhr ein Ermittler von ihrem Fall. Nachdem er in der Familie Informationen gesammelt hatte, fuhr er nach Katni und stellte fest, dass viele Aussagen (einschließlich derer, die ich genannt habe) mit dem Leben einer Frau namens Biya übereinstimmten. Diese stammte aus der Familie Pathak und war neun Jahre vor Swarnlatas Geburt gestorben.

Als Mitglieder der Familie Pathak sowie angeheiratete Verwandte Biyas ein paar Monate später Swarnlata besuchten, schien das Mädchen sie wiederzuerkennen, obwohl sie in einer Gruppe von Leuten eintrafen und ihre Identitäten verschwiegen. Bald darauf besuchte Swarnlata mit ihrer Familie Katni und die Orte, wo Biya nach ihrer Hochzeit gelebt hatte. Swarnlata erkannte Menschen und Orte wieder, die Biya vertraut waren, und kommentierte mehrere Veränderungen, die nach deren Tod eingetreten waren. Später traf sie Biyas Brüder und Kinder immer wieder und zeigte ihnen gegenüber große Zuneigung.

Ab ihrem fünften Lebensjahr sang Swarnlata Lieder und vollführte gleichzeitig Tänze, zuerst für ihre Mutter, dann auch vor anderen. Die Darbietungen unterschieden sich völlig von solchen, denen ihre Eltern bisher beigewohnt hatten. Swarnlata zufolge kamen sie aus einem früheren kurzen Leben, an das sie sich erinnerte und das zwischen Biyas Tod und ihrer eigenen Geburt lag. Und zwar sei sie ein Mädchen namens Kamlesh gewesen und habe in Sylhet gelebt. (Die Stadt, heute in Bangladesch, gehörte vormals zu Ostpakistan, was Ian daran hinderte, Swarnlatas Bericht über ihr dortiges Leben näher zu untersuchen, sodass dieser Teil der Geschichte unbestätigt bleibt.) Die Lieder waren nicht in Hindi, ihrer Muttersprache. Die Eltern kannten jene Sprache nicht und hielten sie für Assamesisch, da Sylhet im Bundesstaat Assam liegt.

Ians Kollege Professor Pal beobachtete Swarnlata beim Gesang und fand heraus, dass die Lieder in Bengali waren, der in

Sylhet gesprochenen Hauptsprache. Er bat sie, die Stücke mehrmals zu singen, um die Worte niederzuschreiben. Die weitere Analyse ergab, dass zwei davon aus Gedichten von Rabindranath Tagore stammten. Die Quelle des dritten, ebenfalls in Bengali, konnte er dagegen nicht bestimmen.

Anschließend ging Professor Pal zu einer von Rabindranath Tagore gegründeten Institution und lauschte der Darbietung eines der Lieder, das Swarnlata ihm vorgesungen hatte. Seiner Aussage nach war die Musik so, wie Swarnlata sie präsentierte. Ihre Worte kamen dem Original sehr nah, wenn auch mit einigen Abweichungen. Sie habe sie während ihres Lebens als Kamlesh von einer Freundin namens Madhu gelernt. Ihre Darbietungen deuteten daraufhin hin, dass Madhu die Lieder bei einer Vorführung gehört und Kamlesh sie dann von ihr nicht ganz fehlerfrei gelernt hatte.

Der Name Kamlesh wie auch die Namen, die Swarnlata anderen Familienmitgliedern gab, wären für eine bengalische Familie ungewöhnlich. Sie konnte nicht in Bengali kommunizieren und hatte Mühe, sich an die Worte der bengalischen Lieder zu erinnern, wenn sie nicht gleichzeitig die Tänze vollführte. All das ließ auf ein Mädchen in Sylhet schließen, das zwar nicht aus einer bengalischen Familie stammte, aber bengalische Freundinnen hatte, von denen eine ihr die Rituale des Gesangs und des Tanzes beibrachte. Ian untersuchte, ob Swarnlata sie in diesem Leben gelernt haben konnte, hielt das aber für unwahrscheinlich, ja unmöglich. Seiner Ansicht nach bildeten sie den übernatürlichen Teil ihres Falles.

Während der nächsten vierzig Jahre korrespondierte er gelegentlich mit Swarnlata und ihrer Familie. Zum Zeitpunkt ihres letzten Kontakts war sie längst verheiratet und lud zusammen mit ihrem Mann, einem Professor der Botanik, Ian zur Hochzeit ihres Sohnes ein.

Swarnlatas Eltern erklärten, ihre Tochter habe manchmal anscheinend die beiden früheren Leben vermischt. Die Verwirrung mag zum Teil daher rühren, dass sie nicht wussten, auf welches Leben das Mädchen sich jeweils bezog. Selbst wenn Camerons Erinnerungen verschwommener waren als die von Swarnlata, kann man durchaus in Betracht ziehen, dass er, ohne sich dessen bewusst zu sein, die Ereignisse aus zwei verschiedenen Leben durcheinanderbrachte. Dies würde erklären, warum er bei einigen Aspekten so genau war und so ungenau bei anderen.

Erinnerungen an mehrere frühere Leben folgen nicht unbedingt einem linearen Verlauf. Ian stellte fest, dass Kinder, die an zwei frühere Leben zurückdenken, gewöhnlich mehr über das erste sprechen.[6] Das zweite ist oft ein unbestätigtes Zwischenleben, auf das sie nur wenige Hinweise geben. Folglich sind die Erinnerungen an das erste Leben stärker. In vier von Ians Fällen hingegen versicherten die früheren Familien, dass die verstorbenen Personen selbst Erinnerungen an ein vergangenes Leben hatten. Doch daran erinnerten sich die Kinder in diesen Fällen nicht.[7]

Obwohl auch die Erinnerung innerhalb des jetzigen Lebens mehr oder weniger starken Schwankungen unterliegt, muss die Existenz eines Bewusstseins jenseits unseres normalen Bewusstseins erneut erörtert werden. Die Fälle mit Erinnerungen an mehrere frühere Leben scheinen eher vereinbar zu sein mit diesem getrennten Bewusstsein, das anstelle eines kontinuierlichen Bewusstseinsstroms Erinnerungen an verschiedene Leben in sich trägt. Man kann sich somit den Geist zweigeteilt vorstellen, wobei der eine außergewöhnliche Teil neben dem gewöhnlichen besteht.

Hier denke ich insbesondere an die Konzeption des unterschwelligen Selbst bei Frederic William Henry Myers.[8] Er war

Mitbegründer der *Society for Psychical Research* (Gesellschaft für übernatürliche Forschung) und übte unter anderem auf den bereits genannten William James einen starken Einfluss aus. Myers bezeichnete das normale, an der Oberfläche angesiedelte Bewusstsein als das »überschwellige Selbst« und stellte sich eine Art Schranke oder übernatürliche Membran zwischen ihm und dem unterschwelligen Selbst vor. Diese Membran ermöglicht, dass Informationen vom überschwelligen zum unterschwelligen Selbst weitergeleitet werden, während der Fluss in umgekehrter Richtung viel stärker eingeschränkt ist.

Das ist notwendig, damit das normale Selbst in der physischen Welt reibungslos funktionieren kann, ohne von all den Aktivitäten des unterschwelligen Selbst gleichsam überflutet zu werden. Dennoch kommt es manchmal vor, dass Material aus dem unterschwelligen Bereich in den überschwelligen hochgespült wird. Dies kann Probleme verursachen, aber auch positive Auswirkungen haben, insofern Inspiration und Genialität nach Myers aus dem unterschwelligen Selbst hervorgehen. In Entsprechung dazu können auch Erinnerungen an frühere Leben als ein »Aufsprudeln« aus dem Unterschwelligen gedeutet werden, wodurch dessen Inhalte ins Alltagsbewusstsein gelangen.

Jenes unterschwellige Selbst ist umfassender als das »Unterbewusste« im Sinne Sigmund Freuds. Denn Myers betrachtete einen bestimmten Teil jedes Menschen als Seele, die einer geistigen Sphäre entstammt. Sie existiert dort selbst dann, wenn sie in einem Leben der physischen Welt verkörpert ist, und besteht auch nach dem Verfall des Körpers weiter.[9]

Darüber soll an späterer Stelle ausführlicher die Rede sein, wenn ich beleuchte, welche Rückschlüsse wir meiner Ansicht nach aus diesem Forschungsgebiet ziehen können. Abschließend sei hier nur angemerkt, dass der Fall von Cameron, wiewohl er einige genaue Kenntnisse über Barra besaß, nicht ganz befriedigend ist, vor allem weil wir kein Individuum finden konnten, dessen Leben mit anderen von ihm erwähnten Details übereinstimmte. Dieses Manko traf jedoch nicht zu auf manche amerikanische Fälle, die ich bald darauf untersuchte, da die Identität der früheren Person mit Sicherheit bestätigt wurde - mit durchaus interessanten Folgen.

Der dritte James

Es gab nur einen Fall, bei dem ich aus Forschungszwecken jahrelang den beteiligten Eltern förmlich hinterjagte.

Zum ersten Mal erfuhr ich von James Leininger durch eine missglückte Fernsehsendung. Gegen mein besseres Wissen hatte ich eingewilligt, für eine Sendung über paranormale Phänomene interviewt zu werden, die ABC News in Zusammenarbeit mit ABC Entertainment Division produzierte. Zunächst hatte ich abgelehnt, aber einer der Produzenten überzeugte mich, dass in dem Abschnitt über Erinnerungen an frühere Leben »ein ernster Blick auf dieses ungewöhnliche Ereignis« geworfen würde. Die Produzenten waren mit Carol Bowman in Kontakt gewesen, der Autorin, die über vergangene Leben geschrieben hatte; diese wiederum stellte sie zwei Familien mit kleinen Jungen vor, die über ein früheres Leben sprachen. Man entschied, James sollte in der Sendung auftreten. Seine Eltern berichteten, er erinnere sich an das Leben eines Kampfpiloten während des Zweiten Weltkriegs, der über dem Pazifik abgeschossen wurde. Die Berichterstatterin für diesen Teil der Sendung war Shari Belafonte. Sie und ihr Team waren sehr freundlich, als sie in mein Büro kamen, um mich über unsere Forschungen zu befragen.

Die Sendung wurde jedoch nie ausgestrahlt. Nach Begutachtung der von ABC übersandten Aufzeichnung war ich froh, dass sie unter Verschluss blieb. Das Ganze sollte ein Pilotfilm für die Sendung mit dem Titel *Strange Mysteries* (Seltsame Geheimnisse) sein, die, wie in der Einleitung angekündigt, »das Übernatürliche, Mystische und Gespenstische« erforschen würde. Neben »haarsträubenden Erinnerungen« an vergangene Leben ging es um Themen wie medial veranlagte Tiere, spiritistische

Sitzungen und paranormale chirurgische Eingriffe. Der Teil über frühere Leben begann damit, dass Shari Belafonte nachts vor einem unheimlich wirkenden Gebäude stand, um das düster der Wind heulte. Ein Geisterhaus bot nicht gerade jenen »ernsten« Ansatz, den ich erhofft hatte.

Im Vergleich dazu war die Sequenz über vergangene Leben ganz in Ordnung und enthielt auch ein Porträt von James und seinen Eltern. Der Junge war vier Jahre alt und fasziniert von Flugzeugen. Den Eltern zufolge quälten ihn im Alter von zwei Jahren schreckliche Albträume, die um einen Flugzeugabsturz kreisten. Mit drei Jahren erzählte er, vor seiner Geburt Pilot gewesen zu sein, der von einem Schiff abflog. Der Motor seiner Maschine sei von den Japanern getroffen worden, woraufhin er ins Wasser stürzte und starb.

Seltsame Dinge, die da ein kleiner Junge in Lafayette, Louisiana, zur Sprache brachte. Zu jenem Zeitpunkt wusste niemand, ob seine Aussagen stimmten und er sich an einen Piloten erinnerte, der wirklich gelebt hatte. Obwohl diese Ungewissheit den Fall zunächst weniger eindrucksvoll erscheinen ließ, hielt die Aufzeichnung doch einige von James' Bemerkungen fest, *bevor* die frühere Person identifiziert wurde. Damit war die Möglichkeit ausgeschlossen, dass man seine Bemerkungen im Nachhinein den Details eines verstorbenen Piloten anpasste.

Fast zwei Jahre nach der Aufzeichnung des Interviews wurde in der ABC-Sendung *Primetime* ein anderes Porträt über James ausgestrahlt. Diesmal war der Berichterstatter Chris Cuomo, der neue Gespräche mit dem Jungen und seinen Eltern geführt hatte. Der Ton war sachlicher, während James' Geschichte inzwischen eine noch ungewöhnlichere Wendung genommen hatte. Die Eltern konnten nun nämlich viele seiner Aussagen bestätigen. Ihr Sohn sagte, er sei ein Pilot namens James auf dem Schiff *Natoma* gewesen, abgeschossen bei der Schlacht um Iwojima, und sein Freund habe Jack Larsen geheißen. Der Vater hatte herausgefunden, dass in der Tat ein gewisser James Huston vom Flugzeugträger *Natoma Bay* bei dieser Operation abgeschossen wurde und dass der Name eines anderen Piloten auf dem gleichen Kriegsschiff Jack Larsen lautete.

Das hörte sich wie ein echter Fall an. Also schickte ich am nächsten Tag eine E-Mail an Carol Bowman mit der Bitte, James' Eltern zu fragen, ob sie zu einem Gespräch mit mir bereit wären. Kurz darauf antwortete sie, die Eltern seien ein bisschen überfordert durch die Reaktionen auf die Sendung *Primetime* und wollten derzeit nicht interviewt werden.

Da ich mich mit diesem Nein nicht zufriedengab, schrieb ich direkt an die Leiningers, erklärte die potenzielle Bedeutung ihrer Geschichte und fügte hinzu, dass wir bei unseren Nachforschungen noch nie auf einen amerikanischen Fall gestoßen seien, in dem ein absolut Fremder, der vor fast sechzig Jahren getötet wurde, ganz eindeutig als die frühere Person identifiziert wurde.

Eine Woche später rief mich James' Mutter Andrea an. Sie war freundlich, berichtete mir in aller Offenheit von Ereignissen, die die Familie erlebt hatte, und stimmte einer Untersuchung des Falles zu. Nachdem ich ihr dafür per E-Mail gedankt hatte, schrieb James' Vater Bruce zurück, sie freuten sich darauf, mir von ihren Entdeckungen berichten zu können. Schließlich einigten wir uns auf einen Termin, zu dem ich nach Louisiana reisen und sie treffen konnte.

Dann erhielt ich einen Rückruf. Die Sendung hatte für einige Aufregung gesorgt, weshalb Bruce und Andrea geraten wurde, so lange keine Interviews zu geben, bis sie sich über die Verwendung ihrer Geschichte im Klaren waren. Bruce meinte, der Fall könne auch später noch dokumentiert werden, also sei unser Treffen nicht dringlich. Das musste ich akzeptieren, nicht ahnend, dass es sechs Jahre dauern würde, bis wir zusammensitzen und uns über ihre Erfahrungen austauschen würden.

2009 veröffentlichten Bruce und Andrea ein Buch über James' Fall unter dem Titel *Soul Survivor*[1] (Das Überleben der Seele). Ich lieferte den Klappentext dazu und gratulierte ihnen in einem Brief zu ihrem Buch. Bruce antwortete, und wir vereinbarten endlich den Termin für eine persönliche Begegnung. Sie hatten sich ihre Geschichte nicht wegnehmen lassen wollen, was ich natürlich verstand, waren aber nach dem Erscheinen ihres Buches bereit, alles mitzuteilen, was sie wussten.

Zu guter Letzt eine Begegnung

Als ich schließlich nach Louisiana flog, wurde James gerade zwölf Jahre alt. Da diese Kinder ab dem sechsten oder siebten Lebensjahr normalerweise nicht mehr über ihre Erinnerungen berichten, würde das Gespräch mit James wohl nicht allzu ergiebig sein. Aber das bekümmerte mich nicht. Mein Interesse richtete sich hauptsächlich darauf, was er gesagt hatte, bevor irgendjemand James Huston als den Piloten identifizierte, an dessen Leben er sich erinnerte. Selbst wenn er sich weiterhin über ein früheres Leben äußerte, mochten ihm mittlerweile alle möglichen Dinge über James Huston zu Ohren gekommen sein. Doch nur wenn er Kenntnisse über den einen oder anderen wesentlichen Aspekt hatte, die er nicht auf solche Weise erworben haben konnte, bestand die Chance, dass er sich tatsächlich an ein vergangenes Leben erinnerte.

So betrat ich an einem Samstagmorgen das Haus der Leiningers. Bruce und Andrea erschienen mir wie der Inbegriff eines bürgerlichen amerikanischen Ehepaares. Er war Personalleiter, und Andrea, früher eine professionelle Balletttänzerin, arbeitete sowohl als Ballettlehrerin wie auch als Schreiberin von Lebensläufen. Bruce war ein sachlicher Typ, sehr kooperativ und zuvorkommend, aber mit festen Überzeugungen. Er sagte, bevor die Geschichte mit James losgegangen sei, habe er die Vorstellung von früheren Leben als »reinen Unsinn« erachtet. Man muss ihm zugutehalten, dass er den nachfolgenden Ereignissen mit genügend Offenheit begegnete, um seine Meinung schließlich zu ändern. Selbst nach all dem, was inzwischen geschehen war, spielte sein christlicher Glaube eine äußerst wichtige Rolle. Manchmal streute er Bibelzitate ein, weiterhin bemüht, die Erfahrungen mit James in seine stark religiös geprägte Weltanschauung mit einzubinden. Andrea hingegen war von Anfang an empfänglicher für unorthodoxe Denkweisen, wenngleich ohne besonderes Interesse an früheren Leben.

Ich begann das Gespräch mit Bruce, während Andrea und James sich mit anderen Dingen beschäftigten. Wir setzten uns an den Tisch im Esszimmer. Am einen Ende des Raumes stand ein kleiner Bücherschrank, angefüllt mit dem Forschungsmaterial, das Bruce gesammelt hatte, um in James' Aussagen einen Sinn zu entdecken.

Der erste bemerkenswerte Zwischenfall in ihrer Geschichte ereignete sich, als James zweiundzwanzig Monate alt war. Damals lebte die Familie in Texas, und Bruce nahm seinen Sohn mit ins Cavanaugh Flight Museum unweit von Dallas. Davor hatte James zwar schon öfters auf Flugzeuge gedeutet, die über ihnen dahinzogen, aber im Museum war er vor Faszination wie erstarrt gewesen. Immer wieder wollte er zu den Exponaten über den Zweiten Weltkrieg zurückkehren. Und so verbrachten die beiden schließlich drei Stunden im Museum, weil James von jenen Flugzeugen völlig hingerissen war, und verließen es mit ein paar Miniaturflugzeugen und einem Video über die Blue Angels, die Kunstflugstaffel der Navy.

Sich stundenlang das Video anzuschauen wurde zu James' absoluter Lieblingsbeschäftigung. Später versuchte ich, mir eine Kopie davon zu beschaffen, aber offenbar kam es nie als DVD heraus. Doch da die Blue Angels sich erst nach dem Zweiten Weltkrieg formiert hatten, konnte das Video nicht die Quelle der detaillierten Kenntnisse sein, die James hinterher zum Ausdruck brachte.

Wenn James mit seinen Miniaturflugzeugen spielte, knallte er sie wiederholt auf den Couchtisch der Familie und rief: »Flugzeugabsturz unter Feuer!« Offensichtlich sind seine Eltern tolerant, denn Bruce besitzt ein Foto, das Dutzende von Kratzern und Dellen am Couchtisch zeigt. Als wäre das nicht schon aussagekräftig genug, sagte James zu seinem Vater am Flughafen, sobald der auf Geschäftsreise ging: »Papi, Flugzeugabsturz unter Feuer.« Als er das auch seiner Tante gegenüber vor deren Flug äußerte, erteilte Bruce ihm eine strenge Rüge.

Einige Monate nach dem Museumsbesuch begannen die Albträume. Andrea musste mit ansehen, wie James um sich schlug, die Beine in die Höhe warf und schrie: »Flugzeugabsturz unter Feuer! Kleiner Mann kommt nicht raus!« Es blieb nicht der einzige Albtraum dieser Art. Mehrmals wöchentlich spielte sich Nacht für Nacht die gleiche Szene ab.

Nach meinem Besuch bei den Leiningers sprach ich mit James' Tante, Andreas Schwester, die nachdrücklich betonte, wie erschreckend es gewesen sei, diesen Albträumen beizuwohnen. Da sie häufig bei James' Familie zu Besuch war, erlebte sie viele davon mit; man bekam den Eindruck, so erzählte sie, jemand würde in Todesangst um sein Leben kämpfen. Dazu gehörte auch, dass James grauenerregend kreischte, während er wie wild in die Luft trat, von einem Flugzeugabsturz und einem großen Feuer schrie und »Kleiner Mann kommt nicht raus!« rief.

Nach mehreren Monaten voller Albträume las Andrea ihrem Sohn eines Abends eine Gutenachtgeschichte vor, woraufhin er erwiderte: »Kleiner Mann macht so«, dabei seine Träume nachstellte, wieder mit den Beinen strampelte und bekräftigte: »Kommt nicht raus.« Sie holte Bruce, damit er sich ein Bild von der neuen Situation machen konnte. Das war für ihn ein entscheidender Moment. Bisher hatte er die Albträume als typisch kindliche Reaktionen abgetan, diesmal aber sprach James über solche Dinge im Wachzustand. Bruce fragte ihn, was mit dem Flugzeug passiert sei. Der Junge antwortete, es habe Feuer gefangen und sei abgestürzt. Bruce wollte wissen, warum, und James sagte: »Es ist abgeschossen worden.« Bruce fragte weiter, wer es abgeschossen habe, und der Kleine, damals etwas mehr als zwei Jahre alt, rief entsetzt: »Die Japaner!«

Einige Wochen später sprachen Andrea und Bruce erneut mit James zur Schlafenszeit. Er erklärte, seine Maschine sei eine Corsair, ein Kampfflugzeug, das während des Zweiten Weltkriegs entwickelt wurde. Mehrfach versicherte er, eine Corsair zu fliegen.

Skeptiker haben eingewendet, dass das Cavanaugh Flight Museum eine Corsair ausstellt, und argumentiert, der Junge habe das Flugzeug dort gesehen und sich dessen Namen eingeprägt. Bruce versicherte mir jedoch, bei ihrem Besuch sei es nicht da gewesen. Das vorhandene Modell sei während einer Flugschau abgestürzt und erst später ersetzt worden. Ich habe seine Aussage überprüfen und bestätigen können. Eine vom Museum ausgeliehene Corsair stürzte bei einer Luftschau in Wisconsin am 29. Juli 1999 ab, sechs Monate bevor Bruce zum ersten Mal mit James in das Museum ging. Ich rief dort an und fragte nach der Corsair, die sie jetzt zeigen. Mir wurde mitgeteilt, die heutige Maschine ersetze jene, die 1999 abstürzte, und das Museum habe sie um 2003 erhalten. James sah also keine Corsair vor Ort und musste im Alter von zweieinhalb Jahren ihren Namen anderswoher kennen.

An dem Abend, als von dieser Maschine die Rede war, fügte James auch hinzu, er sei von einem Schiff abgeflogen. Auf die Frage von Bruce, ob er sich an dessen Namen erinnere, antwortete sein Sohn: »*Natoma.*« Verständlicherweise entgegnete Bruce, dass *Natoma* japanisch klinge, doch James, offenbar beunruhigt, verneinte und beharrte darauf, es sei ein amerikanischer Name.

Hinterher suchte Bruce im Internet nach dem Begriff *Natoma.* Mit einiger Mühe stieß er schließlich auf eine Beschreibung der USS *Natoma Bay*, ein Geleitflugzeugträger, der während des Zweiten Weltkriegs im Pazifik stationiert war. Zum Glück druckte er die Information aus und hob sie auf, sodass wir einen Beleg haben. Jede Seite trägt in der untersten Zeile den Namen der Website und das Datum des Ausdrucks: 27.8.2000. Demnach wissen wir, dass Bruce nach *Natoma* suchte, als James zweieinhalb Jahre alt war. Manches Detail des Falles hängt von der Genauigkeit der Erinnerungen von Bruce und Andrea ab, aber nicht dieses. Auch wer nicht davon ausgeht, es handle sich hier um einen ausgeklügelten Betrug, bei dem jenes christlich gesinnte Ehepaar in Louisiana trotz der Spötteleien von Freunden und Nachbarn einen Fall von Erinnerungen an ein früheres Leben vortäuschte, kommt zwangsläufig zu dem Schluss, dass der kleine James sich den Schiffsnamen *Natoma* nicht ausgedacht haben kann. Ein ungewöhnliches Wort – und gewiss keines, auf das man normalerweise kommen würde, um den Namen eines amerikanischen Flugzeugträgers zu erraten.

Auf die Frage der Eltern, wer der kleine Mann in dem Flugzeug war, erwiderte James »Ich« oder »James«, was ihnen zum damaligen Zeitpunkt unbedeutend vorkam. Etwa einen Monat später tauchte ein weiterer Name auf. Die Frage, ob sonst noch jemand in seinem Traum sei, beantwortete James kurz mit »Jack«. Als sie wissen wollten, ob der auch einen zweiten Namen habe, sagte er: »Larsen.« Es war also Jack Larsen.

In ihrem Buch schreiben die Leiningers, dass Andrea dann fragte: »War Jack der Freund von James?«, worauf James erwiderte: »Er war auch ein Pilot.« Im Rückblick scheint also festzustehen, dass James behauptete, ein Pilot namens James zu sein, der einen Piloten namens Jack Larsen kannte. Doch in der Situation selbst sah der Vater die Sache mit anderen Augen. Sein Sohn hatte schlimme Albträume. Außerdem wusste Bruce nicht, womit er es eigentlich zu tun hatte; klar war nur, dass James den Namen Jack Larsen erwähnt hatte. Also begann er, nach ihm zu suchen. Diese Nachforschung erwies sich als viel schwieriger als jene nach dem Kriegsschiff *Natoma*. Auf der Website der American Battle Monuments Commission durchsuchte er am 16.10.2000 die Datenbank zum Zweiten Weltkrieg. Ich besitze eine Kopie seiner Suche mit diesem Datum und habe den Vorgang selbst wiederholt. Man stößt auf einen Jack Larsen, einen John Larsen, einen Jack Larson (mit *o*) und vier John Larsons. Auf der Website sind nur Personen zu finden, die auf den Friedhöfen der Kommission bestattet oder auf der Wand der Vermissten verzeichnet wurden. Und was in diesem Zusammenhang noch wichtiger ist: Es sind ausschließlich Opfer aufgelistet. Am Ende sollte sich herausstellen, dass der Jack Larsen von der *Natoma Bay* den Krieg überlebt hatte.

Bei meiner Internetsuche begab ich mich auf die Website des National World War II Memorial. Dort sind vier Datenbanken miteinander vernetzt, obwohl jene mit den Überlebenden inoffiziell und unvollständig ist. Auf der Suche nach John oder Jack, jeweils kombiniert mit Larson oder Larsen, fand ich neun Einträge für Männer, die während des Zweiten Weltkriegs in der US-Marine dienten. Trotz ihrer Unvollständigkeit gibt die Liste

Aufschluss darüber, wie häufig der Name vorkam. Kaum ein Kriegsschiff hatte einen Jack Larsen an Bord, wohl aber die von James genannte *Natoma Bay.*

Bruce hatte nicht nach einer lebenden Person gesucht, weil er annahm, der Traum seines Sohnes drehe sich eigentlich um Jack Larsen – obwohl James mehrfach wiederholte, darin »James« zu sein. Diesen Punkt versuchte ich mit Bruce zu klären. Seiner Aussage zufolge hatte er James' Träume nicht für Erinnerungen an ein vergangenes Leben gehalten und auf eine diesbezügliche Andeutung von Andreas Mutter anfangs nur »Blödsinn!« erwidert. Da James sagte, er oder »James« sei in den Träumen mit Jack Larsen zusammen, dachte Bruce anscheinend, sein Sohn würde dabei über einen Mann namens Jack Larsen berichten. Andrea hingegen war nicht so sehr auf Larsen fixiert. Sie habe James sicher dreißig Mal gefragt, wie sein Name im Traum laute, und er habe stets »James« geantwortet. Jack Larsen sei ein Freund, mit dem er flog. Angesichts der Verwirrung von Bruce war James' Bemerkung über die Beziehung zwischen ihm und Jack Larsen vielleicht nicht so deutlich, wie Andrea es heute erinnert; ich kann jedoch nachvollziehen, wie irritierend es war, dass James sich selbst im Traum als »James« bezeichnete.

Bruces starke Neigung, die Möglichkeit früherer Leben von vornherein auszuschließen, mag ebenfalls dazu beigetragen haben, dass er damals jene Botschaft von James' Aussagen missverstand, die heute in hellem Licht erscheint. Wie Andreas Schwester immer wieder bestätigte, sträubte er sich gegen die Erklärung, James' Verhalten gehe auf ein früheres Leben zurück, weil sie seinem christlichen Glauben widersprach. Andrea selbst war über seine Haltung zunehmend enttäuscht, was dann manchmal zu Meinungsverschiedenheiten zwischen den beiden führte.

Die Suche geht weiter

Ungefähr einen Monat nach der Bemerkung über Jack Larsen teilte James – etwas mehr als zweieinhalb Jahre alt – ein weiteres Detail seiner Geschichte mit. Bruce hatte ein Buch bestellt mit dem Titel *The Battle for Iwo Jima 1945*[2] (Die Schlacht um Iwojima 1945), das er seinem Vater zu Weihnachten schenken wollte. Er blätterte darin an einem Samstagmorgen, als James ihm auf den Schoß kletterte. Bald kamen die beiden zu jener Stelle, wo auf der einen Seite eine Landkarte von Iwojima zu sehen war und auf der gegenüberliegenden Seite eine Luftaufnahme des Stützpunkts auf der Insel mit dem ruhenden Vulkan Suribachi. James zeigte auf das Bild und sagte: »Dort ist mein Flugzeug abgeschossen worden.« Bruce erwiderte: »Wie bitte?«, und James gab zurück: »Mein Flugzeug ist dort abgeschossen worden, Papi.«

Eine Woche später führte Bruce sein erstes Gespräch mit einem Veteranen der *Natoma Bay*. Er hatte den Hinweis auf die *Natoma Bay* Association im Internet entdeckt und eine der Kontaktnummern angerufen. Sein Gesprächspartner war während der Operation Iwojima auf diesem Flugzeugträger im Einsatz gewesen. Er erinnerte sich an einen dort stationierten Piloten namens Jack Larsen, wusste aber nicht, was mit ihm geschehen war. Dieser sei eines Tages abgeflogen und nie wieder gesehen worden. Bruce deutete diese Nachricht so, dass Larsen von diesem Flug nicht zurückkehrte und als vermisst galt. Zum damaligen Zeitpunkt hatte Bruce die offizielle Bestätigung, dass es ein Kriegsschiff namens *Natoma Bay* gab, das vor der Insel Iwojima kreuzte, und dass Jack Larsen auf dem Schiff als Pilot stationiert war. Doch er hatte noch einen weiten Weg vor sich, um alle Teile des Puzzles zusammenzufügen.

Von ihrer Mutter bekam Andrea eines der Bücher von Carol Bowman zugeschickt. Obwohl Bruce die Möglichkeit früherer Leben zunächst verworfen hatte, las er darin, und sein Widerstand wurde allmählich schwächer. Andrea kontaktierte die Autorin und begann auf deren Rat hin, unmittelbar nach den Albträumen mit ihrem Sohn zu sprechen. Rasch traten sie weniger häufig und weniger heftig auf. Zugleich redete James im Wachzustand mehr über seine Albträume beziehungsweise Erinnerungen. Das geschah unerwartet, bestand aber meist nur in kurzen Bemerkungen, die den Eltern kaum gründliche Nachforschungen erlaubten.

Bald nach seinem dritten Geburtstag fing James an, Bilder zu malen. Immer wieder stellte er Kampfszenen mit Schiffen und Flugzeugen dar – seinen Eltern zufolge einige hundert Mal. Diese Art von zwanghafter Wiederholung ist ein oft beobachtetes Phänomen bei Kindern, die ein schweres Trauma überlebt oder beobachtet haben –, das sogenannte »posttraumatische Spiel«.[3] In diesem Fall ist es zwar nicht leicht, das posttraumatische Spiel von den normalen Zeichnungen eines Jungen, der Flugzeuge liebt, genau zu unterscheiden, aber da die Zeichnungen mit wiederholten Albträumen der gleichen Szene einhergingen, lassen sie darauf schließen, dass das Kind ein traumatisches Ereignis zu verarbeiten suchte. Bei James schien das Ereignis aus einem früheren Leben zu stammen.

Er signierte seine Bilder mit »James 3«. Man könnte dies als Hinweis betrachten, dass er damals drei Jahre alt war, doch Bruce und Andrea zufolge lag der Grund woanders. Als sie ihn danach fragten, antwortete er: »Ich bin der dritte James. Ich bin James 3.« Ich besprach mit beiden diesen Punkt, und sie bezeugten seine Aussage: »Ich bin der dritte James.« Es gibt Zeichnungen, die er nach seinem vierten Geburtstag anfertigte und die weiterhin mit »James 3« gekennzeichnet sind, weshalb die Zahl vermutlich nicht auf sein Alter verweist. Vielleicht handelte es sich bei dem abgeschossenen Piloten um James Huston junior, und so wäre James Leininger der dritte James.

Andreas Schwester erzählte mir eine Geschichte, die ich von den Eltern nicht gehört hatte. Als Bruce einmal frustriert war wegen all des Geredes über einen Flugzeugabsturz, schleuderte er die Weltkarte eines Atlas auf den Tisch und sagte zu James: »Okay, wo ist das Flugzeug des kleinen Mannes?« James tippte auf den Pazifischen Ozean, woraufhin die Erwachsenen sich hinabbeugten und sahen, dass sein Finger auf eine Inselgruppe namens Ogasawara wies. In winzig kleiner Schrift war auch der Name Iwojima zu lesen. Bruce bestätigte die Geschichte und schickte mir eine Kopie der Weltkarte. Auf zwei Seiten mit den Maßen 56 mal 43 Zentimeter bildet sie einen Großteil des Globus ab. Bemerkenswert ist, dass ein drei- bis vierjähriger Junge darauf eine ganz bestimmte Stelle identifizieren konnte, noch dazu den Ort, wo die von ihm beschriebenen Ereignisse aus einem früheren Leben stattgefunden hatten.

Im Alter von dreieinhalb Jahren sprach James eines Tages über sein Flugzeug, das beschossen wurde. Bruce fragte ihn, wo es getroffen worden sei; James deutete sofort auf den vordersten Teil der Maschine und sagte, das Flugzeug sei direkt in den Propeller getroffen worden. Er beschrieb ein Flugzeug mit nur einem Propeller, der sich an der Spitze des Rumpfes befand. Demnach bedeutete der Einschuss im Propeller, dass das Flugzeug am Bug getroffen wurde. In der bereits genannten Sendung *Strange Mysteries* machte Shari Belafonte darauf aufmerksam, dass keines von James' Miniaturflugzeugen mehr den Propeller am Bug hatte, da er sie offenbar so oft hatte abstürzen lassen, bis alle Propeller abgebrochen waren.

Shari Belafonte und das Fernsehteam trafen in Louisiana einige Monate nach James' viertem Geburtstag ein. Dabei berichtete Bruce einer Produzentin über seine Suche nach Jack Larsen. Im Anschluss an die Dreharbeiten sandte sie ihm eine E-Mail (von der ich eine Kopie besitze) mit dem Ratschlag, Jack Larsens Spur weiterzuverfolgen. Sie habe nämlich mit jemandem im Center for Naval History (Zentrum für Marinegeschichte) gesprochen und nach Jack Larsen gefragt. Dort fand man einen John M. Larson, allerdings ohne einen Hinweis darauf, dass er im Kampf umgekommen war. Das war die falsche Person, wie sich am Ende herausstellte, doch die E-Mail dokumentiert, dass Bruce – lange bevor er alle Rätsel gelöst hatte – nach der richtigen Person suchte.

Im September 2002, als James fast viereinhalb Jahre alt war, besuchte Bruce zum ersten Mal eine Versammlung der *Natoma Bay*-Veteranen. Zu jener Zeit verschwieg er ihnen, dass sein Sohn von einem früheren Leben gesprochen hatte, und erklärte, er schreibe gerade an einem Buch über dieses Kriegsschiff. So erfuhr er, dass Jack Larsen zwar nicht unter den Anwesenden, aber noch am Leben war – also keineswegs vermisst, wie Bruce zunächst gedacht hatte. Er hatte die *Natoma Bay* lediglich für einen anderen Auftrag verlassen. Außerdem fand Bruce heraus, dass nur ein Pilot von der *Natoma Bay* während der Operation Iwojima getötet wurde: ein Einundzwanzigjähriger aus Pennsylvania namens James Huston.

Meine Angaben über James Leiningers Gespräche mit seinem Vater über Iwojima gehen auf dessen Interview mit Chris Cuomo für die Sendung *Primetime* im Jahr 2004 zurück. Damals zitierte er James mit den Worten: »Dort wurde mein Flugzeug abgeschossen.« Seiner heutigen Erinnerung zufolge lautete die Bemerkung wohl eher so: »*Dann* wurde mein Flugzeug abgeschossen.« Gewiss erwarte ich nicht, dass lange nach dem Beginn der Ereignisse jedes heutige Wort weiterhin mit dem früheren identisch ist, aber die Abweichung erscheint mir doch erwähnenswert. Das Flugzeug von James Huston wurde zwar während der Operation Iwojima abgeschossen, aber nicht über der Insel selbst. Das temporale Adverb »dann« wäre demnach genauer als das lokale Adverb »dort«.

Selbst mit der ursprünglichen Formulierung »Dort wurde mein Flugzeug abgeschossen« scheint es sich jedoch nur um eine unbedeutende Spitzfindigkeit zu handeln. Hätte James Huston die Geschichte viele Jahre später erzählen können, wäre sie wohl darauf hinausgelaufen, dass er *bei* Iwojima abgeschossen wurde. Die Piloten der *Natoma Bay* absolvierten im Rahmen dieser Operation 123 Flüge vor Beginn der amerikanischen Invasion und weitere 52 Flüge am 19. Februar 1945, als der Angriff begann. Anschließend erhöhten sich die Einsätze, da die Schlacht um Iwojima bis zum 26. März 1945 fortdauerte.[4] Während die Japaner einen Truppenaufmarsch vorbereiteten und für weiteren Nachschub sorgten, nahmen acht Piloten der *Natoma Bay* an einem Angriff gegen Transportschiffe in einem Hafen der Insel Chichijima teil, die über 250 Kilometer von Iwojima entfernt liegt.[5]

Der Einsatzbericht dazu nannte folgende Details: Die Kampfflugzeuge waren von beiden Seiten des Hafens heftigem Luftabwehrfeuer ausgesetzt. Die Maschine von James Huston wurde anscheinend getroffen, als sie sich dem Hafeneingang näherte. Keiner der anderen Piloten bemerkte den Abschuss, aber seine Maschine neigte sich plötzlich in einem 45-Grad-Winkel auf die Seite, stürzte im Gleitflug ab und explodierte. Als zwei der anderen Piloten in das Gebiet gelangten, trieb kein Wrack mehr auf dem Wasser. Nur ein grünlich-gelber Fleck markierte die Stelle, wo der Absturz sich ereignet hatte. Das geschah am 3. März 1945, vier Tage bevor die *Natoma Bay* ihren Dienst bei der Operation Iwojima beendete.

Nach dem Treffen der *Natoma Bay*-Veteranen besuchte Bruce besagten Jack Larsen in Arkansas, der tatsächlich äußerst lebendig war. Er erinnerte sich gut an den Tag, als James Huston getötet wurde, beschrieb das schwere Flakfeuer, das die Kampfflugzeuge bei der Ankunft im Hafen von Futamiko auf Chichijima empfing. Larsen sah zwar nicht, wie Hustons Maschine abstürzte, hatte aber das sichere Gefühl, dass er getroffen worden war.

Bald nach seiner Heimkehr erhielt Bruce von einem Historiker der *Natoma Bay* die Kopie des Kriegstagebuches der Schwadron, in dem Hustons letzter Flug ebenfalls beschrieben war. Fortan konzentrierte er sich auf diesen Piloten, bestärkt durch die Einsicht, dass die Teile des Puzzles sich langsam zusammenfügten. Allerdings schien es unmöglich, James' Behauptung zu bestätigen, dass sein Flugzeug im Motor (beziehungsweise am Propeller) getroffen worden war. Gemäß dem Einsatzbericht über Hustons Schwadron hatte keiner der anderen Piloten den Vorfall mitbekommen. Doch dann stellte sich heraus, dass die Besatzung der *Natoma Bay* nicht die einzige Informationsquelle war.

Bruce postete auf einer Website über Chichijima eine Anfrage über Hustons Absturz. Monate später rief ihn ein Veteran eines anderen Kriegsschiffes an, der beobachtet hatte, dass Hustons Maschine getroffen wurde. Er war von der USS *Sargent Bay* abgeflogen, die ebenfalls am Angriff teilnahm. Auch seine Maschine war an diesem Tag – beim zweiten Einsatz – getroffen worden. Beim ersten hatte er gesehen – und später in einem informellen Memorandum festgehalten –, wie ein Kampfflugzeug der *Natoma Bay* einen »direkten Einschlag am Bug« abbekam.

Bruce sprach mit drei weiteren Männern, welche die Szene miterlebt hatten und die gleiche Geschichte erzählten. Einer von ihnen sagte, Hustons Kampfflugzeug sei dem seinen sehr nah gewesen, sie hätten sogar Blickkontakt aufgenommen, kurz bevor dessen Maschine am Motor getroffen wurde und schnell in Flammen aufging. Ein anderer der drei wurde für die Sendung *Primetime* interviewt und erklärte: »Ich hab den Einschlag gesehen und würde sagen, ja, er wurde frontal getroffen, direkt in der Mitte des Motors.«

All diese Aussagen stimmten mit James' Beschreibungen überein, die in der Sendung *Strange Mysteries* dokumentiert wurden, ehe die Leiningers irgendetwas von James Huston wussten. In jenem Interview berichtete Bruce, dass ihr Sohn im Alter von zwei Jahren Albträume hatte von einem abstürzenden, in Brand geratenen Flugzeug, aus dem er sich nicht befreien konnte. Andrea fügte in der gleichen Sendung hinzu, James habe ihr beim Spiel im Wintergarten ihres Hauses erzählt: »Mama, vor meiner Geburt war ich ein Pilot, und mein Flugzeug wurde abgeschossen und ist ins Wasser gestürzt, und so bin ich gestorben.« Außerdem gab sie die Bemerkung ihres Sohnes wieder, sein Flugzeug sei von einem Schiff abgeflogen und dann von den Japanern abgeschossen worden. Shari Belafonte wiederum erwähnte Iwojima und gab zu bedenken, der Junge könnte einer der Piloten gewesen sein, die in die dortige Schlacht eingegriffen haben. Zusammen mit James' Hinweis, er sei von der *Natoma Bay* abgeflogen, deutet diese Fernsehaufzeichnung darauf hin, dass James Erinnerungen an James Hustons Tod hatte.

Darüber hinaus behauptete James, Jack Larsen sei da gewesen, als sein Flugzeug abstürzte. Der Einsatzbericht für den Tag, an dem Huston abgeschossen wurde, enthält auch eine Zeichnung der Flugrouten, die jeder Pilot nahm. Darauf befindet sich Larsens Maschine neben der von Huston. Und Bruce hatte seinen Mann gefunden.

Mit den zusätzlichen Details, die er und seine Frau genannt haben, verfügen wir so über eine gültige Dokumentation der Aussagen und Verhaltensweisen von James Leininger, über genau fixierte Anhaltspunkte, bevor James Huston identifiziert wurde. Die Entsprechungen zwischen beiden Personen sind im Folgenden aufgeführt:

James Leininger	**James Huston**
– signierte Zeichnungen mit »James 3«	– war James Huston junior
– flog ab von der *Natoma Bay*	Pilot auf der *Natoma Bay*
– flog eine Corsair	– hatte eine Corsair geflogen
– wurde von den Japanern abgeschossen	– wurde von den Japanern abgeschossen
– starb bei Iwojima	– der einzige Pilot der *Natoma Bay*, der bei der Operation Iwojima ums Leben kam
– »Mein Flugzeug wurde im Motor getroffen, stürzt ins Wasser, und so bin ich gestorben.«	– Augenzeugen zufolge wurde Hustons Flugzeug »direkt in der Mitte des Motors getroffen«
– Albträume von einem Flugzeug, das abstürzt und im Wasser versinkt	– Flugzeug stürzte ins Wasser und versank schnell
– Jack Larsen war da	– Jack Larsen war der Pilot des Flugzeuges neben dem von Huston

Familiäre Fakten

Eines Tages fragte Andrea ihren Sohn, ob der »kleine Mann« irgendwelche Brüder oder Schwestern habe. James erwiderte, er habe eine Schwester namens Annie und eine weitere namens Ruth oder »Roof«, wie er anfangs sagte. Ruth sei vier Jahre älter als Annie, die wiederum vier Jahre älter als er sei. Diese Details stimmten mit denen der Familie Huston überein.

Abgesehen von Andreas Erinnerung gibt es keine Bestätigung dieser Unterhaltung. Als ich nach Ausstrahlung der Sendung *Primetime* zum ersten Mal mit ihr sprach, erzählte sie, über derartige Bemerkungen von James Notizen gemacht zu haben, um diese dann Bruce zu zeigen, der wegen seiner Arbeit oft unterwegs war. Allerdings war ich zutiefst enttäuscht, als ich während meines Besuchs bei ihnen erfuhr, dass Andrea nach der Niederschrift des Falles jenes Spiralnotizheft verloren oder weggeworfen hatte, in dem sie ihre Einträge festzuhalten pflegte. Obwohl das gedruckte Buch zusammen mit den detaillierten Dokumenten und Informationen, die mir übermittelt wurden – zumal über die Chronologie der Ereignisse –, das Geschehen eindringlich wiedergibt, hat es doch nicht die gleiche Beweiskraft wie eine persönliche Aufzeichnung aus erster Hand. Zwar lässt sich die Geschichte in vielen Teilen überprüfen, und der Verlust der Notizen ist keineswegs schwerwiegend, aber es wäre doch wichtig gewesen, sie zu besitzen.

Jedenfalls fand Andrea schließlich durch kluge Detektivarbeit heraus, dass James Hustons Schwester Anne noch lebte. Sie rief die Frau an, die damals vierundachtzig Jahre alt war, und auch Bruce telefonierte mit ihr. Daraufhin schickte Anne einige Fotos ihres Bruders, von denen zwei ein bestimmtes Rätsel der Leiningers lösten. Deren Sohn hatte nämlich wiederholt davon gesprochen, eine Corsair zu fliegen, wie sie es dann auch in der

Sendung *Strange Mysteries* schilderten, bevor James Huston identifiziert wurde. Dieses Detail schien nicht auf Huston zuzutreffen. Bruce hatte erfahren, dass von der *Natoma Bay* nie eine Corsair abgeflogen und dass Huston in einer FM-2 umgekommen sei. Die beiden Fotos zeigten jedoch Huston vor einer Corsair, auf dem einen inmitten der Schwadron, auf dem anderen allein.

Später entdeckte Bruce, dass Huston vor seiner Eingliederung in die Schwadron VC-81 auf der *Natoma Bay* der Schwadron VF-301 angehört hatte, welche die Corsair für die Marine testete. Das Flugzeug war infolge einiger Probleme bei der Landung umgerüstet worden. Um nun festzustellen, inwieweit diese Veränderungen funktionierten, unternahmen die Piloten der VF-301 Testflüge mit der Maschine und absolvierten 113 Landungen ohne irgendwelche Schwierigkeiten.[6]

Bruce, der mehrere Fotos von Huston mit der Schwadron besitzt, kontaktierte einen Veteran und den Sohn eines anderen Veteranen, die zusammen mit ihm Dienst ableisteten. Aufgrund der positiven Resultate bei den Testflügen begann die Marine Corsairs einzusetzen, während Huston zur VC-81 auf der *Natoma Bay* wechselte. (Eine offizielle Geschichte der Schwadron belegt, dass im Oktober 1944 fünf Kampfpiloten in die VC-81 verlegt wurden, einige davon aus der VF-301.) Obwohl James Leininger sich irrte mit seiner Aussage, in einer Corsair abgeschossen und getötet worden zu sein, lag er doch damit richtig, dass James Huston tatsächlich eine solche geflogen hatte. Die Chance, ein aufregendes neues Flugzeug wie die Corsair zu testen, muss für jemanden wie Huston ziemlich denkwürdig gewesen sein. Bruce unterhielt sich darüber auch mit anderen Piloten, die die Corsair geflogen und sich dann reihum degradiert gefühlt hatten, als sie mit gewöhnlicheren Maschinen wie der FM-2 vorliebnehmen mussten, in der Huston dann ums Leben kam.

Andrea berichtete außerdem, dass sie eines Abends einige Zeit später mit einem Glas Wein in der Hand das Zimmer ihres Sohnes betrat. James betrachtete das Glas und sagte, sein Vater sei Alkoholiker gewesen. Er hätte sich immer mit Schnaps betrunken und im Haus herumgewütet. Als er, James, dreizehn war, habe die Familie seinen Vater für sechs Wochen ins Krankenhaus gebracht. Seine Mutter habe währenddessen als Dienstmädchen arbeiten müssen, und Ruth, seine ältere Schwester, sei deswegen »zutiefst beschämt« gewesen. Als ihr Vater aus dem Krankenhaus kam, sei Anne ausgezogen.

Zu jenem Zeitpunkt hatte Andrea zwar mit Anne am Telefon geredet, sie aber nicht getroffen, weshalb James über diese Angelegenheit zweifellos nichts wissen konnte. Andrea befragte sie hinsichtlich der von James erwähnten Details, und Anne bestätigte diese ausnahmslos. Tatsächlich sei ihr Vater in eine Entzugsklinik eingeliefert worden. Und Ruth, die als Gesellschaftskolumnistin für eine örtliche Tageszeitung tätig war, sei wirklich zutiefst beschämt gewesen, weil ihre Mutter als Dienstmädchen in einem Haus arbeiten musste, über das sie geschrieben hatte. Anne wiederum, die sich bei ihrem Vater nach seiner Heimkehr unwohl fühlte, war während des letzten Jahres an der Highschool zu den Großeltern gezogen.

Ich wollte dieses Telefonat wenn möglich überprüfen. Andrea hatte keine Notizen darüber, aber Anne lebte noch. Die Leiningers gaben mir deren Telefonnummer, und ich rief sie von Virginia aus an.

Leider hatte ich es mit einer inzwischen einundneunzigjährigen Frau zu tun, die sich ein vor über fünf Jahren geführtes Telefongespräch ins Gedächtnis zurückrufen sollte. Sie konnte sich zwar daran erinnern, dass Andrea sie über ihren Vater und seine Trunksucht befragt hatte, nicht aber an weitere Einzelheiten. Später stieß ich beim Durchblättern meines Ordners über James auf eine Nachricht vom Juli 2005, die Andrea auf dem Reincarnation Forum – Teil der Website von Carol Bowman – gepostet hatte. Darin nennt sie sämtliche Details aus James' beiden Gesprächen über die Familie Huston. Im ersten erwähnte er die Namen von Hustons Schwestern, im zweiten den Alkoholismus ihres Vaters. Damals war James sieben Jahre alt, und die genannten Ereignisse lagen noch nicht weit zurück. Andreas Erinnerung daran war unverändert geblieben, als ich sie fünf Jahre später interviewte. Das war gewiss kein eindeutiger Beweis, zeigte aber die Beständigkeit der Geschichte über einen längeren Zeitraum hinweg.

Besondere Kenntnisse

James überraschte seine Eltern oft mit Kenntnissen über Flugzeuge im Zweiten Weltkrieg. Als er gerade zwei Jahre alt wurde, kaufte ihm seine Mutter ein Miniaturflugzeug und sagte, an dessen Unterseite sei eine Bombe angebracht. James korrigierte sie mit dem Hinweis, es handle sich um einen abwerfbaren Treibstofftank.

Während der Aufnahme der Sendung *Strange Mysteries* kurz nach James' viertem Geburtstag fragte eine der Produzentinnen den Jungen nach Corsairs, woraufhin dieser erklärte, ihre Reifen seien immer platt. Das ABC-Team interviewte dann einen Militärhistoriker, der bestätigte, dass die Corsairs bei der Landung hart aufsetzten und daher oft platte Reifen hatten.

Als James sechs war, baute Bruce ihm das Modell einer FM-2 zusammen, des Kampfflugzeuges also, das Huston auf der *Natoma Bay* flog. James sagte, es würde etwas fehlen, die Maschinen hätten eine kleine Antenne auf der Seite, gegen die Leute manchmal stießen. Das Modell wies keine Antenne auf, aber bei seinen Recherchen über die FM-2 fand Bruce heraus, dass James recht hatte.

In der Zeit um James' siebten Geburtstag sahen er und seine Eltern auf dem History Channel eine Sendung über Corsairs. In dem gezeigten Dokumentarfilm jagte eine Corsair ein anderes Kampfflugzeug, das als »Zero« bezeichnet wurde. James erwiderte, es sei keine »Zero«, sondern eine »Tony«. Bruce hatte von der Tony zwar schon gehört, die Maschine aber nicht ausmachen können, als sie im alten Filmmaterial über den Bildschirm schoss. James erläuterte nun, die Tony sei ein japanisches Jagdflugzeug gewesen, kleiner und schneller als die Zero. Der Name rühre daher, dass Jagdflugzeuge nach Jungen benannt würden, Bomber nach Mädchen. Daraufhin schaute Bruce im Kriegstagebuch der Schwadron nach und stellte fest, dass sie eine Tony abschoss. Sechs amerikanische Kampfflugzeuge hatten die Tony eingekreist und attackiert. Der Einsatzbericht wiederum belegt eindeutig, dass Huston derjenige war, der sie zuerst entdeckte.

Außerdem schien James sich an Details aus dem Leben auf der *Natoma Bay* zu erinnern. Im Alter von fünf Jahren hob er, während Bruce gerade eine verrostete Radblende ausbesserte, eine Schleifscheibe hoch und sagte, nach so einer habe er gesucht. Sein Vater fragte, wofür er die brauche, und James erwiderte, auf der *Natoma Bay* habe es nie genug Schallplatten gegeben. Tatsächlich ähneln Schleifscheiben alten Singles. Hinterher sprach Bruce mit einem Veteran vom Flugzeugträger, der bestätigte, dass sich dort ein Plattenspieler mit nur einer Single befunden habe.

Im gleichen Alter wurde James zum ersten Mal von seiner Mutter ein Hackbraten zubereitet. Als sie ihm erzählte, was sie nun zusammen essen würden, erwiderte er, den habe er seit seiner Zeit auf der *Natoma Bay* nicht mehr bekommen. An jenem Abend aß er seine Portion Hackbraten ganz auf und sagte, den habe er auf dem Schiff immer gern gegessen. Bruce erfuhr von mehreren Veteranen, dass dort regelmäßig Hackbraten serviert wurde.

Im Alter von sechseinhalb Jahren besuchte James zum ersten Mal eine Versammlung der *Natoma Bay*-Veteranen. Bei einem Rundgang durchs Museum stießen er und Andrea auf ein 5-inch-Schiffsgeschütz (das ungeachtet seines Namens eine große Kanone ist, weil die Maßzahl den Durchmesser der Projektile angibt, die abgefeuert werden). Einige Veteranen hörten ihn sagen, die *Natoma Bay* sei mit so einem Geschütz ausgestattet gewesen, was wirklich stimmte. Als einer der Männer den Jungen fragte, wo genau es sich befunden habe, antwortete er korrekt: »Am Heck.« Bruce kann sich nicht daran erinnern, dass sie beide Fotos der *Natoma Bay* gesehen hätten, aufgenommen aus einem Winkel, aus dem die Position des Geschützes zu sehen war.

Außerdem berichtete Andrea, bei der Versammlung seien sie und James in der Hotelhalle von Bob Greenwalt, einem *Natoma Bay*-Veteran, angesprochen worden, der mit Bruce zwar telefoniert hatte, aber noch niemandem von der Familie Leininger persönlich begegnet war. Er fragte James: »Weißt du, wer ich bin?«, und dieser antwortete: »Sie sind Bob Greenwalt.« Als Bruce seinen Sohn später fragte, woher er das wusste, sagte der, Greenwalts Stimme wiedererkannt zu haben. Ich wollte dies von Greenwalt bestätigt bekommen, also erklärte sich Bruce bereit, ihn für mich zu kontaktieren. Nachdem Greenwalt auf seine Anrufe nicht reagierte, sprach Bruce schließlich mit dessen Frau und erfuhr, dass es ihrem Mann, der neunzig Jahre alt war, nicht gut gehe. Wegen mehrerer gesundheitlicher Probleme war er an ein Sauerstoffgerät angeschlossen und stand daher für ein Interview nicht zur Verfügung.

Im Alter von sechs Jahren betrachtete James das Modell der von Bruce zusammengebauten FM-2 und sagte, in die abwerfbaren Treibstofftanks hätten sie gewöhnlich Öl gegossen. Sobald diese auf dem Boden aufschlügen und explodierten, bräche ringsum ein großes Feuer aus. In diesem Zusammenhang erinnerte sich Bruce an ein früheres Gespräch mit Jack Larsen. Als ehemaliger stellvertretender Waffenoffizier auf der *Natoma Bay* hatte er beschrieben, wie sie in das Benzin der abwerfbaren Treibstofftanks Napalmpulver mischten, sodass eine zähflüssige Masse entstand, in die sie eine mit einem Kabel verbundene Handgranate legten. Beim Abwurf des Treibstofftanks zog das Kabel den Stift der Handgranate, und wenn das Timing stimmte, detonierte sie genau in dem Moment, da die selbst gefertigte Napalmbombe auf dem Boden aufschlug, wodurch eine verheerende Explosion ausgelöst wurde. Bruce hatte nirgendwo etwas darüber gelesen und konnte sich nicht erklären, wie James an diese Information gekommen war.

Früheres Verhalten

In unseren Fällen zeigen die Kinder oft Verhaltensweisen, die offenbar mit ihren Berichten über Erinnerungen an vergangene Leben in Verbindung stehen. Meistens geht es dabei um die berufliche Tätigkeit der früheren Person. Das traf gewiss auch auf James zu. Seine Faszination für Flugzeuge schien so leidenschaftlich zu sein, dass sie an eine Obsession grenzte. Er besaß nicht nur zahllose Miniaturflugzeuge, sondern benutzte auch, im Alter von vier Jahren, einen alten Autositz und Teile von verschiedenen anderen Gegenständen, um im Abstellraum von Bruces häuslichem Büro ein Cockpit nachzubauen. Sein Vater hörte ihn, wenn er einen Piloten spielte, dass er plötzlich aus der Kammer stürzte und so tat, als würde er mit dem Fallschirm abspringen, nachdem seine Maschine getroffen worden war.

Bei anderen Gelegenheiten vollzog er, auf dem Autositz thronend, eine Art Ritual, indem er die Hände erst über den Kopf hob und dann bis zur Höhe der Ohren senkte. Anschließend bewegte er die rechte Hand vor dem Gesicht nach unten bis zum Kinn. Seine Eltern fanden heraus, was es damit auf sich hatte, als sie James im Alter von dreieinhalb Jahren zu einer Luftschau mitnahmen. Dort konnte er sich in das Cockpit einer Piper Cub setzen, wo der Pilot seine Kopfbedeckung mitsamt Kopfhörer und Mikrofon trug. Andrea beobachtete ihren Sohn, der nun selbst die Kopfbedeckung anlegte und die gleichen Bewegungen wie bei dem Ritual auf dem Autositz zu Hause ausführte, um Kopfhörer und Mikrofon in die richtige Position zu bringen.

Mit viereinhalb Jahren besuchten er und seine Eltern einige Mitglieder von Andreas Familie in Dallas. Sie gingen in einen Gemeinschaftspool, wo James und sein Cousin dramatische Kampfszenen nachzustellen begannen. James schoss auf Flugzeuge und schrie, er werde die »Japsen« abknallen. Kurz darauf rief Andrea ihn zu sich und mahnte, er solle das nicht sagen, denn der Krieg sei vorbei, und die Japaner hätten ihn ohnehin verloren. James reagierte zunächst verblüfft, wurde dann euphorisch, hüpfte auf und ab und jubilierte. Andrea erzählte mir diese Episode, als wir zum ersten Mal miteinander telefonierten, das heißt eineinhalb Jahre danach. Noch sechs Jahre später erinnerten sich ihre Schwester und ihr Mann gut daran. Für die Erwachsenen war die Begebenheit sowohl peinlich als auch lustig, zugleich aber ein weiterer Hinweis auf die emotionale Verbindung, die James wie auch die Kinder in vielen unserer Fälle zu den lange zurückliegenden Ereignissen hatten, an die sie sich zu erinnern glaubten.

Als ich endlich mit James kurz vor seinem zwölften Geburtstag sprechen konnte, waren solche Gefühle nicht mehr vorhanden. Wie so oft schienen in diesem Alter auch die Erinnerungen verschwunden zu sein, obwohl er angedeutet hatte, vielleicht immer noch welche zu haben, über die er zu einem späteren Zeitpunkt sprechen könne.

Ich hatte die Möglichkeit, ihn abseits des eigentlichen Interviews zu beobachten, in seinem häuslichen Umfeld und bei einem Abendessen mit der Familie im Restaurant. Er wirkte wie ein typischer Jugendlicher seines Alters, war höflich und wortgewandt, aber weder formell noch pseudoreif. Manchmal alberte er herum und redete dummes Zeug, seinen Eltern stets nah, doch nicht zu nah. Alles in allem schien er ein feiner junger Mann zu sein, in keiner Weise seltsam oder gestört.

Erinnerungen an den Himmel

Als James drei wurde, bekam er seinen ersten G.I. Joe (eine Puppe in Gestalt eines US-Infanteriesoldaten) und nannte ihn Billy (oder Billie, wie sich herausstellte); zum Weihnachtsfest darauf einen weiteren, den er Leon nannte, und zwei Weihnachten später einen dritten, der dann Walter hieß. Diese G.I. Joes waren seine Kumpel, die er überallhin mitnahm. Er spielte mit ihnen in der Badewanne und schlief nachts neben ihnen.

Andreas Schwester erinnert sich, dass er einem davon nach dem Auspacken des Geschenks sofort den Namen gab. Seine Eltern waren besonders über die Namen Leon und Walter verblüfft, weil diese von kleinen Kindern kaum benutzt werden. Auf ihre Frage, warum er gerade sie gewählt habe, erwiderte James, die beiden Männer seien ihm begegnet, als er in den Himmel kam.

Zehn Soldaten in Hustons Schwadron an Bord der *Natoma Bay* waren vor ihm getötet worden. Drei davon hatten die Namen Billie, Leon und Walter. James' Eltern fanden sogar heraus, dass die Haarfarbe eines jeden mit der des betreffenden G.I. Joe übereinstimmte: Billie Peeler hatte braunes Haar, Leon Conner blondes und Walter Devlin rotes, genau wie ihr jeweiliger G.I.Joe-Namensvetter.

Am Tag nach James' Äußerung über seine Begegnung mit Leon und Walter sprach Andrea dieses Thema erneut an und fragte ihren Sohn, ob es wirklich einen Himmel gebe. Als er dies bejahte, fragte sie weiter, wo der denn sei, und James breitete die Arme aus mit den Worten: »Er ist genau hier.« Dann wollte sie wissen, wie es dort aussehe, und er erwiderte, das sei der schönste Ort in der Welt.

Andreas Frage, ob Gott tatsächlich existiere, beantwortete James mit »Ja«. Sie hakte nach: »Ist Gott ein Mann oder eine Frau?« An dieser Stelle würden sich wohl viele kleine Kinder aus protestantischem Elternhaus Gott als einen Mann mit langem weißem Bart vorstellen, der vielleicht dem Schauspieler Charlton Heston ähnelt und auf einem Thron sitzt. James' Antwort hingegen lautete, Gott sei weder Mann noch Frau, sondern so, wie man ihn jeweils brauche.

Außerdem fragte Andrea, ob jeder Mensch ins Leben zurückkehre, was James verneinte – man könne es sich aussuchen: Es sei möglich, aber wenn man es nicht wolle, müsse man es auch nicht.

Über diese Rückkehr erzählte der Junge eine interessante Geschichte. Im Alter von viereinhalb Jahren »half« er einmal seinem Vater, im Garten das Laub zusammenzurechen. Als der ihn plötzlich umarmte und sagte, wie glücklich er sei, James zum Sohn zu haben, antwortete er ihm, er habe bei der Auswahl seines Vaters gewusst, dass Bruce ein guter Papi sein würde. Was er damit meine, fragte Bruce, und James erklärte, als er ihn und Andrea gefunden habe, sei ihm klar gewesen, dass sie gut zu ihm sein würden.

Also stellte Bruce die Frage, wo er sie gefunden habe, und James erwiderte: »Hawaii.« Da die drei im Sommer jenes Jahres nach Hawaii gereist waren, entgegnete Bruce, James habe sie nicht dort gefunden, denn sie seien alle zusammen auf der Insel gewesen. Sein Sohn schüttelte den Kopf und versicherte, es sei nicht diesmal geschehen, sondern vorher, als nur Bruce und Andrea dort waren. Auf die Frage, an welcher Stelle er sie gefunden habe, erwiderte James: »In dem großen rosa Hotel«, und fügte hinzu, er habe sie am Strand entdeckt, als sie gerade zu Abend aßen.

Tatsächlich waren Bruce und Andrea früher schon einmal nach Hawaii gefahren. Sie wohnten im Royal Hawaiian, einem großen rosafarbenen Hotel am Waikiki Beach in einem anderen Teil Honolulus als bei ihrem Besuch mit James. Es war die erste Woche, in der Andrea, die kurz zuvor die Verhütungsmittel abgesetzt hatte, schwanger zu werden versuchte. Den Aufenthalt beendeten die beiden mit einem Abendessen am Strand. Obwohl James nicht auf Hawaii empfangen wurde, war Andrea nur weniger Monate nach ihrem Urlaub schwanger.

Insgesamt betrachtet, ist dies ein wirklich bemerkenswerter Fall. Vielleicht hätte ich, wäre die Untersuchung zu einem früheren Zeitpunkt möglich gewesen, einige seiner Details genauer bestätigen können, aber er hält nach wie vor der Überprüfung stand. Im Grunde fällt es mir schwer, dafür eine der üblichen Erklärungen zu finden. Man mag einwenden, das alles sei nur Zufall, doch dann würde es sich um eine ganze Reihe sagenhafter Zufälle handeln. James erinnerte sich offenbar an das Leben von James Huston. Der kleine Junge hatte Einblicke in Ereignisse, die am Ende des Zweiten Weltkriegs im Pazifik geschahen – ja nicht nur Einsichten, sondern auch Gefühle, die von diesen Ereignissen herrührten, und durchlitt das Trauma, dort getötet worden zu sein. Dennoch ist er heute ein glücklicher und aufblühender junger Mann, der jene Schreckensvisionen anscheinend hinter sich gelassen hat. Der dritte James genießt es zweifellos, zu neuem Leben erwacht zu sein.

Er kam aus Hollywood

Eines Tages erhielt unser Büro von einer Mutter namens Cyndi einen Brief aus Oklahoma, der mit dem Satz »Wen es betreffen mag« überschrieben war. Sie gab ihrer Hoffnung Ausdruck, dass wir ihr helfen könnten, einen Fall etwaiger Wiedergeburt zu lösen. Ihr fünfjähriger Sohn Ryan hatte bestimmte Erinnerungen, die seine Eltern auf ein früheres Leben zurückführten.

Sie sei in einer Baptistenkirche aufgewachsen und ihr Mann sei der Sohn eines Pfarrers der Churches of Christ (Gemeinden Christi). Nie habe man ihnen beigebracht, an die Wiedergeburt zu glauben. Sie seien ganz normale Leute – ihr Mann Polizist und sie stellvertretende Büroleiterin in der Bezirksverwaltung. Ryan hingegen falle aus dem Rahmen und habe in letzter Zeit eine Reihe außergewöhnlicher Geschichten erzählt.

Ungefähr ein Jahr zuvor hatte er zum ersten Mal davon gesprochen, nach Hollywood zurückzukehren. Er weinte und flehte seine Mutter an, ihn nach Hause zu bringen, damit er seine andere Familie sehen könne. Wenn dieser Junge im Vorschulalter spielte, rief er oft »Action!« und fing an, in imaginären Filmen Regie zu führen. Seine Eltern nahmen das nicht allzu ernst, bis bei ihm einige Monate später Albträume auftraten. Er wachte mitten in der Nacht auf, griff sich an die Brust und sagte, er kriege keine Luft mehr, sein Herz sei damals in Hollywood explodiert. Eines Abends wollte Ryan seiner Mutter erzählen, wie es sei, wenn man stirbt. Er beschrieb ein überwältigend helles Licht und sagte, man solle sich diesem nähern. Jeder kehre ins Leben zurück; er habe Cyndi schon vor der Geburt gekannt und sie als seine Mutter gewählt.

Da ihr Sohn mit diesen Erinnerungen zu ringen schien, ging Cyndi zur öffentlichen Bibliothek und lieh einige Bücher über Hollywood aus in der Hoffnung, Ryan möge darin irgendeine Art von Zeichen entdecken, das genauere Erinnerungen auslöste. Als beide die Seiten durchblätterten, wurde Ryan beim Anblick einer Fotografie von Rita Hayworth ganz aufgeregt und sagte, er kenne die Frau, sie habe oft »diese Eisgetränke« zubereitet. Später fügte er hinzu, sie habe sie »Coke float« (Cola mit Eiscreme) genannt.

In einem anderen Buch stießen Mutter und Sohn auf ein Foto aus dem Film *Night After Night* (1932). Wieder wurde Ryan unruhig, betrachtete die abgebildeten Männer, zeigte auf einen von ihnen und sagte: »Hey, Mama, das ist George. Wir haben einen Film zusammen gemacht. Und dieser Typ da, Mama, bin ich. Ich hab mich gefunden.« Das Foto zeigte sechs Männer, deren Augen auf die beiden in der Mitte gerichtet waren, die miteinander stritten. Der zweite Mann, auf den Ryan deutete, befand sich auf der einen Seite; wie die anderen trug er eine Fliege, dazu Bowler und Überzieher.

Im Buch waren die Namen der Schauspieler nicht aufgeführt, und so konnte Cyndi jenen Mann, für den Ryan sich hielt, nicht identifizieren. Sie fand jedoch heraus, dass der erste Mann George Raft war, ein Filmstar in den Dreißiger- und Vierzigerjahren, vor allem in Gangsterfilmen.

Ryan behauptete, mit einem Cowboy befreundet gewesen zu sein, der in dem Film mitspielte. Er habe ein Pferd gehabt, mit dem er Kunststücke vorführte, und außerdem Werbung für Zigaretten gemacht. Durch einige Nachforschungen entdeckten Ryans Eltern, dass in dem Film *Night After Night* ein Schauspieler namens Gordon Nance mit dabei war, der sich später Wild Bill Elliott nannte. Er trat in Western auf und war auch Werbeträger für Zigaretten der Marke Viceroy.

Ryan erwähnte eine Szene des Films, in der eine Kammer voller Waffen vorkam. Im Laufe des Abends fand Cyndi *Night After Night* auf YouTube und sah, dass die Szene tatsächlich mit dazugehörte. Sie betonte, dass Ryan erst fünf Jahre alt war und noch nie einen Schwarz-Weiß-Film angeschaut hatte, geschweige denn diesen.

Darüber hinaus reagierte der Junge besonders auf ein Foto von Marilyn Monroe, die er als »diese Mary Lady« bezeichnete. Eines Abends sei er auf einer Party gewesen und habe versucht, mit ihr ins Gespräch zu kommen. Er lachte und sagte, einer der Typen vom Studio habe ihm eins aufs Auge gegeben. Er habe sich ihr noch nicht einmal nähern können, weil diese Studioleute es nicht zuließen. Er sei gern Ryan, würde aber gern auch in Hollywood leben. Er habe Filme gedreht und in einer Villa mit Swimmingpool gewohnt.

Cyndi schrieb, am merkwürdigsten sei gewesen, dass Ryan einige Ereignisse schilderte, die während ihrer Schwangerschaft geschahen. Es ging um eine Geschichte, über die er nichts hatte wissen können, aber seinen Ausführungen zufolge sah er alles vom Himmel aus. Der Brief enthielt keine weiteren Details, aber später erfuhr ich mehr darüber.

Sie verfasse diese Zeilen, fuhr Cyndi fort, weil sie wirklich Hilfe brauche, um jenen Mann in dem Film zu identifizieren, auf den Ryan gedeutet hatte. Inzwischen habe er ihr mitgeteilt, dass seine Erinnerung an ein Leben in Hollywood allmählich verblasse. Das mache ihn traurig, zugleich wolle er jedoch einfach nur Ryan sein … Sie schloss mit der Bemerkung, dass er ein großartiger kleiner Junge sei, der Antworten erhalten solle auf die Fragen, die ihn nachts quälten und zum Weinen brächten.

Heutzutage hören wir von amerikanischen Familien häufig per E-Mail, manchmal auch auf postalischem Weg, aber nur selten nennen sie uns so viele Einzelheiten wie Cyndi. Zudem kam es noch nie vor, dass ein Foto von einem unbekannten Mann existierte, dem das Kind seine frühere Identität zuschrieb. Also sah ich mir ebenfalls *Night After Night* auf YouTube an und stellte fest, dass in dem Film tatsächlich eine Kammer voller Waffen vorkommt. Darüber hinaus entdeckte ich jene Szene, die das Foto im Buch darstellt. Das Problem war, dass der Mann, in dem Ryan sich wiedererkannte, keinen Text zu sprechen hatte; er spielte den Komplizen von einem der Protagonisten. Ihn zu identifizieren würde einige Mühe kosten. Der Film ist bemerkenswert, weil Mae West darin ihre erste Rolle verkörperte und einen ihrer denkwürdigen Sätze äußerte. Eine Garderobenfrau erblickt sie und sagt: »Goodness, what beautiful diamonds!« (»Meine Güte, was für herrliche Diamanten!«) Und Mae West erwidert: »Goodness had nothing to do with it, dearie.« (»Güte hatte damit nichts zu tun, Schätzchen.«)

Ich schrieb Cyndi zurück und fragte, ob sie und ihre Familie bereit wären, mich zu empfangen. Darauf kam die Antwort, sie würden meinen Besuch sehr begrüßen genau wie jegliche Art von Information, die ich ihnen geben könnte. Außerdem habe sie angefangen, über Ryan Tagebuch zu führen, was bedeutete, dass wir ein schriftliches Zeugnis seiner Äußerungen besaßen.

Ryan wollte mit niemandem außerhalb der Familie über Hollywood sprechen, weil er befürchtete, die Leute würden ihn für verrückt halten. Daher erklärte ich Cyndi, dass es durchaus in Ordnung sei, wenn er nicht mit mir redete, hoffte jedoch, dass er nach einer Weile des Zusammenseins weniger befangen wäre. Sie könne ihn ruhig wissen lassen, dass ich ihn nicht für verrückt hielte und wirklich nur interessiert sei an dem Leben, das er seiner Mutter gegenüber beschrieben habe.

Vor unserer Begegnung tauschten wir einige E-Mails aus. In einer davon berichtete Cyndi von der Aussage ihres Sohnes, er habe deshalb zurückkehren müssen, weil ihm im vergangenen Leben nicht genügend Zeit für seine Familie geblieben war. Aufgrund seiner übermäßig vielen Arbeit habe er vergessen, dass die Liebe das Wichtigste überhaupt ist. Eine weitere E-Mail enthielt die Bemerkung Ryans, in seinen Albträumen tauche ein Mann namens Senator Five auf, den er als den schlimmsten Schurken beschrieb, der je gelebt habe. Er sprach auch über eine Agentur und darüber, zusammen mit einem Freund, der dort arbeitete, auf einen Friedhof in New York gegangen zu sein. Eine Woche später schrieb Cyndi, dass Ryan nicht mehr in den Kindergarten wolle, denn nachdem er während der Märchenstunde von Hollywood und der Agentur erzählt und beteuert hatte, die Geschichten seien wahr, hätten die Kinder sich über ihn lustig gemacht.

Auf einige dieser Geschichten konnte auch ich mir keinen Reim machen. Ryans Äußerungen über die Agentur und Senator Five erschienen mir ziemlich bizarr. Ich erinnerte mich an jenen von einem Kollegen untersuchten Fall, bei dem ein kleiner Junge verblüffend genaue Details über einen Mann mitteilte, der Hunderte von Kilometern entfernt gelebt hatte. Dann regte er sich plötzlich auf und begann über Rennwagenfahrer und verschiedene wunderliche Themen zu sprechen, sodass man kaum noch unterscheiden konnte, ob es sich um den Bericht über ein früheres Leben oder um reine Fantasiegebilde handelte.

Ryan hatte auch ein wenig über den Broadway geredet. Eines Tages vollführte er einen Stepptanz und sagte, sich daran erinnert zu haben, als er in einem Zeichentrickfilm Musik hörte, die genauso klang wie die Musik, zu der er einst mit zwei Freunden gesteppt hatte. Anstatt Unterricht zu nehmen, habe er sich die Schritte selbst beigebracht.

Als die Familie – einen Monat vor unserem Treffen – die Koffer für eine Ferienreise nach Branson, Missouri, packte, sagte

Cyndi zu Ryan, er könne sich schick anziehen, wenn sie dort eine Show besuchten, worauf er erwiderte: »Oh Mami, ich hasse Vorsprechen.« Schließlich gingen sie in ein Varieté, bei dem auch den Veteranen gehuldigt wurde. Während einer Sequenz über Pearl Harbor zeigte Ryan starke Gefühlsregungen und buhte Franklin D. Roosevelt aus, der auf der Filmleinwand erschien. Als sein Vater ihn nach dem Grund seiner Reaktion fragte, wandte er sich seiner Mutter zu und sagte: »Papi weiß nicht, was für ein Idiot dieser Mann ist.« In der Mitte der Vorführung murmelte er etwas über »die verdammten Japsen«, brach dann in Tränen aus, erhob sich aber am Ende und spendete stürmisch Beifall.

Zu meinem Treffen mit der Familie würde ich eine kleine Flip-Kamera mitnehmen, um das Interview zu filmen. Mit dieser Kamera hatte es folgende Bewandtnis: Einen Monat bevor Cyndis Brief eintraf, erhielt ich den Anruf des Fernsehproduzenten Russ Stratton, der an einer Sendung über unsere Arbeit interessiert war. Solche Anrufe kommen gewöhnlich von Produzenten, die dem Kabelfernsehen eine Idee anbieten wollen. Russ meinte, A&E sei schon mit von der Partie. Einer der am Projekt beteiligten Produzenten war Doug Liman, Regisseur von Filmen wie *The Bourne Identity* und *Mr. & Mrs. Smith*. Der Plan war, einen erstklassigen Regisseur zu engagieren, der die A&E-Serie *The Unexplained* aus den 1990er-Jahren neu aufbereitete.

Da Russ an unserer Arbeit echtes Interesse zu haben schien, sagte ich meine Teilnahme an dem Projekt zu. In der Sendung sollte ein früherer Fall nachgestellt werden, aber während der Diskussion über aktuelle Fälle erwähnte ich meine bevorstehende Reise nach Oklahoma zu der Familie von Ryan. Daraufhin schickte mir einer der Produzenten die Flip-Kamera, damit ich das Gespräch aufzeichnen konnte. Das Filmmaterial würde wahrscheinlich nicht im Fernsehen gezeigt werden und gewiss nicht ohne die Erlaubnis der Familie. Trotzdem wollten sich die Produzenten nicht die günstige Gelegenheit entgehen lassen, ein erstes gefilmtes Interview zu haben; zumindest würden sie so besser verstehen, wie die Untersuchung eines unserer Fälle eigentlich abläuft.

Ein Besuch in Oklahoma

Ich flog also an einem frühen Samstagnachmittag nach Oklahoma, um Ryan und seine Eltern zu treffen. Cyndi war liebenswürdig und angenehm. Ihr Mann Kevin, ein Polizist, schien mit seiner kräftigen Statur, seinem kurz geschnittenen Haar und seiner gedehnten Sprechweise des Südwestens aus dem Casting für einen Sheriff in Oklahoma zu kommen. Jedenfalls hielt man ihn nicht gerade für jemanden, der die Vorstellung von früheren Leben leidenschaftlich verficht. Ryan, drei Monate vor seinem sechsten Geburtstag, war anfänglich wortkarg, wie man es von Kindern seines Alters kennt. Doch die Kamera, die ich auf einem kleinen zusammenklappbaren Stativ befestigte, faszinierte ihn eindeutig, und Kevin musste seinen Sohn mehrmals ermahnen, sie nicht zu berühren. Er gehorchte zwar, aber nur widerwillig.

Wir setzten uns an den Küchentisch, um Ryans Bemerkungen zu erörtern. Meistens hatte er sie abends gemacht, oft unmittelbar nach dem Bad. Seine Persönlichkeit schien manchmal verändert, zumal wenn er sich eines ausgereifteren Vokabulars bediente. Er konnte an drei Tagen hintereinander über seine Erinnerungen reden und dann drei Wochen lang kein Wort mehr darüber verlieren. Anfangs sprach er nur mit Cyndi darüber, später auch mit Kevin.

Cyndi hatte mir eine Kopie ihrer Aufzeichnungen im Tagebuch zugesandt. Zeitweise kamen täglich neue Einträge hinzu. Das heißt, Ryans Kommentare waren ihr noch frisch im Gedächtnis, als sie diese niederschrieb. Einmal sagte er: »Früher war ich groß; jetzt bin ich klein.« An anderer Stelle steht: »Ich war lieber groß, um überall und jederzeit dorthin gehen zu können, wo ich sein wollte. Ich hasse es, klein zu sein.«

Wenn Ryan eine Aufnahme der Hügel von Hollywood im Fernsehen sah, versicherte er jedes Mal: »Das ist mein Zuhause. Dort gehör ich hin.« Dann wieder erklärte er: »Ich kann in diesen Verhältnissen einfach nicht leben. Mein letztes Zuhause war viel besser.«

Er machte mehrere Aussagen über seine frühere Familie. Demnach hatte seine Mutter braunes, gelocktes Haar. Er sprach auch oft über eine Schwester, die drei Jahre jünger war als er, sowie über eine Tochter, deren Haar von ihrer Mutter gerne zum Pferdeschwanz gebunden oder zum Zopf geflochten worden sei. Außerdem war die Rede von drei Kindern. Er wusste nicht genau, ob es seine waren oder nicht, erinnerte sich aber daran, ihnen kunstvolle Malbücher mitgebracht zu haben. Er habe ein grünes Auto besessen, während seine Frau angeblich einen schönen schwarzen Wagen fuhr.

Häufig sprach er von Reisen. Als die Familie während der Ferien in Branson durch die Straßen der Innenstadt mit ihren Backsteingebäuden ging, wurde Ryan aufgeregt und zeigte auf ein kleines Café mit Terrasse. Es erinnere ihn an seinen Aufenthalt in Paris, dort gebe es Restaurants mit Tischen und Stühlen vor der Tür, außerdem Fontänen mitten auf der Straße, und er habe den großen Turm besucht. Er fragte Cyndi nach dessen Namen, und als sie »Eiffelturm« sagte, erwiderte er: »Genau, Mami. Ich war am Eiffelturm in Paris.« Cyndi hakte nach, ob er wirklich dort gewesen sei, und bekam zur Antwort: »Ja, Mami.

Ich war in China, Paris, New York. Wann wirst du mir endlich zuhören? Ich habe die Welt gesehen.«

Eines Tages kam er in die Küche und fragte, ob er und Cyndi miteinander tanzen könnten: »Mami, ich kann es nicht erwarten, wieder groß zu werden, und dann muss ich auf diese großen Schiffe, werde elegante Kleidung tragen und mit all den hübschen Damen tanzen. So sieht man die Welt, Mami, von einem großen Schiff aus.« Und er ahmte einen Tanz nach, der einem Walzer glich, und meinte, diese schwingende Vorwärtsbewegung beim Tanz auf dem Schiff würde ihm am besten gefallen.

Über seinen Besuch in China sagte Ryan, dass man dort lernen müsse, mit Stäbchen zu essen, weil die Leute kein Besteck hätten. Aber man würde es schnell lernen, wenn man hungrig sei. Außerdem sprach er viel über Chinatown in New York, dort sei das Essen am besten. Als er auf der Vorschule war, fragte er, ob die Familie in einem Lokal essen könne, wo man Stäbchen benutzt. Also nahmen seine Eltern ihn mit in ein chinesisches Restaurant. Er liebte die Speisen, verzehrte sie alle und weigerte sich, Besteck zu benutzen. Kevin war verblüfft, wie geschickt sein Sohn mit den Stäbchen umging.

Immer wieder bekräftigte Ryan, wie sehr er Katzen hasse. Einmal erzählte er seiner Mutter, in Hollywood habe er versucht, einer verletzten Katze zu helfen, die ihn nicht kannte, sei von der aber »so schrecklich« gekratzt worden, dass er stark blutete. Dann deutete er auf seine Arme, wo sich die Kratzwunden befunden hatten. Ein anderes Mal behauptete er, seiner Tochter einen Wachhund gekauft zu haben, den sie jedoch nicht mochte.

Eines Tages teilte Ryan mit, dass er heute den ganzen Tag Zeichentrickfilme im Fernsehen anschauen wolle – mit dem Zusatz: »Mami, gib mir einfach 'n Tru Ade.« Cyndi fragte: »Ein was?«, und er erwiderte: »Ich meine, 'n Dr Pepper.« Sie suchte im Internet und fand heraus, dass Tru Ade ein alkoholfreies

Getränk ohne Kohlensäure war, entweder mit Orangen- oder Traubengeschmack. Offenbar gab es das Getränk von den Vierzigerjahren bis in die späten Sechziger oder frühen Siebziger. Als Cyndi ihrem Sohn eine alte Werbung für Tru Ade zeigte, lachte der und sagte: »Dieses Zeug kriegst du nicht mehr. Ich trinke jetzt nur Dr Pepper.«

Ich fragte die Eltern nach Ryans Bemerkungen über die Agentur, denn meines Erachtens glaubte er, ein Geheimagent zu sein, und Cyndi war offenbar der gleichen Meinung. Doch nicht das hatte er gesagt, sondern vielmehr, dass er in einer Agentur arbeitete, wo die Mitarbeiter ihre Namen änderten. Außerdem redete er viel über Senator Five und darüber, was für ein gemeiner Mensch der war. Einmal bat er um eine Landkarte der Vereinigten Staaten, zeigte auf New York und erklärte, dorthin seien sie gefahren, um ihn zu sehen, nämlich auf einem Friedhof. Einige Stunden nachdem Ryan die Stadt als Ort ihrer Begegnung bezeichnet hatte, teilte er seiner Mutter mit, wenn sie Senator Five auf dem Computer fände, würde er ihn wiedererkennen, weil er dessen Gesicht nachts im Schlaf sehe.

Eltern haben mir oft berichtet, sie könnten bei ihrem Kind deutlich unterscheiden, ob es seine Erinnerungen an ein angebliches früheres Leben beschreibt oder sich in bloßen Fantastereien ergeht. Während der sachlichen Ausführungen über ein früheres Leben wirke es meistens ernster. Deshalb fragte ich Cyndi, ob sie einen Unterschied bemerke in der Art, wie Ryan einerseits über die Agentur und andererseits über Hollywood spreche. Tatsächlich scheine er sich jeweils ein wenig anders zu fühlen, antwortete sie. Daraus schloss ich, dass er trauriger und sehnsüchtiger war, wenn es um Hollywood ging, energischer und zielstrebiger im Hinblick auf die Agentur.

Ryan kommentierte auch kleinere Begebenheiten, zumal wenn Phänomene in der Umgebung wie Gerüche oder Musik sein Gedächtnis anregten. Als Cyndi ihm eines Nachmittags das Bein streichelte, sagte er, das erinnere ihn an die Zeit in Hollywood, wo er bisweilen »diese Hautbrände« bekam. Auf die Frage seiner Mutter, ob er »Sonnenbrände« meine, entgegnete er, sich in Hollywood dauernd welche geholt zu haben.

Eines Abends wollte Ryan nicht einschlafen, um keine Albträume mehr zu haben. Etwa eine halbe Stunde lang weinte er und wiederholte mehrfach: »Mami, ich hab Heimweh, ich hab einfach so großes Heimweh.« Ein anderes Mal sagte er, an einem Ort gewohnt zu haben, dessen Name das Wort *Rock* (Fels) oder *Mount* (Berg) enthielt. Einige Zeit nach unserem Interview erzählte ich Cyndi von meiner Suche nach Städten mit diesen Worten im Namen, aber sie verwies darauf, dass Ryan sich anscheinend auf eine Straße bezogen habe.

Ihr Sohn äußerte sich auch über die Zeit zwischen den Leben. Nach seinem Tod sei er irgendwo hingegangen, aber nicht in den Himmel, sondern an eine Art Warteort. Dann wieder bekräftigte er, seine Eltern vom Himmel aus gesehen zu haben. Er habe seine Mutter gewählt, nicht aber seinen Vater, und sei zurückgekommen, um sich ihrer anzunehmen.

Bei ihrer Heirat beschlossen Ryans Eltern, nur ein Kind zu haben, da Kevin bereits zwei Kinder aus erster Ehe hatte. Cyndi wollte unbedingt eine Tochter. Eines Abends kam Ryan zu ihr ins Zimmer und fragte, warum sie gedacht habe, dass er ein kleines Mädchen sein würde. Als sie nachfragte, wer ihm das erzählt habe, antwortete er: »Niemand, ich hab's vom Himmel aus gesehen«, und fügte hinzu: »Dieser Arzt hat einen Test gemacht und dir gesagt, dass ich ein Junge bin. Du bist ausgeflippt und hast gerufen, dass er sich irrt. Du warst dir einfach sicher, dass ich ein Mädchen sein würde. Mami, es war Papis Geburtstag, hinterher seid ihr ins Restaurant gegangen und du hast lange geweint.« Cyndi bestätigte, dass alles genau so gewesen war, wie Ryan es schilderte. Sie hatte ihre Reaktion an jenem Tag stets bedauert, und es ist kaum vorstellbar, dass sie Ryan je davon erzählt hat.

Nach dem Gespräch machten wir uns auf den Weg, um zu Abend zu essen. Kevin bestand darauf, die Rechnung zu bezahlen, obwohl ich sie ohne Weiteres auf meine Spesenrechnung hätte setzen können. Er und seine Frau wirkten vollkommen redlich, und es schien ausgeschlossen, dass sie Ryan zu seinen Aussagen verleitet hatten. Indes blieb die Frage, ob er sich alles ausgedacht hatte, denn offenbar besaß er eine blühende Fantasie. Doch die mit seinen Behauptungen verbundenen Gefühle deuteten darauf hin, dass die ganze Geschichte für ihn mehr war als ein bloßes Hirngespinst.

Die Frage konnte nur beantwortet werden, wenn sich herausstellte, dass der Mann auf dem Foto tatsächlich das getan hatte, was Ryan beschrieb. Aber die Identität einer namenlosen Person in einem Film der Dreißigerjahre zu ermitteln schien eine fast unlösbare Aufgabe zu sein. Trotzdem postete ich das besagte Foto auf dem Schwarzen Brett der Website Turner Classic Movies. Das würde zwar ziemlich aussichtslos sein, aber einen Versuch war es jedenfalls wert.

Eine mögliche Identifizierung

Einige Wochen nach meiner Reise nach Oklahoma erhielt ich einen Anruf, der die Suche in eine neue Richtung lenkte. Einer der Fernsehproduzenten meldete sich, weil die Familie, die sie hatten filmen wollen, einen Rückzieher gemacht hatte. Stattdessen sollte nun Ryans Fall ins Programm aufgenommen werden. Das bedeutete, dass die Fernsehleute ihre Hilfsmittel nutzen konnten, um nach jenem Mann auf dem Foto zu suchen, was unsere Chancen, ihn zu identifizieren, beträchtlich erhöhte. Die Frage war nur, ob Ryans Familie einverstanden wäre, an einer solchen Sendung teilzunehmen.

Ich schrieb eine E-Mail an Cyndi, erläuterte die Situation und stellte klar, dass diese Entscheidung allein bei ihnen läge. Falls sie dagegen wären, hätte das keinerlei Auswirkungen auf unsere Zusammenarbeit. Cyndi antwortete, sie habe einige Abende zuvor eine Sendung über medial veranlagte Kinder gesehen und sei fest überzeugt, dass Ryans Geschichte anderen Familien mit einer ähnlichen Erfahrung von großem Nutzen sein könnte. Sie sei also durchaus bereit, ihren Sohn an der Sendung teilnehmen zu lassen, aber die Familienmitglieder sollten verdeckt und unter anderen Namen auftreten.

Außerdem fragte Cyndi, ob die Produzenten Ryan in Hollywood filmen wollten, denn er habe mehrfach geäußert, demnächst für drei Tage dorthin zu reisen, und zwar in einem großen Flugzeug. Und das hatte er gesagt, bevor die Familie erfuhr, dass mein erster Besuch bei ihr aufgezeichnet würde. Ich erwiderte, diesem Vorhaben stünde wohl nichts im Weg, falls sie und Kevin die Zustimmung erteilten.

Nach dem Telefongespräch mit einem der Produzenten beschlossen Kevin und Cyndi, deren Vater über das Projekt zu informieren – den einzigen Großelternteil, der von Ryans Aussagen nichts wusste. Es überraschte sie, dass er die Nachricht besser aufnahm als die übrigen Familienmitglieder und erklärte, bereits andere Fernsehsendungen über Kinder wie Ryan gesehen zu haben. Der Junge war hocherfreut über diese Reaktion und meinte, da sein Großvater ihn nicht für verrückt halte, könne er ihm jetzt über Hollywood erzählen.

Als Cyndi an jenem Abend Ryan zu Bett brachte, sagte sie zu ihm: »Ryan, du weißt genau, dass du nicht mehr dieser Mann auf dem Foto bist. Für uns sollst du einfach Ryan sein.« Er erwiderte, äußerlich nicht mehr dieser Mann zu sein, innerlich aber schon.

Am nächsten Tag schrieb mir Cyndi, dass Ryan weder verdeckt interviewt werden noch seinen Namen ändern wolle. Er sagte, was er erlebe, sei völlig real, und wenn seine Eltern ihm glaubten, sollten sie sich auch zu erkennen geben. Das brachte die beiden in eine schwierige Lage. Da sie in einer Kleinstadt lebten, machten sie sich Sorgen, was die Leute über sie denken würden, wenn Ryan mit seiner Geschichte im Fernsehen aufträte. Cyndis Familie war der ganzen Sache abgeneigt, aber da Ryan nicht annehmen sollte, dass Cyndi und Kevin sich seiner schämten, sagte sie dem Produzenten ihre Teilnahme ohne Namensänderungen zu.

Daraufhin besuchte das Filmteam Ryans Familie. Russ Stratton, der Produzent, mit dem ich zuerst gesprochen hatte, war nicht mit dabei. Er leitete das Projekt weiterhin, hatte jedoch für die Dreharbeiten ein separates Team engagiert. Cyndi zufolge verstand Ryan sich großartig mit den Leuten und spielte ausgiebig mit deren Ausrüstungsgegenständen. In den gefilmten Interviews zeigten sie Ryan das Buch mit dem Foto aus *Night After Night* und fingen den Moment ein, als er auf den von ihm identifizierten Mann deutete und sagte: »Der da bin ich.«

Bald schienen die Fernsehleute herausgefunden zu haben, wer dieser Mann war: ein Schauspieler namens Ralf Harolde. Aber diese Annahme stützten sie allein auf ihr Gefühl, dass Harolde dem Mann in *Night After Night* ähnelte.

Aufgrund einer kurzen Nachforschung, bei der ich Fotos des Mannes betrachtete, kamen mir Zweifel. Außerdem sah ich, dass Ralf Harolde eigentlich Ralph Wigger hieß. Als ich ihn in den Volkszählungsunterlagen entdeckte, entpuppte er sich als Einzelkind, wohingegen Ryan ausführlich von einer Schwester gesprochen hatte. Und die Dokumente über Wigger im ersten, zehnten und zwanzigsten Lebensjahr enthielten keinen Vermerk über Geschwister.

Die Fernsehleute wollten mit Ryan nach Hollywood, um festzustellen, ob er sich an etwas erinnerte; damit bewahrheitete sich seine Vorhersage, dorthin zu reisen. Gerne hätte ich die Familie begleitet, aber meine Termine waren mit denen des Regisseurs nicht zu vereinbaren. Angesichts des Zeitdrucks trat das Team die Reise also ohne mich an.

Am Tag der Rückkehr schickte Cyndi mir einen Bericht, obwohl die Familie erst um zwei Uhr morgens wieder zu Hause eingetroffen war. Die Reise erwies sich als ziemlich anstrengend sowohl für Ryan wie auch für seine Familie. Es begann mit einem weiteren Interview im Hotelzimmer. Das Problem bestand darin, dass Ryan genervt war von dem Versuch der Fernsehleute, ihm vor laufender Kamera eine außergewöhnliche Bemerkung zu entlocken, während er sich viel lieber Hollywood angesehen hätte. Er mochte das Hollywood Roosevelt Hotel, das 1927 erbaut wurde und die erste Verleihung der Academy Awards ausrichtete. Cyndi und Kevin teilte er mit, sich an das Hotel zu erinnern, aber das geschah abseits der Dreharbeiten.

Das Filmteam fuhr die Familie zum ersten und zum letzten von Ralf Harolde bewohnten Haus, denn offenbar hatte er an mehreren Orten gelebt. Ryan zeigte keinerlei Reaktion. Beim letzteren wurde er von seinem Vater vor laufender Kamera gefragt, ob ihm eines der Häuser vertraut vorkäme, doch Ryan verneinte. Allerdings hatte er das Haus von Wild Bill Elliott wiedererkannt, dem Schauspieler aus *Night After Night*, mit dem er angeblich befreundet war. Außerdem hatte er den Anblick des Ozeans genossen und erzählt, dass er mit seinen Freundinnen gern an diesen Strand gegangen sei.

Ich informierte Cyndi über meine erneuten Zweifel, ob Ralf Harolde wirklich die gesuchte Person sei, eben weil Ryan dessen Haus nicht erkannt hatte, wohl aber das von Bill Elliott. Ryan sprach weiterhin von seinen Erinnerungen an ein früheres Leben, nicht nur in Hollywood, sondern auch in New York, wo er Klavier gespielt habe.

Ein Durchbruch

Sechs Wochen nach dem Aufenthalt der Familie in Hollywood erhielt ich eine E-Mail von Russ Stratton, dem leitenden Produzenten. Darin stand: »Bitte ruf mich an, wenn du einen freien Moment hast … Wir haben in Ryans Fall einen Durchbruch erzielt … und den Schauspieler genau identifiziert.« Diese Nachricht fesselte meine Aufmerksamkeit. Während des Telefongesprächs unterrichtete er mich über den Stand der Dinge. Die Hollywood-Reise hatte ihn nicht zufriedengestellt, und als er herausfand, dass man die gesuchte Person allein aufgrund von Fotos zu identifizieren suchte, war er ziemlich aufgebracht.

Russ engagierte Kate Coe, eine Expertin für archiviertes Filmmaterial, die den Mann in *Night After Night* aufspüren sollte. Anfangs hielt sie das für eine leichte Aufgabe. Doch ihre Meinung änderte sich, als sie mehr über die Details erfuhr. Wie sie später in der Sendung *UneXplained* ausführte, habe sie gedacht: *Ist kein Kinderspiel. Ein nicht erwähnter Statist. Irgend so 'n Typ mit Hut.* Sie schickte das Foto aus dem Film an andere Spezialisten, aber niemand konnte den Mann identifizieren.

Schließlich ging sie zur Bibliothek der Academy of Motion Picture Arts and Sciences in Beverly Hills, wahrscheinlich die größte Filmbibliothek der Welt, und beschaffte sich sämtliche Materialien, die sie über *Night After Night* finden konnte. Meistens ging es dabei um die Stars im Film, doch irgendwann stieß sie auf ein Foto des Mannes, nach dem sie suchte. Mit einer langen Zigarre im Mund und einem Bowler auf dem Kopf blickte er in die Kamera. Die Bildunterschrift nannte nur den Titel des Films und die Namen der Stars. Auf der Rückseite aber stand folgende Notiz: *Was der gut gekleidete Gauner tragen wird. Marty Martyn, der einen Gauner im Paramount-Film ›Night After Night‹ spielt, mit George Raft, Constance Cummings, Wynne Gibson, Mae West und Alison Skipworth, vermittelt einen Eindruck von der in der Unterwelt üblichen eleganten Kleidung.*

Seltsam ist, dass Marty Martyn im Abspann von *Night After Night* als Darsteller einer Figur namens Malloy auftaucht, obwohl der Mann, auf den Ryan deutete, im Film keinen Text hatte. Da ich zunächst unsicher war, ob es sich bei diesem Mann tatsächlich um Marty Martyn handelte, schaute ich mir den Film noch einmal an. Darin heißt niemand Malloy, und keiner der anderen Schauspieler sieht aus wie Marty Martyn. Nur zwei Figuren tragen Bowler – der Mann, auf den Ryan deutete, und sein Boss, gespielt von Bradley Page. Also musste jener Mann Marty Martyn sein.

Endlich hatten wir eindeutig den Namen, der zu dem abgebildeten Mann passte. Mit etwas Mühe konnte Russ' Team dann einige grundsätzliche Details über sein Leben ausfindig machen. Mit seiner letzten Frau hatte er nur ein leibliches Kind, eine Tochter. Nachdem deren Identität und Telefonnummer festgestellt worden waren, rief Russ sie an. Ein Teil dieses Gesprächs wurde später in der Sendung *UneXplained* wiedergegeben. Russ erzählte ihr ein wenig über die Geschichte und sagte am Ende, dass der Mann, den Ryan identifiziert hatte, Marty Martyn sei. Die Tochter erwiderte: »Das ist mein Vater! Soll das eine Art Scherz sein?« Verständlicherweise war sie wegen der ganzen Sache ziemlich aufgeregt. Anschließend erklärte Russ ihr in einer E-Mail, wie seine Mitarbeiter sie entdeckt hatten, insbesondere mihilfe eines Bandes über amerikanische Familiengeschichte in der New Yorker Bibliothek und verschiedener Datenbanken im Internet.

Während die Frau dies alles verarbeiten musste, hatten wir einiges zu tun. Da nun die Identität des Mannes auf dem Foto feststand, konnte ich bei Ryan überprüfen, ob er Leute wiedererkennen würde, die Marty Martyn kannte. In den asiatischen Fällen haben Familien oft formlose Tests durchgeführt, die keinerlei Kontrolle unterlagen.[1] Wie Ian schrieb, kommt es zu solchen Tests, wenn ringsum eine große Gruppe von Menschen anwesend ist. Jemand stellt dem Kind eine grundsätzliche Frage, zum Beispiel: »Siehst du deine Frau hier?« Wenn jeder erwartungsvoll die Witwe des verstorbenen Mannes anblickt, kann das Kind relativ leicht auf diese Person deuten. Allerdings gab es Ausnahmen, etwa im Fall eines kleinen Mädchens namens Gnanatilleka in Sri Lanka, dem man mehrere Personen aus dem Leben der früheren Person vorstellte (sowie einige, denen sie nie begegnet war) mit der Frage, ob es darunter die »richtigen« erkenne. Das Mädchen identifizierte genau jene, die der früheren Person vertraut waren, und nannte eine Reihe von Details über sie, die es aufgrund ihrer bloßen Erscheinung nicht hätte wissen können.[2]

In Ryans Fall hingegen hatte es keinen Sinn zu versuchen, den Jungen mit Menschen zu konfrontieren, die Marty Martyn gekannt hatte, da er 1964 gestorben war. Aber ich konnte ihm Fotos zeigen. Die Mitarbeiter von Russ besaßen Fotos von einigen Personen aus Martyns Leben, und auf meine Bitte hin fertigten sie ähnliche Aufnahmen an von Leuten, die Martyn nicht kannte.

Mit diesen Fotos im Gepäck unternahm ich eine weitere Reise nach Oklahoma, um Ryans Familie wiederzusehen, diesmal in Begleitung eines Filmteams. Russ hatte die praktische Arbeit für die Sendung übernommen und leitete das Team zusammen mit seiner Koproduzentin Amy Hobby. Vor der Abreise hatten wir Cyndi mitgeteilt, dass Ralf Harolde nicht, wie zunächst vermutet, der Mann auf dem Foto war, aber dass wir jetzt dessen wahre Identität kannten. Wir nannten ihr jedoch nicht den richtigen Namen, weil ich großen Wert darauf legte, die Erkennungstests nicht zu verfälschen. Ich dachte zwar nicht, dass Cyndi wie verrückt Marty Martyns Leben durchforschen würde, wollte aber diese Möglichkeit von vornherein ausschließen. Das alles war für sie ziemlich aufreibend. Russ hatte ihr gegenüber einige Punkte angedeutet, was sie wohl noch mehr in Unruhe versetzte, aber keine konkreten Details erwähnt. Sie erwiderte, Ryans Aussagen seien offenbar exakt genug, um uns so schnell nach Oklahoma zu locken. Jedenfalls könne sie es nach der monatelangen Beschäftigung mit dieser Angelegenheit kaum abwarten, sämtliche Tatsachen zu erfahren.

Zunächst war Ryan froh zu erfahren, dass der Mann auf dem Foto identifiziert und nicht Ralf Harolde war. Doch in den Tagen vor unserem Besuch behagte es ihm nicht, erneut gefilmt zu werden. Er wolle sich mit dem Filmteam nicht abgeben, sagte er, denn diese Leute hätten versucht, ihn in Hollywood lächerlich zu machen. Warum hätten sie nicht auf ihn gehört, als er beteuerte, Ralf Haroldes Häuser nicht zu kennen, und ihn angelogen in Bezug auf seinen früheren Namen? Es sei unfair, dass er sich an diesen nicht erinnere.

Cyndi erklärte ihm, dass diesmal ein anderes Filmteam käme, dass diese Leute keine Lügen über den Namen des Mannes verbreiten würden und dass jeder manchmal Fehler mache. Doch er beharrte darauf, nicht zu kooperieren. Mir gegenüber gab Cyndi ihrer Hoffnung Ausdruck, dass es ihr und Kevin gelingen möge, Ryan auf unsere Ankunft am folgenden Wochenende vorzubereiten. Ich versicherte ihr, dass wir behutsam vorgehen und Ryan mit etwas Glück seine Scheu nach einer Weile ablegen würde.

Bei unserem Eintreffen war Ryan zweifellos in trüber Stimmung. Er hatte schlecht geschlafen und fühlte sich in unserer Gesellschaft merklich unwohl. Russ entschuldigte sich bei ihm für den Ablauf der Dreharbeiten in Hollywood. Dennoch verlangten wir viel von einem Kind. Ryan war gerade sechs geworden, ein besonders schwieriges Alter angesichts dessen, was wir vorhatten. Einem so kleinen Jungen kann es große Mühe bereiten, über längere Zeit an einer Aktivität teilzunehmen, zumal wenn er dabei gefilmt werden soll. Zugleich wurde er allmählich ein wenig zu alt, um die Bilder aus einem vergangenen Leben noch deutlich im Gedächtnis zu haben.

Die Situation wurde noch erschwert durch die Frustration, die Cyndi empfand, weil wir ihr nicht den Namen des Mannes auf dem Foto nannten. Ryan konnte ihre Frustration spüren, die sie dann an ihm ausließ, als er nicht mit uns zusammenarbeiten wollte. Später sagte sie, ihre Reaktion gegenüber Ryan sei so heftig ausgefallen, dass man diese Szene für eine Episode in der Serie *Supernanny* hätte verwenden können.

Nichtsdestotrotz führten wir einige Erkennungstests durch. Möglicherweise unterliefen mir zwei Fehler, als ich Ryan die von Russ' Team zusammengestellten Fotos präsentierte. Ich zeigte ihm jeweils vier davon, aber lediglich auf einem war jemand, den Marty Martyn gekannt hatte. Das mag für die Aufnahmefähigkeit eines sechsjährigen Jungen zu anspruchsvoll gewesen sein. Ich hätte ihm jeweils nur ein Foto zeigen sollen, einmal mit Personen, die Martyn kannte, dann mit solchen, die ihm fremd waren.

Der andere Fehler lag vielleicht darin, dass ich bei der Präsentation einfach nur fragte, ob irgendeine der abgebildeten Personen vertraut wirke. Ich hatte mich absichtlich der vagen

Hoffnung hingegeben, dass Ryan, falls er jemanden erkannte, auch bestimmte Details nennen würde – etwa über die Beziehung zwischen dieser Person und Martyn. Hinterher erklärte er, meine Frage nicht verstanden zu haben. Er dachte, ich hätte gefragt, ob die Fotos auf ihn vertraut wirkten, und nicht, ob er bestimmte Leute darauf identifizieren könne.

Unsere ersten Tests blieben also ohne Ergebnis. Es war klar, dass Ryan sie nicht machen wollte und wahllos auf Fotos zeigte. Wir schoben mehrere Pausen ein und beschlossen dann, die Arbeit für diesen Tag zu beenden. Danach gingen wir alle zum Essen in ein Barbecue-Restaurant und verbrachten dort einen angenehmen Abend. Nach der Rückkehr ins Haus wollte Ryan einige weitere Versuche starten. Es besorgte mich, dass er zu müde sein könnte, aber seine Entscheidung stand fest.

Wir setzten uns an den Küchentisch. Ich zeigte ihm Fotos von vier Frauen, unter denen eine Martyns letzte Frau war. Als ich Ryan fragte, ob irgendeine davon ihm etwas bedeute, legte er den Finger auf das Foto mit Martyns Frau. Ich fragte ihn nach ihr, aber er sagte nur, dass sie ihm vertraut vorkomme.

Ich berichtete Ryan und seinen Eltern, dass ich vielleicht wisse, wer Senator Five sei, und zeigte dem Jungen Fotos von vier Männern. Er deutete auf einen und sagte sehr bestimmt: »Das ist Senator Five.« Auf meine Frage: »Bist du sicher?«, antwortete er: »Ich bin mir ganz sicher.« Ryan hatte erzählt, Senator Five in New York begegnet zu sein. Daraufhin hatte ich in Archiven recherchiert und herausgefunden, dass es in New York zwar keinen Senator Five gab, wohl aber einen Senator Ives. Irving Ives war von den späten 1940er- bis in die 1950er-Jahre zwölf Jahre lang Senator gewesen. Meines Erachtens klangen die Namen »Five« und »Ives« so ähnlich, dass ein kleines Kind sie leicht verwechseln konnte. Senator Ives war der Mann, auf den Ryan deutete.

Dann zeigte ich Ryan Fotos von vier jungen Männern – einer unter ihnen war Marty Martyn –, die alle einen Tennisschläger in der Hand hielten. Ryan wählte das Foto mit Marty Martyn und sagte, er erinnere sich daran, die Aufnahme sei ihm vertraut. Ich fragte: »Inwieweit vertraut?«, aber er entgegnete nur: »Einfach vertraut.« Dann erklärte ich ihm, dass dies der gleiche – wenn auch jüngere – Mann sei wie der in *Night After Night*. Obwohl dieses Wiedererkennen nicht so eindrucksvoll sein mag wie in den beiden Fällen kurz zuvor, weil Ryan das Foto von Martyn aus dem Film bereits kannte, sah der Mann doch nicht genauso aus, da die Fotos aus anderen Blickwinkeln aufgenommen waren und ihn unterschiedlich alt zeigten.

Ich unternahm weitere Tests. Ryan verfehlte wieder das Ziel, und so beendeten wir die Arbeit für diesen Tag. Ich ließ einige Fotos zurück, die Ryan später noch zusammen mit Cyndi ansah. Eines war ein Familienfoto mit Martyns letzter Frau, seinen fünf Stiefkindern und seiner Tochter. Ryan deutete auf die ältere Stieftochter und sagte: »Ich hab oft mit ihr geredet und ihr Ratschläge gegeben. Aber sie wollte nie auf mich hören. Sie hatte keinen Respekt.« Er mochte nicht die Fotos, auf denen Martyn älter war, bezeichnete sie als die »glatzköpfigen Bilder mit der Brille« und zog jene vor, auf denen er »jung und stattlich« wirkte.

Am nächsten Morgen trafen wir uns erneut. Ich hatte eine Liste mit vier Namen getippt, darunter dem von Marty Martyn. Die übrigen Namen waren ähnlich zusammengesetzt: John Johnson, Willie Wilson und Robert Robertson, denn Ryan sollte den von Marty Martyn nicht einfach deshalb auswählen, weil er sich deutlich unterschied. Ich bat Kevin, die Namen vorzulesen, und Ryan sagte nach jedem der drei anderen »Nein«, schwieg aber bei Marty Martyn. Dann deutete er auf dessen Namen und bekräftigte seine Wahl, als Kevin ihn fragte: »Marty Martyn?«

Begegnung mit Marty Martyns Tochter

Nach unserem Besuch war Ryan manchmal verwirrt wegen Martyns Tochter. Auf die Nachricht, sie sei groß und erwachsen geworden, erwiderte er, seiner Meinung nach sei sie immer noch klein, und jeder habe sich nur ausgedacht, dass sie jetzt alt sei. Er erinnere sich, dass sie damals nicht viel größer war als er, und glaube wirklich nicht, so lange weg gewesen zu sein.

Cyndi hatte gehofft, dass die Lösung des Rätsels um den Mann auf dem Foto es Ryan ermöglichen würde, sein früheres Leben hinter sich zu lassen. Sie betete weiterhin dafür, dass die Erinnerungen schwächer würden und Ryan einfach glücklich sein könne. Einmal habe er zu ihr gesagt: »Mami, ich will einfach ich sein, nicht das alte Ich.« Dann wurde er wütend und erklärte, man solle Marty Martyns Tochter mitteilen, dass er sie nicht treffen wolle. »Sie ist alt geworden. Warum hat sie nicht auf mich gewartet?« Er regte sich ziemlich auf und ließ sie einfach stehen.

Schließlich beruhigte sich Ryan wieder und sagte voraus, dass er eine Chance bekäme, Martyns Tochter zu begegnen. Er hatte vor, sie sofort zu lieben, denn man könne die Liebe fühlen und sie verschwinde nicht. Martyns Tochter hingegen war sich ihrer Teilnahme am Projekt nicht sicher. Russ sandte ihr eine DVD mit Filmmaterial über Ryan und dessen Eltern und traf sich mit ihr. Nachdem sie davon überzeugt worden war, dass es sich hier um eine seriöse Angelegenheit handelte, stimmte sie einer persönlichen Begegnung zu. Sie würde mit mir sprechen und Ryan treffen, wollte dabei jedoch nicht gefilmt werden.

Da sie in der Umgebung von Los Angeles lebte, musste der Junge eine weitere Reise unternehmen. Russ' Team hatte arrangiert, dass wir alle in einem kleinen Haus zusammenkamen. Ryans Familie legte elegantere Kleidung an als bei früheren Anlässen – offenbar aus Respekt vor Martyns Tochter und deren

Gesprächsbereitschaft. Trotz seiner Absicht, diese auf der Stelle zu lieben, schien Ryan durch ihre Gegenwart eingeschüchtert. Als die Familie das Haus betrat, bat Cyndi ihren Sohn, sich vorzustellen. Ryan ging auf Martyns Tochter zu und schüttelte ihr die Hand. Sie sagte: »Hallo, Ryan, schön, dich zu sehen«, worauf er sich umdrehte und zu seiner Mutter zurücklief. Während der gesamten Begegnung blieb er reserviert.

Hinterher sagte Ryan zu Cyndi, Martyns Tochter sei nicht so gewesen, wie er sie sich vorgestellt habe. Cyndi erwiderte, dass Leute sich ändern, wenn sie größer werden, worauf Ryan meinte: »Gleiches Gesicht, aber sie hat nicht auf mich gewartet. Sie hat sich verändert; ihre Energie ist anders. Ich will nicht zurück. Ich möchte diese Familie für immer behalten.« Seine Antwort ähnelte der von vielen asiatischen Kindern nach solchen Treffen. Die starke, wiederholt zum Ausdruck gebrachte Sehnsucht nach der früheren Familie verschwindet oft, sobald ihnen klar wird, dass die Menschen, über die sie gesprochen haben, mit der Zeit gealtert sind. Die Erinnerungen der Kinder wurden bestätigt, aber sie erkennen auch, dass die Dinge sich verändert haben.

Marty Martyns Leben

Ich hatte Martyns Tochter noch vor ihrer Begegnung mit Ryan getroffen, um seine Aussagen zu überprüfen. Beim Tod ihres Vaters war sie erst acht Jahre alt. Sie hatte liebevolle Erinnerungen an ihn, wusste aber nicht sehr viel über sein Leben. Zum Beispiel war sie sich der Existenz einer seiner Schwestern nicht bewusst, die in jungen Jahren starb.

Dennoch konnten wir uns mithilfe ihrer Erinnerungen und der Informationen, die Russ' Team zutage gefördert hatte, ein

Bild von Marty Martyns Leben machen und mit Ryans Aussagen vergleichen. In den meisten unserer Fälle musste man zunächst die verstorbene Person ausfindig machen, deren Leben mit den Aussagen des Kindes übereinstimmte. Hier aber gab es nur einen Menschen, über den Ryan sprach, eben weil er ihn auf dem Foto erkannt hatte. Wir forschten also nicht nach jemandem, dessen Leben Ryans Aussagen entsprach, sondern ob diese auf den bereits identifizierten Marty Martyn zutrafen.

Wir stellten fest, dass einige der von Ryan genannten Details falsch waren, aber viele auch richtig. Es schien kaum denkbar, dass ein Filmstatist am Broadway tanzte, ein großes Haus mit Swimmingpool besaß und auf Ozeandampfern die Welt bereiste, doch dem war wirklich so.

Marty Martyn wurde 1905 in Philadelphia geboren. Ryan hatte oft von einer Schwester erzählt, eine weitere erwähnt, und in der Tat hatte Martyn zwei Schwestern. Das Haar seiner Mutter war braun und gelockt so wie in Ryans Schilderung. Außerdem bestätigte sich, dass Martyn in New York getanzt hatte, wohin er mit einer seiner Schwestern gegangen war, um Tänzer zu werden. Beider Namen erschienen in mehreren Kritiken über Aufführungen am Broadway, und seine Schwester wurde dort zu einer bekannten Tänzerin.

Später zog er nach Los Angeles und führte in Hollywood ein Leben, wie Ryan es beschrieben hatte. Er begann zugleich als Statist und als Choreograph zu arbeiten. Anschließend wurde er Agent – kein Geheimagent, sondern Schauspielagent. Er gründete die Marty Martyn Agency, die berühmte Klienten wie etwa Glenn Ford vermittelte. Ryan hatte von Leuten berichtet, die in der Agentur ihre Namen änderten, was sicherlich auf eine Schauspielagentur zuträfe. Martyn unterhielt Verbindungen zu Rita Hayworth, und seine Tochter bekräftigte, dass er wahrscheinlich mit ihr bekannt war. Das mag auch für Marilyn

Monroe gegolten haben, da die Familie seiner Frau sie näher kannte.

Er war ein ausgesprochener Sonnenanbeter und bekam daher manchmal Sonnenbrände, wie Ryan erwähnt hatte. Richtig war auch, dass er gern Freundinnen mit zum Meer nahm – es gibt Fotos von ihm mit jungen Frauen am Strand. Er genoss es, dort zu sein und die Surfer zu beobachten.

Martyn war viermal verheiratet. Er wurde ziemlich wohlhabend, weshalb er und seine letzte Frau ein angenehmes Leben in der Oberschicht führten. Ryan sagte, er habe ein grünes Auto besessen, und seine Frau sei einen schönen schwarzen Wagen gefahren. Nun, sie fuhr ihn eigentlich nicht, aber beide hatten einen speziell angefertigten Rolls-Royce, der vermutlich ein schöner Wagen war. Ryan erinnerte sich an ein afroamerikanisches Dienstmädchen – Marty und seine Frau hatten einige davon –, und an sein Klavier – in ihrer Villa befanden sich mehrere solche Instrumente. Die Familie bewohnte ein prächtiges Anwesen mit großem Swimmingpool genau wie in Ryans Schilderung. Selbst für die von ihm in der Adresse genannten Begriffe »Rock« oder »Mount« gab es eine Entsprechung: Die Villa, Martyns letzter Wohnsitz, befand sich in 825 N. Roxbury.

Einmal erzählte Ryan, dass seine Familie, als er klein war, kein Fernsehen im Haus hatte, doch damals gab es das Fernsehen noch gar nicht. Er sei ganz aufgeregt gewesen, sagte er, sein erstes Fernsehgerät zu bekommen. Diese Aussage trifft nicht nur auf Martyn zu, sondern auf ziemlich jeden in dessen Generation. Gleichwohl erscheint mir die Kenntnis eines sechsjährigen Jungen bemerkenswert, dass Menschen in jener Zeit kein Fernsehen hatten.

Übereinstimmend mit Ryans Bericht reisten Martyn und seine Frau tatsächlich um die Welt. Die Tochter bezweifelte, dass er je bis nach China kam, wie der Junge erklärt hatte, aber in

Hollywood befand sich ein chinesisches Restaurant, das ihr Vater besonders schätzte. Jedenfalls hielten sich die beiden oft in Paris auf. Die Tochter zeigte uns ein Foto ihrer Eltern, das dort aufgenommen worden war. Überdies hatte Ryan von einer Reise auf einem großen Schiff gesprochen genau wie von einem walzerartigen Tanz. Martyn und seine Frau waren nach Europa gefahren – auf der *Queen Mary*, wo viel getanzt wurde.

Ryan hatte Theodore Roosevelt als den besten Präsidenten überhaupt bezeichnet, Franklin D. Roosevelt dagegen ausgebuht. Martyn war ein Anhänger der Republikanischen Partei, seine Frau ebenso. Was Begegnungen mit Politikern angeht, traf er wirklich mit dem New Yorker Senator Irving Ives zusammen. Seine Tochter versicherte, ein Foto zu besitzen, auf dem beide abgebildet sind. Obwohl kein Beweis vorliegt, dass Martyn die gleiche Abneigung gegen Ives hegte wie Ryan gegen Senator Five, stand er mit ihm zweifellos in direktem Kontakt.

Ryan hatte von seiner Tochter und der Beziehung zu anderen Kindern gesprochen, ohne jedoch genau zu wissen, ob es seine waren. Martyn hatte eine leibliche Tochter und fünf Stiefkinder, wobei die Beziehung zur ältesten Stieftochter sich schwierig gestaltete, ganz wie in Ryans Darstellung.

Nur ein Detail war wohl insofern falsch, als Martyns Frau keine besondere Vorliebe dafür hatte, das Haar der gemeinsamen Tochter zum Pferdeschwanz zu binden oder zum Zopf zu flechten. Falls sie derlei getan haben sollte, war die Tochter zu jung, um sich daran zu erinnern. Sie betonte indes, dass ihr Vater Katzen hasste, wie Ryan es beschrieben hatte – mit dem Zusatz, seiner Tochter einen Wachhund gekauft zu haben, den sie nicht mochte. Marty Martyn besorgte seiner Familie einen Hund – allerdings einen Yorkshireterrier, der kaum als Wachhund gelten kann –, und seine Tochter mochte ihn nicht. Ryan entsann sich, den Kindern Malbücher mitgebracht zu haben.

Die Tochter bestätigte, von ihrem Vater viele solcher Malbücher bekommen zu haben.

Ryan hatte um das Getränk Tru Ade gebeten. Martyns Tochter konnte sich nicht erinnern, dass er es trank, versicherte jedoch, dass er Orangenlimonade mochte, ein ähnliches Getränk. Ryan zufolge hatte er in seinem früheren Leben eine Vorliebe für Brot, dann wieder für Heidelbeeren. Tatsächlich gehörten Roggenbrot und Bagels ebenso wie Früchte zu Martyns bevorzugten Nahrungsmitteln.

Der Junge hatte außerdem behauptet, Raucher gewesen zu sein. Martyn rauchte Zigarren und besaß ein Zigarettenetui mit seinem Monogramm. Ryan schilderte, er sei gestorben, als sein Herz explodierte, was aber offenbar nicht auf Martyn zutraf, der am Weihnachtstag 1964 starb. Er hatte Leukämie und war nach Aussage seiner Tochter im Krankenhaus einer Gehirnblutung erlegen. Ryan wachte immer wieder nachts auf, griff sich an die Brust und rief, er kriege keine Luft mehr. Da bei Martyns Tod anscheinend keine Zeugen zugegen waren, gibt es keine Möglichkeit zu erfahren, wie seine letzten Momente verliefen. Allerdings betonte Ryan, dass er in einem Zimmer mit Nummern an der Tür starb, was wahrscheinlich auch auf Martyns Zimmer im Krankenhaus zutraf.

Einige andere von Ryan genannte Details stimmten hingegen nicht mit Martyns Leben überein. Zum Beispiel sprach er über einen Vater, der Getreide anbaute und dann starb, als Ryan in seinem früheren Dasein ein Kind war. Daneben gab es zahlreiche weitere Punkte und Andeutungen, die wir bei Martyn weder nachweisen noch widerlegen konnten, da uns nur zwei Informationsquellen zur Verfügung standen: öffentliche Archive sowie eine Tochter, die beim Tod ihres Vaters acht Jahre alt war.

Alles in allem passten jedoch viele der von Ryan mitgeteilten Einzelheiten zu dem Mann, auf dessen Foto er gedeutet hatte und der ein weitaus aufregenderes Leben führte, als man es einem Filmstatisten zutrauen würde. Obwohl dies ein stichhaltiger Beweis für die Wiedergeburt scheint – und es tatsächlich auch ist –, kommt in Ryans Fall ein zusätzlicher Faktor hinzu, der die Sache noch komplizierter macht.

Ein medial veranlagtes Kind

In Ryans Leben ereigneten sich mehrere Vorfälle, bei denen er offenbar eine Art hellseherisches Wissen zum Ausdruck brachte. Eines Abends erzählte er Cyndi, dass es in ihrer Familie drei Babys geben sollte. Auf ihre Erwiderung, sie verstehe nicht, was er meine, wiederholte Ryan die Aussage und fügte hinzu, ein Baby sei in der ersten Juliwoche geboren worden, aber nicht am ersten Julitag wie Cyndi. Es sei zu früh gekommen; er hingegen habe auf seine Geburt warten sollen und festgestellt, für die Rückkehr noch nicht bereit zu sein; daher ließ Gott ihn nicht hierbleiben. Als Cyndi erneut bekannte, ihm nicht folgen zu können, fing er an zu weinen und bat sie, seine Großmutter anzurufen, damit er diese über das dritte Baby befrage. Sie sei sehr traurig gewesen und habe wirklich gehofft, das Baby nach Hause zu holen. Cyndi erklärte ihm, es sei schon zu spät für einen Anruf, sie werde jedoch am nächsten Tag mit seiner Großmutter telefonieren. Tatsächlich hatte diese vor Cyndi und deren Bruder ein weiteres Baby in sich getragen. Es war ihr erstes Kind – eine Frühgeburt, die nur wenige Minuten überlebte. Sein Geburtstag war am 8. Juli. Cyndi versicherte, ihre Mutter habe in Gegenwart der Enkel nie über das Baby gesprochen. Ryans Aussagen rührten sie zu Tränen.

Als Cyndi zusammen mit ihrer Mutter und ihrem Sohn Einkäufe außerhalb der Stadt tätigte, gingen sie in einen Friseursalon, um ihm die Haare schneiden zu lassen. Ryan bat die Friseuse, die rote Schere zu benutzen, die für sie eine besondere Bedeutung habe. Auf ihre Frage, woher er das wisse, erwiderte er, ein Medium zu sein, das die Schere in Gedanken sehe. Daraufhin holte sie eine schwarze Schachtel aus der Schublade und entnahm ihr eine rote Schere.

Manchmal berührte Ryan mit den Fingern das Gesicht von Leuten und sagte, er müsse ihre Energie fühlen. Das machte er auch bei seiner Großmutter und erklärte, sie bekäme bald Windpocken. Zwei Wochen später erkrankte sie an Gürtelrose, hervorgerufen durch das erneute Auftreten des Varizella-Zoster-Virus, das auch Windpocken verursacht.

Eines Tages besuchte Ryan mit seinem Vater Cyndi in deren Büro. Das Telefon läutete, Ryan nahm den Hörer ab und reichte ihn seiner Mutter. Als der Mann zu reden anfing, drückte er auf die rote Taste des Apparats, um das Gespräch zu beenden. Cyndi, zweifellos verärgert, fragte ihn, warum er das getan habe. Ryan erwiderte, der Typ habe sich verwählt und sei ein Idiot. Der Mann rief zurück, hatte sich natürlich verwählt, redete wirres Zeug und stritt mit Cyndi über die falsche Nummer.

Auf ihrem ersten Flug nach Los Angeles sagte Ryan während der Landung zu Cyndi, dass sie in Hollywood weiße Autos fahren würden. Beim Mietwagenverleih angekommen, erhielt die Reisegruppe einen weißen Wagen und einen weißen Minibus.

Eines Abends führte Cyndi ihren Sohn zu einem Geschäft, um ein paar Spielzeuge für den Swimmingpool zu kaufen, die er am nächsten Tag mit zum Haus der Großeltern nehmen sollte. Er wählte große Wasserspritzpistolen aus, und Cyndi meinte, er könne zwei davon haben, eine für ihn und eine für seinen Cousin. Ryan bestand auf drei von ihnen, doch Cyndi entgegnete, zwei würden reichen. Auf dem Weg zu den Großeltern sagte Ryan, sein Großvater werde die Spritzpistole seines

Cousins kaputt machen, bevor der sie überhaupt benutzen könne, worauf Cyndi erwiderte, der Großvater werde wohl gar nicht im Swimmingpool sein. Als sie das Haus erreichten, war ihr Vater in Badehose und wollte gerade schwimmen gehen. Versehentlich zerbrach er dann noch vor der Ankunft des Cousins die Wasserspritzpistole, die Ryan für ihn besorgt hatte. Wie der Junge angekündigt hatte, brauchten sie eine dritte.

Unmittelbar nach dem Vatertag teilte Cyndi mir per E-Mail mit, dass Ryan einige Wochen zuvor immer wieder davon gesprochen habe, Kevin eine Uhr zu kaufen. Als sie ihm sagte, dass er schon eine besitze, insistierte Ryan, am Vatertag werde er eine neue brauchen. Als Kevin am Morgen dieses Tages von der Arbeit nach Hause kam, erzählte er, abends sei beim Kampf mit einem Betrunkenen seine Uhr in die Brüche gegangen. Am selben Tag gingen Cyndi und Ryan einkaufen, um ein Geschenk für seinen Großvater zu besorgen. Da er ein Dieselmechaniker ist, hatte Ryan für ihn einen speziellen Schraubenschlüssel im Sinn. Er war sich nicht sicher, ob der Großvater einen Schraubenschlüssel bräuchte, den er noch nicht hatte, oder ob einer zu Bruch ginge, wusste aber, dass er einen kaufen müsste.

Einige Tage später informierte mich Cyndi, dass Ryans Großvater tags zuvor eine Werkstatt verlassen musste, ohne die Arbeit beendet zu haben. Er bat einen Kollegen, seinen Lastwagen nach Hause zu bringen, während er bei jemand anderem mitfuhr. Der Mann legte nicht alle Werkzeuge zurück in die Werkzeugkästen, und so stellte der Großvater bei seiner Rückkehr fest, dass sie über die Ladefläche verstreut waren und dass einige fehlten, unterwegs wahrscheinlich heruntergefallen. Natürlich hatte er bis zum Ende der Woche ein paar neue Schraubenschlüssel gekauft.

In der genannten E-Mail stand auch, dass Ryan seiner Großmutter vorhersagte, sie werde sich am Rücken verletzen und zum Chiropraktiker müssen. Vier Tage später benachrichtigte mich Cyndi, sie habe gerade mit ihrer Mutter telefoniert, die in der Küche beim Stapeln von Geschirr eine falsche Bewegung gemacht und sich den Rücken verrenkt habe.

In jenem August berichtete Cyndi von der Vorhersage ihres Sohnes, wer sein Lehrer in der zweiten Klasse sein werde. Er habe die Liste in Gedanken gesehen und wisse, wen er bekäme. Als sie ihm sagte, man müsse bis zur nächsten Woche warten, um das zu erfahren, wollte er auf seine Wahl eine Spielkonsole wetten. Cyndi lehnte die Wette ab, was sich auch als klug erwies, denn in der folgenden Woche schickte sie mir ein Foto der Postkarte zu, die Ryan von seinem neuen Lehrer erhalten hatte. Es war genau der, mit dem er gerechnet hatte.

Ich rief Ryans Großmutter an und überprüfte sämtliche Angaben, die seine Großeltern betrafen. Eine oder zwei davon würde ich vielleicht ausklammern, doch es gibt so viele, die darauf hindeuten, dass Ryan offenbar gewisse mediale Fähigkeiten besitzt. (Ich bin mir bewusst, dass dies ein kontroverses Thema ist, aber wenn Sie in einem Buch über Erinnerungen an frühere Leben so weit vorgedrungen sind, mag Ihnen die Möglichkeit außersinnlicher Erfahrung nicht allzu befremdlich erscheinen.)

Damit stellt sich die Frage, aus welcher Quelle Ryans Wissen über Marty Martyn stammte. Handelte es sich nur um Erinnerungen, oder gelangte er dank medialer Fähigkeiten zu Einsichten über Ereignisse, die er nicht persönlich erlebte? Vermittelte der Anblick des Fotos von Marty Martyn dem Jungen Informationen über dessen Leben, die er dann als Erinnerungen auffasste? Waren daher einige der von ihm genannten Aspekte, die nicht auf diesen Mann zutrafen, Teil einer Flut von Informationen über das Leben anderer Menschen, die Ryan aufgrund seiner medialen Fähigkeiten empfängt?

Die meisten Kinder, deren Fälle wir untersuchen, haben ausschließlich über das Leben der verstorbenen Person besondere Kenntnisse offenbart. Und die berichteten Details sind nicht bloß objektive Informationen, sondern anscheinend auch konkrete Erinnerungen im Hinblick auf diese Person. Als Ryan sich beklagte, sein vergangenes Leben zu vermissen, zeigte er eine emotionale Verbindung zu Vorgängen, die er meinte, erfahren zu haben – und nicht nur zu Ereignissen, über die er etwas wusste. Ein besonderer Fall wie dieser mag uns Hinweise darauf geben, dass Wissen nicht immer völlig eingeschlossen ist im individuellen Gehirn, denn womöglich hatte Ryan Zugang zu Informationen, die er nicht durch die übliche Funktionsweise seines Gehirns erhalten haben konnte. Es mag also diffusere Regionen des Wissens geben als jene, die uns bekannt sind. Ähnlich kann man sich frühere Leben in linearer Abfolge vorstellen, dergemäß Seelen einfach vom einen Dasein ins nächste und übernächste wandern. In Wirklichkeit aber ist der Prozess vielleicht komplizierter, wie ich am Ende des Buches weiter ausführen werde.

Nachtrag

Nach der Begegnung mit Marty Martyns Tochter musste ich meinen Flug erreichen. Die Fernsehproduzenten nahmen Ryan und seine Eltern mit zu einigen Orten, die Martyn gekannt hatte, etwa zu dessen letztem Haus in Beverly Hills, 825 N. Roxbury, mit dem großen Swimmingpool. Leider war es kurz zuvor abgerissen und durch ein neues ersetzt worden. Ryan schien das nichts auszumachen. Anschließend besuchten sie das Gebäude, wo sich Marty Martyns Agentur befunden hatte. Ryan durchquerte all die Gänge und bat sogar darum, länger bleiben zu dürfen. Außerdem genoss er es, die Apartmentanlage zu sehen, in der Martyn gewohnt hatte, sowie das Beverly Hills Hotel, wo er einst einen Bungalow gemietet hatte. Als sie am nächsten Tag zum Strand gingen, gefiel es Ryan sehr, im Sand zu spielen und die Surfer zu beobachten.

Nach dieser Reise sprach der Junge seltener über Marty Martyns Leben, wenn nicht eine bestimmte Sache ihn daran erinnerte. Cyndi stellte fest, dass ihm das Duschen am Morgen weitaus besser bekam als Bäder am Abend, die oft Sehnsüchte nach der Vergangenheit zu wecken schienen. Sie war froh, dass er gelernt hatte, mehr im Hier und Jetzt zu leben. Allerdings äußerte Ryan den Wunsch, Martyns jüngsten Stiefsohn zu sehen, um ihm zu sagen, dass er über den guten Ausgang der Geschichte unterrichtet sei. Er bedauerte, ihn während seines Aufenthalts in Hollywood nicht besucht zu haben, wusste aber nicht, wo der Mann wohnte.

Cyndi war verständlicherweise nervös wegen der bevorstehenden Fernsehsendung, die Ryans Fall darstellen würde, auch was die Zuschauerreaktionen betraf. Doch alles verlief in harmonischer Atmosphäre. *UneXplained: A Life in the Movies* (Unerklärt: Ein Leben in Filmen) wurde am 30. April 2011 ausgestrahlt (auf dem Biography Channel und nicht, wie ursprünglich geplant, auf A&E). Cyndi, Kevin und Ryan waren fest davon überzeugt, dass die Produzenten hervorragende Arbeit geleistet hatten.

Bald darauf erhielt Cyndi den Anruf eines Pastors der Baptistengemeinde, der eine Aufzeichnung der Sendung gesehen hatte. Der Zufall wollte es, dass Kevin kurz zuvor mit ihm aneinandergeraten war. Cyndi traf den Mann gelegentlich, weil er der Pastor einer ihrer Kolleginnen war, und er hatte sich stets von seiner angenehmen Seite gezeigt. Er teilte ihr mit, sie solle sich von niemandem abhalten lassen, Ryan bei der Erfüllung seines Schicksals zu helfen. Dessen Geschichte fände er höchst inspirierend, denn sie beweise, dass Gott große Werke vollbringen könne. Er warte ungeduldig auf die Rückkehr seiner Frau, damit sie die Sendung ebenfalls anschaue, und wolle diese während der nächsten Bibelstunde in seiner Kirche zeigen. Cyndi war sprachlos, dass gerade der Baptistenprediger, der mit ihrem Mann in Streit geraten war, sie im Hinblick auf Ryans Erzählung über ein früheres Leben bedingungslos unterstützte. Obwohl nicht jeder Bekannte der Familie in gleicher Weise aufgeschlossen war, fielen doch die meisten Reaktionen positiv aus.

Während Ryan fortfährt, Bemerkungen über geistige Vorgänge zu machen und seinen medialen Fähigkeiten Ausdruck zu verleihen, spricht er hingegen kaum noch von Marty Martyn. Sechs Monate nach Ausstrahlung der Sendung betrat Cyndi eines Abends das Zimmer ihres Sohnes und stellte fest, dass er sämtliche Bilder und Objekte von der Wand genommen hatte, auch seinen eisernen Eiffelturm und die Fotos von New York. Er sagte, es sei nun an der Zeit, ein ganz normales Kind zu werden, und wollte wissen, ob man sein Zimmer neu streichen und ihm Bettwäsche mit Emblemen der Football-Mannschaft Oklahoma Sooners besorgen könne. Seine Eltern waren hellauf begeistert.

Berühmte Namen aus der Vergangenheit

Gelegentlich erhalten wir E-Mails oder Briefe von Leuten, die glauben, in ihrem früheren Dasein berühmt gewesen zu sein. Das beginnt meist damit, dass sie sich mit einer historischen Persönlichkeit eng verbunden fühlen. Dann sehen sie gewisse Aspekte, die sie mit ihr gemein haben – etwa Interessen, Fähigkeiten oder Parallelen zwischen beiden Leben, zum Beispiel ein abwesender Vater, der Besuch eines Internats oder Reisen in fremde Länder. Bisweilen verhilft eine Rückführung unter Hypnose oder ein hellsichtiges »Lesen« in der vergangenen Existenz dazu, das berühmte Individuum zu identifizieren. Obwohl viele jener Menschen nicht behaupten, sich an ihre ehemals herausragende Stellung genau zu erinnern, sind sie doch zu der Überzeugung gelangt, in der Geschichte eine bedeutende Rolle gespielt zu haben.

Einige von ihnen führen ein ziemlich erfülltes Leben und zeigen weder Symptome geistiger Krankheit noch die Neigung zu überspannter Fantasie. Trotzdem betrachten wir solche Berichte mit großer Skepsis, zunächst aufgrund der Statistik. Die Zahl der in der Vergangenheit berühmten Personen ist im Vergleich zur Gesamtbevölkerung derart gering, dass kaum eine lebende Person einmal berühmt gewesen sein kann. Es ist mehr als unwahrscheinlich, dass unter unseren Briefschreibern fünf Maria Stuart oder Thomas Jefferson waren, zwei Amelia Earhart und so weiter. Aber wie einer gegenüber Ian erklärte: Wenn wir alle ein früheres Leben hatten, müssen *manche* vorher berühmt gewesen sein.

Das noch größere Problem besteht darin, festzustellen, welche Person jemand in einem früheren Leben gewesen sein soll. Falls er oder sie über keine nachprüfbaren Erinnerungen verfügt, mündet der Versuch, das frühere Leben eines heutigen Individuums zu durchleuchten, in reine Spekulation. Wir haben uns stets auf die Fälle kleiner Kinder konzentriert, weil sie spontan von ihren Erinnerungen an frühere Leben erzählen, die genau untersucht werden können. Gerade im Hinblick auf berühmte Persönlichkeiten ist das junge Alter aus einem weiteren Grund wichtig. Die eindrucksvollsten Erinnerungen, mit denen wir konfrontiert sind, beinhalten Informationen, die Kinder nicht auf üblichem Weg erfahren haben konnten. Für einen Erwachsenen hingegen wäre es extrem schwierig, sich an Details aus dem Leben eines berühmten Menschen zu erinnern, über die er nichts wissen konnte, die zugleich aber einer Nachprüfung standhielten.

Berichte über völlig außergewöhnliche frühere Leben stammen immer von Erwachsenen, doch es gibt Ausnahmen. Ian und zwei seiner Kollegen verfassten einen Aufsatz über sieben angebliche Fälle, die auf Täuschung oder Selbsttäuschung beruhten.[1] In einem davon verehrte ein Mann in der Türkei John F. Kennedy. Kurz vor der Geburt seines Sohnes im Jahr 1965 hatte er einen Traum, in dem Präsident Kennedy zu seinem Haus kam und sagte, er wolle bei ihm bleiben. Daraufhin nannte der Mann – der türkischen Rechtschreibung gemäß – seinen neugeborenen Sohn Kenedi. Als Ian den Vater interviewte, erklärte dieser, sein fast zweijähriger Sohn gebe sich, nach dem Namen gefragt, für Präsident Kennedy aus.

Ian amüsierte sich über den Fall und legte ihn dann zu den Akten, bis ein Kollege zufällig erneut darauf aufmerksam wurde. Kenedi war inzwischen neunzehn Jahre alt und behauptete, seinem Vater zufolge, in Amerika zu leben, verheiratet zu sein, zwei Kinder zu haben und in Reichtum zu leben. Diese Angaben entsprachen vermutlich dem allgemeinen Kenntnisstand in Bezug auf John F. Kennedy, für den Kenedi sich offenbar weiterhin hielt. Ian hingegen betrachtete den Fall als ein Beispiel dafür, wie ein Elternteil seinem Kind unabsichtlich eine Identifizierung mit einem bewunderten Individuum aufdrängen kann.

Ich werde nun zwei Fälle vorstellen, in denen die frühere Person zu ihrer Zeit berühmt oder zumindest wohlbekannt war. Sie unterscheiden sich grundlegend von jenen weiter oben genannten und handeln von kleinen Kindern, deren Aussagen, eine derartige Person zu sein, für ihre Eltern völlig unerwartet kamen. Obwohl solche Behauptungen eine Reihe von Fragen aufwerfen, enthalten sie doch manch faszinierende Gesichtspunkte.

Auch er kam aus Hollywood

Einen Monat nach dem ersten Schreiben von Ryans Mutter erhielt ich eine E-Mail von einer anderen Mutter namens Jennifer. Die Nachricht begann mit den Worten: »Verzeihen Sie, dass ich Sie aus heiterem Himmel kontaktiere.« (Es gab nichts zu verzeihen, weil ich für neue Fälle stets offen bin.) Sie habe im Internet tagelang nach jemandem gesucht, der ihr Beistand leisten könne.

Jennifer war der Auffassung, dass ihr dreieinhalbjähriger Sohn Lee sich möglicherweise an ein früheres Leben erinnere. Angefangen habe die Sache ungefähr ein Jahr vorher mit kleinen Zwischenfällen, etwa Auseinandersetzungen über seinen zweiten Vornamen und sein Geburtsdatum. Von da an kamen weitere Bemerkungen in dieser Richtung. Gemäß ihrer Aussage wurde er zunehmend wütender, weil sie ihn nicht zu seinem »anderen Haus« mitnehme; er sei lange nicht dort gewesen und er müsse zur Arbeit. Jennifer sorgte sich, dass ihr Sohn versuchen könnte, wegzulaufen und auf eigene Faust zu dem Haus zu gelangen.

Sie glaubte die Identität des Mannes zu kennen, über dessen Leben Lee sprach, wollte den Namen aber nicht preisgeben, weil er es zu gewissem Erfolg und Ruhm gebracht hatte; niemand sollte denken, sie sei irgendwie auf sein Geld erpicht.

Bald kamen wir ins Gespräch, und sechs Wochen später flog ich los, um die Familie zu treffen. Sie lebt in einer Kleinstadt des Mittleren Westens mit weniger als zweitausend Einwohnern, die zum Glück nur 40 Kilometer von einem größeren Flughafen entfernt liegt. So saß ich dann mit Lee, seinen Eltern und seiner vierzehnjährigen Schwester im Wohnzimmer zusammen. Jennifers Ehemann William, ein nicht praktizierender Katholik, war Lastwagenfahrer, während sie, Hausfrau und Mutter von drei Kindern – das jüngste eineinhalb Jahre alt –, trotz allem die Zeit fand, ihr Studium am College fortzusetzen. Sie beschrieb sich als konfessionslose Christin und Anhängerin des New Age, glaubte an die Wiedergeburt, war jedoch überzeugt, gerade aufgrund dieses Glaubens Lees Behauptungen mit äußerster Vorsicht begegnen zu müssen. Stets hatte sie darauf geachtet, ihm keine diesbezüglichen Fragen zu stellen und nicht von vornherein anzunehmen, dass er über ein früheres Leben berichtete.

Ab dem Alter von etwa zweieinhalb Jahren hatte Lee seine »andere Mami« erwähnt. Zunächst waren die Eltern darüber nicht sonderlich beunruhigt. Zu jener Zeit bestand er darauf, dass sein zweiter Vorname Coe laute, und sagte, das sei auch der Name seiner Mutter.

Ihre Erwiderung, sie heiße Jennifer, konterte er mit der Bemerkung, so heiße seine Tochter. Fast ein Jahr lang beharrte er weiterhin auf seinem zweiten Vornamen Coe, sobald jemand seinen ganzen Namen aussprach.

Anschließend entwickelte Lee das, was Jennifer als »abscheuliche Faszination« für Hollywood bezeichnete. Er redete oft darüber wie auch über sein »anderes Haus« und erklärte, er müsse nach Hollywood, um seiner Arbeit nachzugehen. Da kam William zum ersten Mal auf den Gedanken, dass sein Sohn vielleicht auf ein vergangenes Leben anspielte. Als Lee drei Jahre und drei Monate alt war, fragte der Vater ihn im Familienkreis, was er in Hollywood denn mache, woraufhin Lee antwortete, er arbeite an Filmen. Die Frage, ob er darin mitspiele, verneinte er mit dem Hinweis, er schreibe Drehbücher.

Seine Eltern nannten ihm Filmtitel und fragten, ob er dazu das Drehbuch verfasst habe. Beim fünften oder sechsten Titel – *Gone with the Wind* (Vom Winde verweht) – sagte Lee: »Ja, das war mein Film. Ich hab dieses Drehbuch geschrieben.«

Als Jennifer in der Internet Movie Database (IMDb) *Gone with the Wind* heraussuchte, fragte Lees Schwester, wie alt er bei seinem Tod gewesen sei, und er entgegnete: »Achtundvierzig.« Daraufhin sah Jennifer, dass das Drehbuch für den Film von Sidney Coe Howard stammte, der im Alter von achtundvierzig Jahren starb. Sowohl Lees Eltern als auch seine Schwester erinnerten sich noch gut in allen Einzelheiten an dieses Gespräch.

Die Vorstellung, Lee sei in einem früheren Leben Sidney Coe Howard gewesen, erklärte weitere seiner Verhaltensweisen und Aussagen. Als Anfang Juni sein Geburtstag näher rückte, hatte er darauf beharrt, sein Geburtstag sei am 26. Juni und nicht am 21. Juni, als er tatsächlich geboren wurde. Kinder mögen sich wünschen, ihren Geburtstag früher zu feiern, aber nur wenige würden auf einem späteren Datum bestehen. Sidney Coe Howard kam am 26. Juni 1891 zur Welt, und der Mädchenname seiner Mutter lautete Coe. Sein ältestes Kind, eine Tochter aus erster Ehe, hieß Jennifer.

Einmal bat Jennifer ihren Sohn, über Hollywood zu berichten, was Lee jedoch ablehnte. Dann sagte er etwas, das wie »Ohlawn« klang. Auf ihre Frage, was das Wort bedeute, antwortete er, dort wohnten seine Eltern. Als Jennifer mehr über sie erfahren wollte (sie wurden von ihm als seine »anderen Eltern« bezeichnet), erzählte er, dass am Truck seiner Mutter ein Rad gebrochen sei. Dann redete er über Hollywood und murmelte »Junai« (Jennifer schrieb: »June eye? June nine?«). Als sie ihn nicht verstand, war er frustriert und verfiel in Schweigen.

Wir fanden nie heraus, was es mit »Junai« auf sich hatte, aber »Ohlawn« klingt sehr nach »Oakland«. Howard wurde in Oakland, Kalifornien, geboren, und seine Eltern lebten dort bis zum Tod des Vaters im Jahr 1915. Seine Mutter zog dann nach Berkeley, Kalifornien, und schließlich nach New York City.

Lee sprach über sein Haus in Hollywood und fügte hinzu, dass er ein weiteres Haus besitze. Eines Tages erzählte er Jennifer, dort befinde sich ein Traktor, doch seine Leute kümmerten sich nicht darum. Das schien auf Howards tragischen Tod hinzudeuten, der ihn auf seiner Farm in Massachusetts ereilt hatte. Er wollte seinen schweren, panzerartigen Cleveland-Cletrac-Traktor aus der Garage fahren und auf dem Feld arbeiten, das er kurz zuvor gekauft hatte, um sein Anwesen zu vergrößern. Ein Lohnarbeiter hatte versehentlich den Gang eingelegt gelassen, und als Howard die Zündung einschaltete und den Motor an der Haube ankurbelte, machte der Traktor einen Satz nach vorn, schleuderte ihn zu Boden und zerquetschte ihn.[2]

Seit dem Kleinkindalter zeigte Lee eine Abneigung gegen sämtliche Kleidungsstücke, die seinen Oberkörper einengten. Er hasste es, zwischen Jennifer und ein Möbelstück zu geraten, ja mochte nicht einmal fest umarmt werden. Außerdem hatte er Angst vor Traktoren. Er interessierte sich für sie und fand sie großartig, hielt aber ihnen gegenüber Abstand. Als ein Nachbar einen neuen Traktor angeschafft hatte, wollte Lee sich ihm nicht nähern und stieg auch dann nicht darauf, als der Motor ausgeschaltet war.

Lee hatte oft Albträume, die er gewöhnlich nicht näher beschreiben konnte. Am Tag nach einem solchen sandte mir seine Mutter eine E-Mail. Sie hatte ihn während der Nacht weinend vorgefunden, und auf ihre Frage, was los sei, schluchzte er: »Meine Arme sind gebrochen!« Trotz ihrer Versicherung, diese seien völlig in Ordnung, bestand er darauf, dass sie gebrochen waren. Als Jennifer wissen wollte, was geschehen war, sagte er etwas, das wie »Autos auf meinen Armen« klang. Sie fragte: »Ein Auto ist auf deinen Armen?«, worauf er antwortete: »Nein, Autos auf meinen Armen!« Sie hakte noch einmal nach, worauf er schrie »Nein!« und gänzlich wach wurde.

Am Ende des Gesprächs mit der Familie erwähnte ich eine weitere geplante Fernsehsendung. Thomas Breinholt, ein dänischer Filmemacher, arbeitete gerade an einer mehrteiligen Serie unter dem Titel *Soul and Science* (Seele und Wissenschaft), die im öffentlichen dänischen Fernsehen gesendet werden sollte. Er hatte mich eine Woche vor meiner Reise zu Lees Familie interviewt und gefragt, ob er mich bei der Untersuchung eines Falles filmen könne. Dieses Vorhaben unterbreitete ich dann den Eltern mit dem Hinweis, dass die Serie zwar nur in Skandinavien ausgestrahlt würde, einzelne Clips aber möglicherweise auf YouTube oder ähnlichen Websites zu sehen wären. Lees Vater erklärte sich mit den Filmaufnahmen einverstanden. Ich hatte das Gefühl, dass es ihm im Grunde egal war, was die Leute über ihn dachten.

Jennifer hingegen war zögerlicher. Sie sorgte sich, welche Auswirkungen ein gemeinsamer Fernsehauftritt zum Thema früheres Leben auf Lees Entwicklung haben mochte. Dass ihre Gesichter gezeigt würden, störte sie nicht weiter, ihre Namen jedoch sollten danach nicht bei einer Suche im Internet auftauchen. Daraufhin versicherte Thomas Breinholt, dass er Namen und Wohnort der Familie absolut geheim halten werde. Erleichtert stimmte Jennifer dem Projekt zu, und so schmiedeten wir Pläne für ein zweites Gespräch. Ich würde an einem Montagmorgen den Filmemacher am Flughafen treffen, und zusammen wollten wir dann die Familie für eine Sitzung zur Mittagszeit aufsuchen.

Das hieß, ich würde frühmorgens von Charlottesville abfliegen. Doch kurz vor dem Aufbruch von zu Hause sandte mir die Fluggesellschaft eine automatische Nachricht, dass der Flug gestrichen sei. Als ich Thomas Breinholt darüber informierte, reagierte er begreiflicherweise verstimmt, denn seine Reise von Dänemark in die Vereinigten Staaten hatte hauptsächlich den Zweck, mein Gespräch mit der Familie aufzunehmen. Und so mussten wir zu Plan B übergehen: Er würde ohne mich die Familie beim Gespräch über ihre Erfahrungen filmen. Allerdings blieb der von William gesteuerte Lastwagen in Missouri liegen, weshalb auch er nicht am Interview teilnehmen konnte. Trotz dieser Widrigkeiten gestaltete sich Thomas' Begegnung mit den übrigen Familienmitgliedern als sehr angenehm, und das gedrehte Material schien ihm zu gefallen.

Irgendwann im Laufe des Tages lud Lees Schwester ein Video von mir auf YouTube hoch, woraufhin der Junge, gerade vier Jahre alt geworden, ausrief: »Warum ist Dr. Tucker im Computer? Er sollte eigentlich hier sein!«

Thomas fragte Jennifer, ob es möglich sei, Lee an jene Orte mitzunehmen, wo Sidney Coe Howard gelebt hatte, um seine Reaktionen zu sehen, und sie stimmte zu. Folglich mussten wir einige Nachforschungen anstellen. Thomas entdeckte im Internet mancherlei Hinweise auf Howards Wohnorte und seine Kinder. Anschließend fand ich heraus, dass eine seiner Töchter in jenem Dorf in Massachusetts lebte, wo ihr Vater gestorben war. Es war ziemlich leicht, ihre Adresse und Telefonnummer herauszubekommen.

Ziemlich beklommen, eine siebenundsiebzigjährige Frau mit einer zugegebenermaßen ungewöhnlichen Bitte zu belästigen, schrieb ich ihr. Ich zitierte Lees Aussagen und bekundete mein Interesse, diese der Reihe nach mit ihr durchzugehen und festzustellen, inwieweit sie dem Leben ihres Vaters entsprachen. Außerdem wollte ich Lee an Orte führen, die für ihren Vater von Bedeutung waren, um jede seiner möglichen Reaktionen zu beobachten. Ich erklärte der Dame, wie ich auf sie gestoßen war, entschuldigte mich für diesen Eingriff in ihr Privatleben, verlieh meiner Hoffnung Ausdruck, dass der Brief sie nicht erschrecke, und bat um eine baldige Antwort.

Einige Tage später rief Howards Tochter an. Sie schickte gleich voraus, der Sache zu neunzig Prozent skeptisch gegenüberzustehen, schien aber auch neugierig, weil niemand mehr den Namen ihres Vaters kenne. Hinterher schrieb sie, dass unser Gespräch beruhigend auf sie gewirkt habe. Darüber hinaus teilte sie Details über ihn mit, die online nicht verfügbar waren – etwa im Hinblick auf seine Haustiere oder die Menschen, die für ihn arbeiteten. Schließlich sandte ich Jennifer einige Themen, zu denen sie Lee befragen sollte, wenn er in der Stimmung war, über Howard zu sprechen.

Howards Tochter lebte auf der Farm, wo ihr Vater tödlich verunglückt war. Sie erlaubte uns, ihr einen Besuch abzustatten, und erwähnte, dass sich im nahe gelegenen Stockbridge ein Sommertheater befände, mit dem ihr Vater eng verbunden war. Aufgrund dieser günstigen Vorzeichen hielt ich es für sinnvoller, nach Massuchusetts zu reisen, anstatt Lee mit nach Los

Angeles zu nehmen. Howard hatte dort kein Haus besessen, sondern während seiner Arbeitsaufenthalte bestimmte Unterkünfte gemietet. Zudem würden wir freien Zugang zu dem Haus in Massachusetts haben. Ein Haken mochte darin liegen, dass Howards Tochter und deren Familie das Farmhaus im Herbst abschlossen und die Wintermonate wegen der dort milderen Temperaturen in New York City verbrachten. Da es bereits September war, blieb uns für ein Treffen ziemlich wenig Zeit.

Wir wählten ein Datum, aber als wir die Vorbereitungen besprachen, tauchte ein neues Problem auf. Lees Vater wurde eine Stelle am nur wenige Kilometer entfernten Flughafen angeboten. Seine Ausbildung sollte zwar kurz vor unserer Ankunft enden, doch der anschließende Arbeitsplan war ihm nicht bekannt. Eine schon gebuchte Reise mussten wir dann absagen, weil sich Williams' Arbeitszeiten immer wieder änderten.

Wahrscheinlich war das jedoch zu unserem Besten, denn Howards Tochter mailte kurz darauf, dass am Tag unseres geplanten Eintreffens ein heftiger Nordoststurm mit peitschendem Regen getobt hatte. Sie erklärte sich für einen Besuch in sechs Monaten bereit, nach der Kaltwetterperiode, wenn zudem einige Renovierungsarbeiten am Haus durchgeführt waren.

Während dieser Zeitspanne sträubte sich Lee zunehmend, über Hollywood zu reden. Jennifer spürte, dass ihn diesbezügliche Fragen in Verlegenheit brachten, da er glaubte, sie würden sich über ihn lustig machen. Dennoch erzählte er der Mutter gegenüber oft ganz nebenbei von seiner Vergangenheit und sagte zum Beispiel: »Als ich groß war, hatte ich ein blaues Hemd wie dieses.«

Im darauffolgenden Frühjahr konnten wir endlich die Reise nach Massachusetts antreten. Zum damaligen Zeitpunkt war Lee fast fünf Jahre alt, und seine Kommentare über Hollywood waren immer spärlicher geworden. Ich traf mich – an einem angenehmen Samstagmorgen – mit ihm und seinen Eltern am Flughafen, von wo aus wir zur Farm fuhren. Im Haus begegneten wir dann Howards Tochter, ihrem Ehemann und ihrer Schwester, Howards jüngstem Kind, das bei seinem Tod erst zehn Monate alt war. Alle drei waren wunderbar – würdevoll und doch sehr freundlich. Ich weiß nicht, was diese Menschen von der ganzen Sache hielten, aber sie respektierten den Ablauf des Geschehens mit größter Zuvorkommenheit.

In der Küche dauerten die Renovierungsarbeiten an, wiewohl sie weitgehend abgeschlossen waren und zur Verschönerung des Ambientes beitrugen. Howards Tochter zeigte uns das Innere des Hauses und machte auf weitere Veränderungen aufmerksam, die über die Jahre durchgeführt worden waren. Dabei reagierte Lee weder auf die Besitzer noch auf deren Zuhause. Anschließend besichtigten wir zusammen das Gelände und unterhielten uns eine Weile am Teich. Howards Tochter nahm uns mit zu Stellen, die ihr Vater aufgesucht hatte, auch zu der Garage, wo er getötet worden war, aber der Junge blieb völlig teilnahmslos.

Nachdem uns die Familie auf der geräumigen hinteren Veranda ein Mittagessen serviert hatte, präsentierte ich Lee ein paar Fotos von Menschen aus Howards Leben. Auf dem einen war er selbst zu sehen, bei den anderen Personen ging ich davon aus, dass Lee und seine Eltern nicht zufällig auf sie gestoßen sein konnten – etwa Howards erste Frau, einige Arbeitskollegen und sein Schwiegervater, ein Dirigent namens Walter Damrosch. Die Eltern hätten ihren Sohn für den Besuch »präparieren« können, aber nach meinem Besuch bei ihnen zweifelte ich nicht an ihrer Aufrichtigkeit. Daher waren von Lee kaum einstudierte Erklärungen zu erwarten, falls er Leute auf den Fotos erkannte. Ich zeigte ihm keine Serien, wie ich es bei Ryan getan hatte, sondern nur jeweils ein Foto, um zu sehen, ob er sich an jemanden erinnerte. Das war jedoch nicht der Fall. Alles in allem gab es keine besonderen »Enthüllungen«.

Unser Treffen hätte vielleicht einen anderen Verlauf genommen, wären wir sechs Monate früher eingetroffen, aber das entzieht sich natürlich unserer Kenntnis. Immerhin wissen wir, dass der Junge zum Zeitpunkt der Reise nicht mehr so wie vorher über Hollywood sprach.

Wenn die Eltern sich an Lees frühe Bemerkungen richtig erinnern – nämlich dass sein zweiter Vorname Coe lautete, dass er das Drehbuch zu *Gone with the Wind* schrieb, dass er eine Tochter namens Jennifer hatte und im Alter von achtundvierzig Jahren starb –, so offenbarte er ein ungewöhnliches Wissen über Sidney Coe Howards Leben. Seine Tochter konnte kleinere Details nicht bestätigen, etwa dass er bei seinem anderen Haus einen roten Traktor hatte. Howard besaß einen Traktor der Marke John Deere, der vermutlich grün war, aber seine Tochter wusste nicht, welche Farbe der Cleveland Cletrac hatte, der ihn tötete. Im Internet fand ich Aufnahmen jener Modelle, die zu Howards Zeit hergestellt wurden und tatsächlich rot waren, doch es gibt keinen überprüfbaren Hinweis auf die Farbe seines speziellen Traktors. Die Tochter war sich fast sicher, dass seine Mutter nie einen Truck besaß, wie Lee behauptete, dass ein solcher aber vielleicht existiert und einem Gärtner gehört hatte.

Da Lee kein persönliches Detail nannte, das mit Howards Leben übereinstimmte, ohne bereits im Internet verfügbar zu sein, liefert sein Fall nicht jene Art von Beweis für eine Verbindung zu einem früheren Leben wie die Fälle von James und Ryan. Trotzdem kann ich ihn in Anbetracht seiner Aussagen wie auch seiner Verhaltensweisen nicht einfach abtun. Lees Fall bleibt im Ganzen irgendwie ungelöst, zugleich aber ausgesprochen interessant.

Ein Golfkanal

Der folgende Fall ist aufgrund des Verhaltens des Kindes und seiner Fähigkeiten höchst bemerkenswert. Ich erfuhr davon durch seinen Vater, als der Junge drei Jahre alt war. Er berichtete, sein Sohn Hunter habe zu seinem zweiten Geburtstag einen Satz Golfschläger aus Plastik bekommen. Er liebte die Schläger über alles und spielte dauernd damit. Mehrere Monate später schaltete sein Vater von einem Fernsehprogramm auf das nächste um und stieß dabei auch auf den Golfkanal. Weder er noch seine Frau spielten Golf, ja ihm war nicht einmal bewusst, dass sein Gerät dieses Programm empfangen konnte. Sobald Hunter darauf aufmerksam geworden war, bat er seine Eltern, wieder zurückzuschalten. Von da an interessierte er sich nicht mehr für Kindersendungen und wollte ausschließlich den Golfkanal anschauen. Die Eltern sahen sich gezwungen, seine Zeit vor dem Fernseher auf jeweils eine halbe Stunde morgens und abends zu beschränken.

Eines Tages kam ein Infomercial über Bobby Jones, einen berühmten Golfer in den 1920er-Jahren, dessen Name heute von einer Firma benutzt wird, die Golfausrüstung und die dazu passenden Accessoires herstellt. Hunter, der die Sendung sah, erklärte seinen Eltern, er sei Bobby Jones gewesen, als er groß war. Das wiederholte er mehrfach, und wenn jemand ihn nach dem Namen fragte, antwortete er: »Bobby Jones.« Er wollte mit »Bobby« angesprochen werden und korrigierte Leute, die ihn Hunter nannten. Das tat er auch, wenn sie ihn mit »Tiger« oder einem anderen Namen anredeten. Durch den Golfkanal kannte er Tiger Woods und weitere Golfer; obwohl er sie alle mochte, war er doch von keinem so begeistert wie von Bobby Jones.

Anfangs lachten seine Eltern über Hunters Reaktionen. Beide waren christlich erzogen worden, der Vater hatte jedoch einiges über Buddhismus gelesen und war fasziniert von der Idee der Wiedergeburt. Also beschloss er, Hunter auf die Probe zu stellen. Er zeigte ihm Fotos von sechs Golfern aus den 1920er-Jahren und fragte, welcher davon Bobby Jones sei. Sein Sohn deutete auf diesen und sagte: »Bin ich.« Das mag nicht allzu überraschend sein, aber dann zeigte der Junge auf das Foto eines anderen Golfers namens Harry Vardon und erklärte: »Ist Harry Garden. Mein Freund.«

Daraufhin druckte Hunters Vater aus dem Internet Fotos von mehreren Häusern aus, darunter auch jenes, in dem Bobby Jones seine Kindheit verbracht hatte. Als er sie seinem Sohn präsentierte, rief der: »Haus, Haus, Haus«, und deutete dabei auf jedes Foto, bis er zu Bobby Jones' Zuhause kam. Plötzlich wirkte er wehmütig und sagte: »Zuhause.« Sein Vater war schockiert, da Hunter weder Harry Vardons noch Bobby Jones' frühes Zuhause vorher gesehen haben konnte.

Hunter nahm seine kleinen Golfschläger überallhin mit. Wenn er am Strand übte, sprach er von der »Sandfalle«. Golfer beobachteten ihn dabei und lobten seinen großartigen Schwung. Nachdem ihm seine Eltern zu Weihnachten einen Satz echter Golfschläger geschenkt hatten, nahm er Unterricht in einem Golfklub. Die Lektionen begannen normalerweise im Alter von fünf Jahren, aber als die Mitarbeiter Hunters Schwung sahen, nahmen sie ihn auf, obwohl er erst zwei war. Sein Lehrer bezeichnete ihn als »Golfwunder«. Mehrere ältere Golfer erklärten, der Schwung des Jungen erinnere sie an den von Bobby Jones. Da ich kein Golfer bin, kann ich diese Ähnlichkeit nicht beurteilen, aber Hunter schien die Beine so zu bewegen wie er.

Als die Mutter den Dreijährigen eines Abends zu Bett brachte, sprachen sie darüber, dass er das Kind seiner Eltern sei. Daraufhin fragte er: »Genau wie mein Kind?« Sie wollte dessen Namen wissen und bekam zur Antwort: »Bobby Jones. Er war mein Sohn.« Tatsächlich hatte Bobby Jones einen nach ihm benannten Sohn – Robert Tyre Jones III. Später fand ich in einer Ausgabe des *Time Magazine* einen Artikel, demzufolge er im Alter von vierzehn Jahren »junger Bobby« genannt wurde.[3]

Nach Erhalt des Berichts von Hunters Vater bat ich ihn und seine Frau rasch um einen Besuch. Sie waren einverstanden, und so vereinbarten wir bald einen Termin für das Treffen in ihrem Haus im sonnigen Süden Kaliforniens. Beide waren genauso angenehm wie kooperativ, und Hunter, der drei Jahre und wenige Monate alt war, machte einen äußerst klugen Eindruck. Ich hatte ein paar Fotos von Bobby Jones mit anderen Golfern bei mir, konnte aber den Jungen nicht dazu bewegen, sie genauer anzusehen und mir irgendein Feedback zu geben. Schließlich gingen wir in den Hof, wo ich Hunter zuschaute, wie er Golfbälle in ein Netz schlug. Obwohl der Besuch keine neuen Informationen zeitigte, erwies er sich doch als nützlich, da ich in Gegenwart der Eltern die Geschichte überprüfen und zugleich feststellen konnte, dass sie vernünftige und verantwortungsbewusste Menschen waren.

Ein Jahr später erhielt ich von Hunters Vater einen aktuellen Bericht. In der Zwischenzeit hatte sein Sohn nur sehr wenig über Bobby Jones oder irgendwelche Erinnerungen erzählt, war aber weiterhin besessen vom Golf. Er genoss nicht nur das Spiel an sich, sondern entwarf abends auch mithilfe seiner Decken Golfplätze, die er dann seinen Eltern zeigte. Sein realer Lieblingsplatz war der von Augusta, Georgia, der zur Masters-Serie zählt. Bobby Jones hatte den Augusta National Golf Club gegründet und dessen Platz mit entworfen.

Als Hunter dreieinhalb war, sah ihn ein Freund des Leiters des örtlichen GolfTEC, das zahlreiche Ausbildungszentren im ganzen Land betreibt, beim Spiel und war beeindruckt. Er brachte die Familie in Kontakt mit dieser Vereinigung, woraufhin Hunter einmal wöchentlich von einem professionellen Golfer unterrichtet wurde. Man nannte ihn »Golfwunder« und sprach von seinem »natürlichen Schwung«. Der Vater betonte mir gegenüber, dass er und seine Frau Hunter nicht dazu drängten, Golf zu spielen. Sie schickten ihn auch in einen Fußballverein, wo er sich ebenso amüsierte wie bei verschiedenen anderen Sportarten. Doch immer wieder bat er darum, auf Golfübungsplätze und Golfplätze gebracht zu werden. Nach einem weiteren Jahr schickte mir Hunters Vater ein Video, in dem man seinen Sohn beim Golfspiel sah. Selbst ich als Laie konnte feststellen, dass er außergewöhnlich war. Kaum zu glauben, dass ein Fünfjähriger einen so geschmeidigen Schwung hatte.

Hunter ist mittlerweile sieben Jahre alt. Bis heute hat er bereits einundvierzig von fünfzig Juniorturnieren im Golf gewonnen, davon einundzwanzig hintereinander. Von seinem Vater erfuhr ich, dass der Junge gerade ein örtliches Turnier für die Sechs- bis Neunjährigen mit zehn Schlägen für sich entschieden habe. Auch in anderen Bereichen tat er sich hervor. Am Ende der ersten Klasse las und schrieb er wie ein Drittklässler, und seine Kenntnisse in Mathematik waren auf einem ebenso hohen Niveau.

Hunters Besessenheit vom Golf ähnelt James Leiningers Besessenheit von Flugzeugen. Dieses Merkmal ist in unseren Fällen weitverbreitet. Viele der Kinder zeigen in ihrem Verhalten Eigenschaften, die mit ihren Erinnerungen an die früheren Leben verbunden scheinen. Meist stehen sie mit dem Beruf der verstorbenen Person in Beziehung, doch nur selten legen die Kinder darin besondere Fertigkeiten an den Tag. Ein Kleinkind wie James Leininger zum Beispiel wäre kaum imstande, ein Flugzeug zu fliegen. Der junge Hunter dagegen hat im Golfsport bisher ein beeindruckendes Können gezeigt.

In neun Prozent unserer Fälle weisen die Kinder eine besondere Begabung auf, die mit dem früheren Leben in Zusammenhang steht. Oft ist es die subjektive Meinung der Familie, dass ihr Kind eine Tätigkeit besser ausführt, als man es bei Kindern ihres Alters normalerweise erwartet. In Hunters Fall wiederum gehen einundzwanzig Siege hintereinander über ein subjektives Urteil weit hinaus. Zweifellos ist er für den Golfsport geradezu prädestiniert.

Einige haben sich gefragt, ob die Begabungen von Wunderkindern aus vergangenen Leben stammen. Sicherlich wissen wir wenig darüber, wo sie ihren Ursprung haben. Wie ist es einem Mozart gelungen, mit fünf Jahren zu komponieren und mit sechs Jahren Konzerte zu geben? In seinem Fall war der Vater Musiklehrer, aber vermutlich gab es unter Eltern unzählige Musiklehrer, die ihre Kinder zu großen Musikern machen wollten, jedoch keine Mozarts hervorbrachten.

Ich habe mich stets dagegen gewehrt, Wunderkindern ein früheres Leben zuzuschreiben, denn solange sie nicht über Erinnerungen an ein solches sprechen, würde ich nicht den Schluss wagen, dass dieses kaum verstandene Phänomen auf eine vergangene Existenz zurückzuführen ist. Auch Ian hat dergleichen nie behauptet. In einem Aufsatz über außergewöhnliche Begabungen, die nicht vollständig durch Genetik und/oder Umwelteinflüsse erklärt werden können, erörterte er frühzeitig bekundete Interessen und Berufswünsche bei Kindern, von denen einige zunächst keinen erkennbaren Antrieb in dieser Richtung entfalteten. Zu seinen Beispielen gehörten der Komponist Georg Friedrich Händel und Florence Nightingale, die Begründerin der modernen Krankenpflege. Er hielt fest, dass seines Wissens keine der von ihm genannten Personen sich je daran erinnerte, ein früheres Leben gehabt zu haben, argumentierte aber auch, dass ihr leidenschaftliches Streben nach hohen Zielen weder aus der Genetik noch von Umwelteinflüssen abzuleiten sei. Außerdem betonte er, dass die von uns untersuchten Kinder manchmal zwar über besondere Talente verfügten, doch nicht über voll ausgebildete Fertigkeiten, die Genies wie Mozart bereits in der Kindheit zeigten.[4]

Hunter mag eine Ausnahme sein. Vermutlich hängt der Unterschied zwischen besonderem Talent und voll ausgebildeter Fertigkeit vom Betrachter ab, doch bei Hunter scheint die Aussage, er habe ein besonderes Talent für Golf, eher untertrieben. Von früh an wurde er gecoacht, aber nur aufgrund der Fertigkeit, die er vorher schon besessen hatte. Obwohl er nun nichts vollbracht hat, das mit Mozarts Leistungen in der Kindheit vergleichbar wäre, ist er, wenn nicht ein Golfwunder, so doch ein wirklich guter Golfer in sehr jungen Jahren. Und diese Fertigkeiten entsprechen seinen frühen Behauptungen über ein vergangenes Leben.

Sowohl Lee als auch Hunter erklärten, wohlbekannte Persönlichkeiten zu sein. Wenngleich Sidney Coe Howard von der breiten Öffentlichkeit kaum mehr wahrgenommen wird, ist der Name von Bobby Jones vielen Menschen weiterhin vertraut. Das mag Zweifel an Hunters Aussagen wecken, aber sein Fall und der von Lee haben nur wenig gemein mit dem von Kenedi, dem türkischen Jungen. Kenedis Vater bewunderte John F. Kennedy, wohingegen Hunters Eltern nur wenig Interesse an Golf und Lees Eltern nie von Sidney Coe Howard gehört hatten. Ungeachtet meiner Vorsicht bei Geschichten, die von wohlbekannten Persönlichkeiten handeln, belegen diese beiden Fälle, dass manche davon ernst genommen werden sollten.

Neben der Tatsache, dass hier wohlbekannte Persönlichkeiten im Mittelpunkt stehen, weisen beide Fälle ein weiteres Merkmal auf: Die Kinder, die über ihre Erinnerungen berichteten, waren Jungen. Das ist nicht allzu überraschend, insofern zweiundsechzig Prozent der von uns untersuchten Personen männlichen Geschlechts sind. Wir haben uns gefragt, warum mehr Jungen als Mädchen über frühere Leben sprechen. Da zudem neunzig Prozent der Kinder über einen verstorbenen Menschen ihres eigenen Geschlechts sprechen, kann man die Frage auch aus einer anderen Perspektive formulieren: Warum geht es bei früheren Leben vorwiegend um Männer? Ian spekulierte, dass das Leben der Frauen in den Kulturen, die er untersuchte (zumal im Hinblick auf Fälle in Burma)[5] insgesamt weniger Vielfalt und Aufregung böte und daher auch weniger denkwürdig sei. Folglich würde das Leben von Frauen weniger erinnert. Das ist eine erwägenswerte Möglichkeit, aber, wie sich herausstellt, nicht die richtige Erklärung. Wir brauchen nicht länger zu spekulieren, denn aufgrund der zweitausend Fälle, die mittlerweile in unserer Datenbank erfasst sind, haben wir offenbar die endgültige Antwort gefunden.

Bei Fällen, in denen die Todesursache bekannt ist, kamen nur dreißig Prozent der früheren Individuen auf natürliche Weise ums Leben. Hier ist der Anteil von Männern und Frauen in etwa gleich mit einem leichten Überschuss an verstorbenen Männern (was auch für die Gesamtbevölkerung zu gelten scheint).

Die übrigen siebzig Prozent unserer Fälle betreffen unnatürliche Todesursachen wie Morde, Selbstmorde und Unfälle. (Das Thema der unnatürlichen Todesursachen wird in einem späteren Kapitel diskutiert.) Genau in diesen Fällen tritt der genannte Unterschied zwischen den Geschlechtern deutlich zutage: Dreiundsiebzig Prozent der Fälle handeln von Männern.

In der Gesamtbevölkerung unterliegen unnatürliche Todesursachen dem gleichen Muster. Eines unnatürlichen Todes sterben mehr Männer als Frauen, weil sie ein riskanteres Verhalten zeigen, etwa zu schnell mit dem Auto fahren oder betrunken in Messerstechereien verwickelt sind. Anhand der Statistiken über die Tode in den Vereinigten Staaten während der letzten fünf Jahre[6] überprüfte ich das Geschlechterverhältnis und fand heraus, dass Männer zweiundsiebzig Prozent der unnatürlichen Todesfälle ausmachen.

Es beeindruckte mich ziemlich, wie sehr das Geschlechterverhältnis in unseren Fällen dem in der Gesamtbevölkerung entspricht. Wenn also die Kinder über frühere Leben nur fantasieren würden, kann ich mir keinen triftigen Grund vorstellen, warum die nach dem Geschlechterverhältnis aufgeschlüsselten Todesarten prozentual exakt mit denen in der Gesamtbevölkerung übereinstimmen sollten. Wenn hingegen die Kinder sich tatsächlich an frühere Leben erinnern, würde man erwarten, dass die ausgewählte Stichprobe von zweitausend Fällen das gleiche prozentuale Verhältnis zwischen Männern und Frauen aufweist wie in der Gesamtbevölkerung. Mit anderen Worten: Wir haben deshalb mehr Männer als Frauen, weil viele unserer Fälle unnatürliche Todesursachen mit einschließen. Diese auffällige Parallele betrachte ich als weiteren Beweis dafür, dass die Erinnerungen der Kinder sehr wohlbegründet sein mögen.

Unbekannte Identität

In unseren stichhaltigsten Fällen wurde eine verstorbene Person entdeckt, deren Leben mit den vom Kind genannten Details übereinstimmt. Hier sprechen wir von einem gelösten Fall. Daneben gibt es Fälle, in denen niemand eine bestimmte Person aus der Vergangenheit identifiziert hat, deren Leben das Kind zu erinnern scheint. Diese bezeichnen wir als ungelöst, und sie machen fast dreißig Prozent unserer Sammlung aus. Dabei müssen wir eher die Möglichkeit in Betracht ziehen, dass die Kinder entweder einer Fantasie nachhängen oder sich Geschichten absichtlich ausdenken.

Dennoch sollten wir meines Erachtens diese Fälle nicht von vornherein ausschließen. Einige davon können ziemlich spannend sein. Zumindest werfen sie die Frage auf, was kleine Kinder denn zu dem Glauben veranlassen mag, sie erinnerten sich an Ereignisse aus einem früheren Leben, über die sie dann berichten.

Ein traumatischer Gang über eine staubige Straße

Vor einer Weile begegnete ich auf einer Konferenz einer Frau, die sich seit ihrer Kindheit an ein anderes Leben erinnert. Susan, eine tüchtige klinische Psychologin, hat außer ihrem Mann niemandem davon erzählt. Er reagierte verständnisvoll – in der Überzeugung, dass die Wiedergeburt genauso wahrscheinlich ist wie alles andere; trotzdem gehen beide mit ihren Kindern zum Gottesdienst in eine protestantische Kirche.

Von sehr frühem Alter an erinnert sich Susan, ein afroamerikanisches Mädchen von sieben oder acht Jahren zu sein, das eine unbefestigte Straße entlanggeht. Susan, eine Weiße, wuchs in einer bergigen Gegend auf, aber die Umgebung in ihrer Erinnerung ist anders – flach, heiß, feucht und sehr staubig. Ihrer Meinung nach liegt sie wohl im Südosten der Vereinigten Staaten. Beim Gehen schaut sie auf die trockene Haut ihrer Hände und denkt, diese sähen »aschig« aus.

Ein Auto nähert sich, vielleicht eines aus den 1940er-Jahren, und sie wird plötzlich ins Wageninnere gezerrt. Dort sitzen zwei weiße Männer Mitte zwanzig oder dreißig – der Fahrer und derjenige, der sie ergriff. Sie erinnert sich an den Rücksitz, die Nähte der Polsterung, den schmutzigen Boden. In diesem Auto wird sie vergewaltigt und ermordet.

Dieser Vorfall ist ihr ebenso gegenwärtig wie irgendein anderes Ereignis in der Kindheit. Außerdem hat sie wiederholt davon geträumt. Manchmal durchlebte sie dann das Geschehen noch einmal. Diese Träume erschienen ihr zwar nicht als Albträume, aber sie wurde dadurch häufig wach.

Darüber hinaus zeigt Susan nach wie vor eine übersteigerte Schreckreaktion, ein kleines unerwartetes Geräusch lässt sie höher aufspringen als die meisten anderen Menschen. Sie kann sich nicht erinnern, als Kind um ihre Sicherheit übermäßig besorgt gewesen zu sein, hatte jedoch große Angst um ihren Vater. Er war Chirurg, der viele Stunden arbeitete; und so geriet sie in Panik, wenn ihre Mutter das Abendessen hinauszögerte und darauf beharrte, nach seinem Wagen Ausschau zu halten, der in die Straße zu ihrem Haus einbog – Zeichen dafür, dass er in Sicherheit war.

Eines Tages nahm ihre Mutter sie mit zu einem Psychotherapeuten. Susan, damals noch ziemlich jung, hat die Behandlung inzwischen völlig vergessen. Sie hält es für möglich, dass sie der

Mutter etwas über ihre Erinnerung an ein früheres Leben mitteilte und gerade deshalb von ihr zur Therapie geschickt wurde.

Susan weiß von keinem Auslöser in ihrer Umgebung, der sie zu derartigen Erinnerungen veranlasst hätte. In ihrer Stadt lebten zwar Afroamerikaner, aber es gab keine besonderen Rassenunruhen. Erst später, als sie Cheerleaderin war, erzählte ihr eine schwarze Freundin in der Truppe, dass man die Haut der Afroamerikaner als »aschig« bezeichne, wenn diese so trocken wird, dass sie grau aussieht.

In ihrer Jugend besuchte Susan die Methodistenkirche, wo sie vermutlich nichts über Erinnerungen an frühere Leben erfuhr. Ihre Mutter wurde katholisch erzogen, war aber offen für unterschiedliche Vorstellungen von Religion. Von ihrem Vater, der Sohn eines Pfarrers war, erhielt sie definitiv keine Hinweise auf frühere Leben, da er in der Kindheit mehr als genug von kirchlichen Dingen mitbekommen hatte, um sich dann zu einem entschlossenen Verfechter der Logik und der Wissenschaft zu entwickeln. Als Susan ihn einmal fragte, warum wir hier sind, lautete seine Antwort: »Um uns fortzupflanzen.« Und als sie wissen wollte, was nach dem Tod passiert, erklärte er ihr, wie der Körper sich zersetzt.

Auf der Highschool belegte Susan einen Philosophiekurs und realisierte ein Projekt über Emanuel Swedenborg, den Wissenschaftler, der zum Mystiker wurde. Obwohl er nicht an die Wiedergeburt glaubte, fand sie doch seine Ideen darüber, wie Menschen durch ihre Lebensweise im Diesseits ihr Leben nach dem Tod gestalten, ziemlich bedeutsam. Ihre anschließende Arbeit als Psychologin war jedoch vornehmlich auf das Verhalten ausgerichtet und insofern der gängigen Methode verpflichtet. Sie hat den Eindruck, dass ihre Erinnerungen keinen negativen Einfluss auf ihr späteres Leben ausübten, ihre sexuellen Beziehungen nicht beeinträchtigten und keine ständigen

Angstprobleme verursachten mit Ausnahme ihrer übersteigerten Schreckreaktion.

Zugleich aber hat Susan seit jeher mit Migräne zu kämpfen. Obwohl man ihr sagte, dass dies unmöglich sei, erinnert sie sich, jenes visuelle Phänomen, das der Migräne manchmal vorausgeht – nämlich aufblitzende Lichtlinien –, durch die Stäbe ihres Gitterbetts gesehen zu haben. Demzufolge hat sie einige sehr frühe Erinnerungen bewahrt – und offenbar auch bestimmte Erinnerungen an ein vergangenes Leben, die gewiss keine beglückende Fantasie widerspiegeln, sondern die konkreten Details eines Traumas.

Erlendur Haraldsson, der bereits genannte Kollege, schlug vor, dass einige dieser Kinder möglicherweise unter einer posttraumatischen Belastungsstörung (PTBS) leiden.[1] In der Tat haben sie oft Bilder eines gewaltsamen Todes vor Augen, und manche Gruppen, die Haraldsson in Asien untersuchte, zeigten mehr Symptome von Angst und Aggression als Kinder in der Vergleichsgruppe ohne Erinnerungen an frühere Leben. Diese Symptome waren bei den meisten jedoch nur schwach ausgeprägt.

Obwohl ich nicht behaupten würde, dass viele der Kinder eine solche Belastungsstörung haben, sprechen sie doch immer wieder von einer traumatischen Erinnerung. Außerdem zeigten fünfunddreißig Prozent von ihnen in Fällen, wo die frühere Person eines unnatürlichen Todes starb, eine tiefe Angst vor der betreffenden Todesart – also jenes Vermeidungsverhalten, das Teil der offiziellen Diagnosekriterien für eine posttraumatische Belastungsstörung ist. Auch Susan wies einige posttraumatische Störungen auf. Neben ihren anhaltenden Erinnerungen tagsüber träumte sie wiederholt von dem traumatischen Ereignis. Darüber hinaus hatte sie eine gewisse Angst und eine übertriebene Schreckreaktion, ein weiteres Kriterium für eine PTBS. Vielleicht reicht das bei ihr nicht für eine vollständige Diagnose aus, aber die Symptome waren vorhanden – genauso wie bei James Leininger, der posttraumatische Symptome infolge eines Flugzeugabsturzes zeigte. Offenbar hatte Susan keinen Grund für die Fantasie, als afroamerikanisches Mädchen in einem anderen Landesteil vergewaltigt und ermordet worden zu sein, und demnach auch keinen Anlass, posttraumatische Symptome zu entwickeln. Wenn die von ihr gesehenen Bilder tatsächlich so waren, wie es scheint, wurde sie nicht durch eine Fantasie traumatisiert, sondern durch eine Erinnerung.

In den beiden folgenden Gruppen von Fällen habe ich mit den Eltern oder Personen korrespondiert, sie aber nicht getroffen. Obwohl die beteiligten Kinder keine Details genannt haben, die zu einer erfolgreichen Suche nach dem früheren Menschen führen könnten, weisen diese Fälle doch bemerkenswerte Facetten auf. Sie dienen als Beispiele dafür, was zahlreiche Familien erleben, denn derartige Berichte erhalten wir ständig. Ich könnte viele ähnliche Fälle schildern, aber die hier genannten haben in der letzten Zeit meine Aufmerksamkeit gefesselt.

Was kleine Mädchen sagen

Ein Vater in Kanada schrieb mir per E-Mail über seine Tochter. Er erklärte, in seiner eigenen Kindheit keinerlei Interesse an Hockey verspürt zu haben, was eine herbe Enttäuschung für seinen Vater war, der diesem Sport mit großer Leidenschaft begegnete und sie mit seinem Sohn teilen wollte. Aufgrund der dadurch entstandenen Kluft fühlte der Sohn nie die Liebe seines Vaters, und beide blieben sich zeitlebens fremd.

Auch als der Mann erwachsen war, missfiel ihm Hockey, ja er hasste es sogar wegen der Probleme, die es ihm verursacht hatte. Zu seiner künftigen Frau sagte er, sie würden gut miteinander auskommen, solange sie mit ihm nicht über Hockey redete oder ein Hockeyspiel im Fernsehen anschauen wollte.

Nach der Geburt ihrer Tochter Hannah neigten sie dazu, überfürsorglich zu sein. Obwohl ihre Arbeitszeiten unterschiedlich waren – die Frau arbeitete tagsüber, der Mann in seinem eigenen Unternehmen nachts –, engagierten sie nie einen Babysitter, und als Hannah neun Jahre alt wurde, passte deren Großmutter auf sie auf.

Wie ihre Eltern hatte auch Hannah niemals ein Interesse an Hockey bekundet, ehe sie an ihrem dritten Geburtstag ein Gespräch mit ihrem Vater führte. An diesem Tag fragte sie ihn, warum ihr Sohn nicht mehr vorbeischaue, um sie zu Hockeyspielen mitzunehmen. Er fragte zurück, wann ihr Sohn dies getan habe, und sie erwiderte: »Weißt du, Papi, als ich eine alte Dame war.« Einige Monate lang erkundigte sie sich nach ihrem Sohn und wirkte deprimiert, weil er nicht auftauchte.

Hannah nannte Details über ihren Sohn und sagte, er sei dünn und habe rote, gelockte Haare. Obwohl Hannahs Eltern Vegetarier waren und keine Lederkleidung besaßen, sprach die Kleine darüber, dass ihr Sohn einen Ledermantel trage, und zeigte an ihrem Vater ungefähr dessen Länge an. Er fahre ein weißes Auto, das an einigen Stellen verrostet sei. Außerdem benutzte sie das Wort *Arena*, das der Vater bemerkenswert fand, da Hannah nie in einer Arena gewesen war. Seiner Meinung nach hätte auch niemand Grund gehabt, eine solche in ihrer Gegenwart zu erwähnen. Bald darauf redete Hannah nicht mehr über ihren Sohn und die Hockeyspiele. Als der Vater ihr wenige Monate später diesbezügliche Fragen stellte, schien sie sich nicht daran zu erinnern.

Wenngleich im vorliegenden Fall die Aussagen des Kindes nicht überprüft werden können, erscheinen sie mir doch erstaunlich. Was sollte einer Dreijährigen, deren Eltern Hockey nicht einmal mochten, die Vorstellung eingeben, eine alte Dame gewesen zu sein, die sich wünschte, von ihrem Sohn zu Hockeyspielen mitgenommen zu werden?

Im gleichen Monat, als ich zum ersten Mal von Hannah erfuhr, schickte mir ein Vater aus dem Mittleren Westen einen Brief. Er berichtete, seine Tochter Chelsea habe etwa im Alter von drei Jahren von einem Freund namens Dorn erzählt – erst ihrer Mutter, und dann ihm. Sie und Dorn hätten zusammen in einer schmutzigen Straße gespielt, als ein paar Bösewichte auf Pferden herangeritten kamen und ihren Freund töteten. Daraufhin seien Polizisten mit runden Hüten aufgetaucht, um den Vorfall zu besprechen.

Diese Geschichte unterschied sich ziemlich stark von dem, was Chelsea normalerweise von sich gab, sowohl in der Thematik als auch bezüglich der Genauigkeit der Details. Ihr Vater fügte hinzu, dass diese Bilder gewiss zu keinem Ereignis passten, das sie erlebt habe, und dass die Kleine nie unbeaufsichtigt blieb, um allein fernzusehen. Als er ihr einige Wochen später Fragen stellte zu der Geschichte, antwortete sie in einer Weise, die ihm den Eindruck vermittelte, die Erinnerungen daran hätten sich ihr tief eingeprägt. Doch bei seiner nächsten Befragung nach einem viel längeren Zeitraum schien sie keine Ahnung zu haben, wovon er redete.

Chelsea ist jetzt eine junge Erwachsene. Ihrem Vater zufolge hat sie keinerlei Erinnerung an ihre Geschichte mit Dorn und findet die ganze Sache ein wenig sonderbar. Wie dem auch sei, jedenfalls entspricht ihr Verhaltensmuster dem in vielen unserer Fälle. Obwohl die meisten Kinder erzählen, selbst einen traumatischen Tod erlebt zu haben, sprechen einige davon, Zeuge einer gewalttätigen Szene oder eines schrecklichen, aber nicht unbedingt tödlichen Unglücks gewesen zu sein. Chelseas damaliges Alter ist für solche Erfahrungen typisch, und wie die meisten der von uns untersuchten Kinder schien sie ihren früheren Bericht mit den Jahren völlig vergessen zu haben.

Der nächste Fall weist eine Reihe von markanten Merkmalen auf. Die Mutter des betreffenden Mädchens hielt dessen Aussagen nicht nur schriftlich fest, sondern führte auch einen Test mit ihm durch, den es bestand.

Die englische Familie der kleinen Olivia hat in verschiedenen Teilen der Welt gelebt. Ihre Mutter wurde zwar katholisch erzogen, hatte aber als Erwachsene kein Interesse an Religion und bezeichnete sich als »agnostische Atheistin«. Olivia schien über zwei vergangene Leben zu sprechen, ich möchte mich hier jedoch nur auf eines konzentrieren. Im Alter von zwei Jahren wurde sie auf einem Spaziergang von ihrer Mutter gefragt, wie spät es ihrer Meinung nach sei. Olivia antwortete: »Sieben Uhr«, und fügte dann hinzu: »1789.« Die Mutter wiederholte: »1789?« Das Mädchen überlegte kurz und erwiderte voller Überzeugung: »Nein, 1787.«

Im darauffolgenden Monat fuhren Olivia und ihre Eltern im Bus, wo die Mutter die Bemerkung machte, dass Olivia mit ihrer weißen Pelzmütze, die auch noch Ohren hatte, wie ein Lamm aussehe. Plötzlich redete die Tochter davon, den »ganzen Pelz vom Lamm abzuziehen«. Danach könne man all den Staub aus den Haaren bürsten. Das sei sehr wichtig, betonte sie.

Olivia war noch immer zwei Jahre alt, als sie eines Tages zu ihrer Mutter ging und ganz sachlich erklärte, ihr Name sei Daisy gewesen. Einige Zeit später sagte sie aus heiterem Himmel: »Robinson.« Die Mutter fragte, was das bedeute, worauf Olivia antwortete: »Es ist ein Name.« Die Mutter wollte wissen, wessen Name das sei, und Olivia erwiderte: »Es war *mein* Name.« Sie habe Daisy Robinson geheißen.

Im Alter von zweieinhalb Jahren sprach Olivia mehrmals über Ereignisse in der Vergangenheit. Ihr Vater begann zu überlegen, ob sie sich an ein früheres Leben erinnerte, doch wenn er sie fragte: »Hast du eine andere Mami und einen anderen Papi?«, schien sie immer verblüfft und verneinte. Als er sie einmal fragte, ob sie *früher* eine andere Mami und einen anderen Papi gehabt habe, wurde sie aufgeregt und sagte Ja. Ihre Eltern befragten sie über Brüder und Schwestern, und sie entgegnete, keine zu haben. Beide erwähnten das Scheren der Schafe und fragten, was sie aus der Wolle mache, worauf ihre Antwort lautete: »Decken.« Das fand die Mutter erstaunlich, denn Olivia hatte zwar schon Teppiche aus Schafshaut gesehen, aber nie eine Wolldecke.

Eines Tages näherte sich Olivia ihrer Mutter, die gerade Hausarbeiten erledigte, und sagte: »Die ganze Luft ist von hier rausgekommen.« Die Mutter verstand nicht, wovon sie redete, und fragte: »Von wo?« Die Kleine deutete auf die Mitte ihres Körpers und erwiderte: »Von hier. Und ich bin gestorben. Aber ich will nicht darüber sprechen.« Sie schien traurig, drehte sich um und verließ das Zimmer. Ihre Mutter war völlig verblüfft. Olivia war bisher nicht mit dem Tod in Berührung gekommen, außer dass sie einen toten Frosch gesehen hatte, den ihre Eltern nicht einmal als tot bezeichnet hatten.

Als Olivia einmal von einem Nickerchen erwachte, setzte sie sich im Kinderbett auf und erzählte ihrer Mutter wieder über 1787. Die fragte, ob sie damals irgendwelche Lieder gekannt habe, und ihre Tochter antwortete sofort: »London Bridge is Falling Down«, eines ihrer Lieblingslieder. Tatsächlich stammt es aus dem Jahr 1787. Der Text einer frühen Fassung erschien um 1744 in *Tommy Thumb's Pretty Song Book* (Tommy Thumbs hübsches Liederbuch) und mag noch viel älter sein. Der Tanz »London Bridge« wurde 1659 in einem Theaterstück erwähnt. *London Bridge is Falling Down* tauchte, bezogen auf Kinder, 1725 in einer Publikation wie auch 1730 in einer Londoner Oper auf.[2]

Bei anderer Gelegenheit ging Olivia auf ihre Mutter zu und sagte plötzlich: »Dreißig Jahre alt.« Wer denn so alt sei, wollte die Mutter wissen, und das Mädchen erwiderte: »Ich war's. Als ich gestorben bin. Ich bin gestorben, weil ich nichts gegessen hab.« Daraufhin entfernte sie sich. Als die Mutter sich allmählich erholte von dem Schock über die Worte ihrer zweieinhalbjährigen Tochter, dachte sie, dass deren unersättlicher Appetit, den sie seit ihrer Geburt an den Tag legte, vielleicht mit dem Hungertod erklärt werden könnte, den sie in einem früheren Leben erlitten hatte.

Einige Zeit später aß Olivia einen grünen Apfel, begann zu kichern und teilte ihrer Mutter mit, Daisy Robinson habe ausschließlich rote Äpfel gegessen, jetzt aber möge sie nur grüne. Das amüsierte sie offenbar. Dann wieder erzählte sie, Daisy Robinsons Mutter habe Kitty geheißen. Olivia kannte niemanden mit diesem Namen, und ihre Mutter war überzeugt, dass sie ihn noch nie zuvor gehört hatte.

Anschließend redete Olivia lange Zeit nicht mehr über ein vergangenes Leben. Ihre Mutter glaubte, sie habe es vergessen – bis zu einem Gespräch, nachdem der Hund der Familie gestorben war. Zu jenem Zeitpunkt war Olivia vier Jahre alt, und ihre Kommentare waren interessant genug, dass die Mutter Papier und Stift zur Hand nahm, um sie sogleich zu notieren. Olivia fragte sich, ob der Hund als ein anderer Hund zurückkehren werde, und bejahte dies, weil sie selbst frühere Leben gehabt habe. Doch sie dachte nicht, dass ihr Hund bereits ein neues

Hündchen sei, denn »man verbringt zuerst ein bisschen Zeit tot, einige Wochen oder Monate oder sowas«.

Ihre Mutter fragte, ob das auch bei ihr so gewesen sei, und Olivia nickte. Auf die Frage, wo sie sich nach ihrem Tod aufgehalten habe, kam die Antwort, dass sie nicht existierte. Das sei schwer zu erklären, aber sie habe sich in dünne Luft verwandelt, sei zum Himmel aufgestiegen und dort zu Staubteilchen zerstoben. Der Staub sei dann überallhin getrieben. Sterben sei nicht beängstigend, und als sie Staub war, hätten andere Menschen sich mit ihr angefreundet. Auch sie waren Staub. Ihre Mutter fragte, ob sie jetzt Angst habe zu sterben, und Olivia verneinte, sie habe keine Angst davor, aber das Sterben mache sie traurig, weil sie gerne auf der Erde sei. Während des ganzen Gesprächs war Olivia äußerst ernst. Tatsächlich hatte sie einen derart ernsten Blick, dass ihrer Mutter unbehaglich zumute war.

In der Folge schien Olivia sich normal weiterzuentwickeln, ohne erneut über frühere Leben zu sprechen – bis zu jenem Tag, als sie fünf Jahre und neun Monate alt war. Sie begann ein Gespräch mit der Frage an ihre Mutter, ob es dumm sei, an etwas zu glauben, für das es keine Beweise gibt. Sie diskutierten darüber, wobei ihre Mutter den Glauben an Gott als Beispiel anführte, dass einige Leute ohne Beweis nicht glauben können, während andere dies vorbehaltlos tun.

Daraufhin versicherte Olivia, dass sie als Daisy an Gott glaubte und zur Kirche ging. Ihre Mutter fragte sich, warum sie selbst früher an Gott glaubte, heute aber nicht mehr. Das habe seinen Grund darin, erklärte die Kleine, dass sie heute eine andere Person sei. Die Mutter äußerte den Gedanken, Olivia habe vielleicht die gleiche Persönlichkeit wie Daisy, aber ihre Tochter verneinte, die Persönlichkeit sei vergangen, die Person hingegen sei weiterhin da. Die Frage, ob sie damit meine, dass »Person« und »Persönlichkeit« zweierlei seien, beantwortete Olivia mit Ja.

Als die beiden über Daisys Leben sprachen, sagte Olivia, sie habe in einer kleinen Stadt gewohnt. Sie konnte sich nicht an deren Namen erinnern, wohl aber daran, dass diese in England lag. Die meisten Leute hätten in Dörfern gelebt, wo jeder jeden kannte. Es habe einige Geschäfte gegeben, wo man Brot, Käse und Fleisch kaufen konnte. Mit ungerührter Miene fragte die Mutter, ob auch ein McDonald's mit dabei war. Olivia lachte und erwiderte, der sei erst später erfunden worden. Sie hätten noch nicht einmal Autos gehabt, nur Pferde. Dann entsann sich das Mädchen, dass auf dem Geld, das sie damals hatten, der König abgebildet war. Die Münzen seien an den Rändern »holprig« und sehr flach gewesen.

Die Mutter forschte nach englischen Münzen von 1787, dem Jahr, das Olivia für Daisy genannt hatte. Alle trugen das Porträt von König George III., hatten gezackte Ränder und waren flacher als die heutigen Zwei-Pfund-Münzen. Sie beschloss, Olivia Bilder verschiedener Münzen zu zeigen, insgesamt zweiundfünfzig von keltischen und römischen bis zu heutigen Münzen, und fragte Olivia, ob ihr eine bekannt vorkäme. Die Kleine sah alle durch und verwarf schnell die antiken gehämmerten ebenso wie die modernen Münzen. Als sie jedoch eine Seite mit gerändelten Münzen sah, die wie alle englischen Geldstücke seit Anfang des 17. Jahrhunderts maschinell hergestellt wurden, deutete sie auf die Zacken an den Rändern und sagte, genau das habe sie gemeint mit dem Ausdruck »holprig«.

Anschließend deutete Olivia auf einen Schilling von 1787 und erklärte, sie erkenne die Münze und das Porträt des Königs eindeutig wieder. Zudem deutete sie auf drei weitere Münzen, an die sie sich erinnere. Es waren jeweils Münzen mit dem Porträt von George III. – eine Spade Guinea von 1793, ein Somerset Bristol Halfpenny ebenfalls von 1793 und ein Farthing von 1799, den sie noch vage im Gedächtnis habe.

Einmal vertrat die Mutter gegenüber Olivia die Ansicht, deren frühere Leben seien bestimmt eine Art von Spiel, das sie spiele. Die Kleine reagierte bestürzt und widersprach heftig. Als sie dann ihre Tochter bei einem Rollenspiel beobachtete, in dem eine vergangene Zeit dargestellt wurde, fragte sie, ob es sich nur um ein Spiel handle, und Olivia sagte Ja. Ihrer Mutter fielen die Unterschiede zwischen den beiden Aktivitäten auf: Ihre Tochter konnte Elemente aus einem bevorzugten Film, Buch oder Spiel im Rollenspiel identifizieren, nicht aber im Gespräch über das frühere Leben. Außerdem änderten sich im Rollenspiel häufig die Details, manchmal sogar innerhalb weniger Sekunden, doch nie – nicht einmal nach Monaten und Jahren – in der Erzählung über das frühere Leben. Sie wusste, dass Olivia ihre Erinnerungen für real hielt, und hatte bald kaum mehr einen Grund, an deren Aussagen zu zweifeln.

In Träumen

Gewöhnlich misstraue ich der Behauptung, Träume spiegelten Ereignisse aus einem früheren Leben wider. Träume sind komplex, oft verwirrend und bisweilen unsinnig. Einige der hier behandelten Fälle schließen natürlich Träume mit ein, aber auch Aussagen im Wachzustand. Wenn es nur um Träume geht, schenke ich dem meist keine große Beachtung. Gelegentlich erhalten wir aber Berichte, die mich beeindrucken.

Der eine kam von einem Mann, der vom dritten bis etwa zum siebten Lebensjahr immer wieder den gleichen Traum hatte. Darin war er ein kleiner Junge, der am Strand spielte, wo sich viele Menschen tummelten. Das Meer wich langsam zurück, und dabei konnte er Fische sehen, die auf dem nassen, kurz zuvor noch von Wasser überspülten Sand zappelten. Er und einige andere gingen über den nassen Sand hinaus, verblüfft, dass das Meer sich anscheinend um mehrere Kilometer zurückgezogen hatte.

Er marschierte immer weiter hinaus, hob riesige Muschelgehäuse auf, in denen hier und da noch Muscheln lebten. Dann hörte er Schreie, zahlreiche Schreie von Männern, Frauen und Kindern, die zum Strand zurückrannten. Er schaute auf und sah das Meer, das noch immer weit entfernt war, nun aber als eine riesige Wasserwand aufs Ufer zuschoss, derweil jeder ihr verzweifelt zu entfliehen versuchte. Er erinnerte sich, über die Schulter hinweg gesehen zu haben, wie sie auf ihn zuraste, sich schließlich über ihm auftürmte und niederstürzte. Im Traum ertrank er und erwachte dann in seinem Bett.

Lange Zeit kümmerte ihn der Traum wenig. Als er aufwuchs, ging seine Familie oft zum Strand, wo er trotz der ständigen Albträume keine Angst vor dem Meer hatte. Erst im Alter von ungefähr fünfundzwanzig Jahren schockierte ihn die Nachricht, dass das Meer sich tatsächlich zurückziehen kann, um dann als Tsunami wiederzukehren und verheerende Schäden anzurichten. Da fragte er sich, wie er als Dreijähriger zu Beginn der 1950er-Jahre von diesem Phänomen hatte wissen können, und fing an, die damit verbundenen Ereignisse nicht nur als Traum zu betrachten, sondern als Erinnerung an ein früheres Leben.

Ein anderer Mann mailte mir kürzlich ähnliche Traumerfahrungen. Auch er machte sie als kleiner Junge, träumte Dutzende Male genau die gleiche Szene bis zum Alter von fünf oder sechs Jahren. Selbst heute, in seinen Fünfzigern, könne er sich noch lebhaft an deren Details erinnern.

In diesem Traum eilte er mit einer Gruppe von Soldaten oder Kriegern zum Strand. Sie durchquerten das hüfthohe Wasser und stießen auf eine große Steinwand oder Festung. Dort oben lauerten Feinde, die auf die herannahenden Streitkräfte Pfeile abschossen. Er erinnert sich, dass sie ihm wie dunkle Stöcke vor strahlend blauem Himmel vorkamen. Einer davon schnellte auf ihn zu und traf ihn in die Brust. Er kippte nach hinten um und wurde dann von zwei Männern auf den Strand gezogen. Er konnte das Ende des Pfeiles sehen, der aus seiner Brust ragte und den einer der Männer herauszuziehen versuchte. Ringsum herrschte wildes Chaos, während er allmählich das Bewusstsein verlor. Er betrachtete den blauen Himmel mit den kleinen weißen Wolken, bis ihm die Sinne schwanden und die Welt im Dunkel versank.

Als Kind hatte der Mann das Gefühl, im Traum groß zu sein. Seiner Meinung nach war er damals sogar größer, als er es heute ist. Obwohl der Traum ausschließlich aus der Ichperspektive erlebt worden sei, habe er das Gesicht des Mannes, sein langes, rötliches Haar und den Bart deutlich vor Augen. Er erkennt in ihm einen Krieger der Wikinger und ist überzeugt, dessen Tod in einem früheren Leben erinnert zu haben.

Ein Feuer auf der C-Street

Im folgenden Fall traf ich das Mädchen und seine Eltern. Zwar konnte ich nicht überprüfen, ob es sich an das Leben einer bestimmten Person erinnerte, aber einige Dinge, die es sagte und tat, waren jedenfalls außergewöhnlich.

Der Kontakt mit der Familie entstand durch eine E-Mail von Kathleen, der Mutter des Mädchens. Zu jener Zeit war die kleine Nicole zweiundzwanzig Monate alt. Ihr erstes merkwürdiges Verhalten hatte sich mit dreizehn Monaten gezeigt, als ihre Eltern sie auf ein Pferd setzten. Sie ergriff das Sattelhorn mit der Linken, die Zügel mit der Rechten, saß aufrecht und schlug mit den Füßen gegen die Flanken. Die Eltern besaßen keine Pferde und wussten nur wenig über sie. Mit siebzehn Monaten machte Nicole jenen Schnalzlaut in der Kehle, den Reiter oft benutzen, um ihr Pferd anzutreiben. Mit zweiundzwanzig Monaten artikulierte sie eine Reihe von Befehlen aus der Reitersprache, die sie von ihren Eltern nicht gelernt haben konnte.

Kathleen erwähnte auch – wiewohl zögerlich, da ich Psychiater bin –, dass ihre Tochter oft Gespräche führte mit Leuten, die gar nicht da waren. Nachdem ich ihr zurückgeschrieben und versichert hatte, dass ich ein solches Verhalten bei einem zweiundzwanzig Monate alten Kind nicht für eine psychische Störung halte, schilderte sie mir weitere Details.

Etwa sechs Monate vorher war Kathleens Bruder Mike gestorben. Während der letzten fünfundzwanzig Jahre seines Lebens war er – nach einem Zugunglück, bei dem er beide Beine verloren hatte – an den Rollstuhl gefesselt. Kathleen, die einzige Person, die ihn Mikey nannte, hatte ihn in den zwanzig Jahren vor seinem Tod nur sehr selten gesehen.

Nicole hat zwei Mütter, Kathleen und ihre Partnerin Lynn. Einige Wochen vor Kathleens erstem Schreiben saß Nicole eines Morgens am Frühstückstisch und starrte durchs Fenster nach draußen, wie Lynn bemerkte. Sie fragte die Kleine, was sie sehe, und die schrie etwas, das Lynn nicht verstand. Also stellte sie die Frage noch einmal, worauf Nicole schrie: »Mikey, Mikey, Mikey!« Lynn wollte wissen, ob sie Onkel Mikey sehe und wo er denn sei. Nicole schrie: »Genau da, draußen.« Lynn erblickte dort niemanden und fragte erneut, wo Mikey sei. Nicole erwiderte: »Genau da, im Stuhl!«

Ungefähr einen Monat später erzählte Nicole ihren Eltern, was sie tagsüber erlebt hatte, und sprach wieder davon, Mikey draußen in seinem Stuhl gesehen zu haben. Das entnervte die beiden derart, dass Kathleen sich kurz darauf an mich wandte.

Sie betonte, sie und Lynn wollten Nicole nicht verleiten, irgendwelchen Fantasiegebilden nachzuhängen, zugleich aber ermuntern, bedenkenlos jede ihrer Erfahrungen mitzuteilen.

Nicole erwähnte Mikey noch mehrmals und fügte hinzu, er sitze in einem Stuhl. Da sie ihrem Onkel nie begegnet war, zeigte Kathleen ihr einige Fotos von ihm. Keine Reaktion deutete darauf hin, dass sie ihn erkannte. Wenn sie Visionen von ihm hatte, sah er darin irgendwie anders aus als auf den Fotos.

Eine Zeit lang hörte ich von Kathleen nichts mehr, bis kurz nach Nicoles drittem Geburtstag. Sie berichtete, ihre Tochter spreche nun nicht mehr von Mike. Auf ihre ein paar Monate zuvor gestellte Frage, ob sie ihn noch sehe, hatte die Antwort Nein gelautet – aber mit dem Zusatz, sie erinnere sich weiterhin an ihn. Die Mutter versuchte herauszufinden, woran sie sich erinnere, und Nicole erwiderte feierlich: »Ich erinnere mich an den Zug.« Kathleen hatte ihr den Unfall immer verschwiegen, und als sie fragte, was ihr vom Zug im Gedächtnis geblieben sei, nannte Nicole das Geräusch der Räder auf den Gleisen. Ihre Aussage beeindruckte Kathleen, denn Mike hatte dieses Geräusch, das ihn seit dem Unfall Tag und Nacht verfolgte, als eine seiner letzten Erinnerungen vor dem Aufprall beschrieben. Und ihr war aufgefallen, dass Nicole seit ihrer frühen Kindheit eine starke Abneigung gegen Züge hatte. Als sie etwa ein Jahr alt war, mussten ihre Eltern sie aus einem Zimmer tragen, wo sie wegen der Geräusche einer Modelleisenbahn angefangen hatte, laut zu jammern.

Während Nicole immer weniger über Mike sprach, redete sie zunehmend über jene Zeit, als sie auf der C-Street (vielleicht auch Sea oder sogar Seay Street) wohnte. Ihre ersten Bemerkungen darüber setzten vor Vollendung des zweiten Lebensjahres ein und wurden dann häufiger. Das Haus auf der C-Street habe sich in einem sonnigen Gebiet befunden, anders als das ihrer Familie im Pazifischen Nordwesten. Dort wohnte sie mit ihrem Vater, ihren Schwestern und ihrem besten Freund. Sie war die mittlere von drei Schwestern, deren jüngste Jackie hieß. Einmal beschrieb sie, wie ihr Vater bei einer Hochzeit im Anzug tanzte. Außerdem habe er Äste abgeschnitten, große alte Bäume gefällt und sie im Wasser treiben lassen. Mehrfach sprach sie davon, das Haus auf der C-Street sei abgebrannt. Kathleen stellte fest, dass Nicole zwischen Erinnerungen und Fantasien hin und her zu schwanken schien, aber sowohl sie als auch Lynn wussten genau, wann die Kleine in das Reich der Fantasie wechselte. Ihre Stimme veränderte sich dann, und sie gab den Personen ausgefallene Namen wie Kuka, Lala oder Hoopty.

Ich fragte Kathleen, ob sie und ihre Partnerin bereit wären, mich zu empfangen, damit ich mehr über Nicoles Aussagen erfahren könne. Die beiden überlegten eine Weile und stimmten dann zu. Sie fragten Nicole, ob sie mit mir sprechen wolle, und erhielten die Antwort: »Ja, aber ich werde ihm gegenüber ein bisschen fremdeln.« Sie erklärten ihr, dass sie nicht gegen ihren Willen mit mir reden müsse, worauf sie nachdrücklich betonte: »Nein, nein. Ich möchte mit ihm reden. Ich werde *nicht* fremdeln!« Und sie sollte recht behalten. Kathleens Sorge, ihre Tochter könnte sich sträuben, erwies sich als unbegründet. Nicole zeigte sich ziemlich interessiert, gab mir jedoch keine weiteren Informationen über C-Street.

Ich traf die drei in ihrem Zuhause. Zu jenem Zeitpunkt war Nicole drei Jahre und drei Monate alt. Die Eltern erzählten, dass sie oft den Wunsch äußerte, einfach nach Hause zurückzukehren. Auf ihren Einwurf, sie sei doch schon zu Hause, erwiderte die Kleine: »Oh ja, ich bin zu Hause.« Manchmal wirkte sie bei ihren Ausführungen über Leute auf der C-Street sehr traurig und hatte ihre Eltern erst kürzlich gefragt, ob sie sie zu ihrem »kleinen Haus auf der C-Street« bringen könnten. Es sei oben orangefarben und befinde sich in der Straße, die von einer Kirche abgehe. Nicole sprach darüber bei verschiedenen Gelegenheiten, manchmal nach einem Mittagsschlaf.

Außerdem träumte sie, dass ihren Schwestern aus der C-Street etwas zugestoßen sei. Sie redete viel über den Brand dort, fügte aber hinzu, selbst nicht umgekommen zu sein. Dann machte sie das Geräusch prasselnder Flammen nach und sagte, hinterher sei nur noch der Hinterhof des Hauses übrig geblieben.

Einmal schilderte sie, wie sie mit achtundzwanzig Jahren voller Schmutz war und ans Wasser gelangte. In ihrem Dingi ruderte sie dann darüber und landete in Bäumen, ohne sich zu verletzen (»ohne irgendwelche Auas«, wie sie sich ausdrückte). Kathleen fragte, ob sie »thingy« (Dingsda) gesagt hatte, aber Nicole versicherte: »Nein, Mami, Dingi! Das ist ein kleines Boot!«

Mein Besuch bei der Familie verlief ganz harmonisch. Am nächsten Tag fuhren die drei im Wagen, als Nicole plötzlich rief, sie könne ihr Bilderbuch nicht finden. Kathleen fragte, welches Bilderbuch, und Nicole antwortete: »Mein Fotoalbum.« Daraufhin erklärte die Mutter, das für sie angelegte Fotoalbum befinde sich in ihrem Kinderzimmer, doch Nicole verneinte, das Fotoalbum von ihrem Haus auf der C-Street sei im Feuer verbrannt. Sie sprach von einem verbrannten Fotoalbum mit gewellten Rändern.

All diese Äußerungen vermittelten den Eindruck, dass Nicole ein früheres Leben beschrieb, in dem sie – wahrscheinlich während ihrer Kindheit – einem traumatisierenden Feuer ausgesetzt war. Sie hatte es überlebt und war erwachsen geworden. Darüber hinaus hatte sie behauptet, Ärztin gewesen zu sein.

Wenn Nicole sich tatsächlich an ein früheres Leben erinnerte, lautete die wesentliche Frage, wo jene ominöse C-Street lag. Bei der Suche im Internet stößt man auf zahlreiche Städte mit C-Streets oder Sea Streets oder Seay Streets, insbesondere auf eine C-Street in Virginia City, Nevada, die wie fast die ganze Stadt im großen Feuer des Jahres 1875 zerstört wurde. Ich entdeckte einen Bericht über die Gebäude auf der C-Street, die den Flammen zum Opfer fielen. Obwohl es sich offenbar hauptsächlich um Geschäfte handelte, gab es auch einige Pensionen und »viele weitere Häuser«, wie es dort heißt.

Kathleen setzte sich mit einem Historiker in Verbindung, um mehr über die Stadt zu erfahren. Sie erkundigte sich nach Zimmerarbeiten und Wasserläufen, da Nicole diese erwähnt hatte. Die Antworten fielen allerdings ernüchternd aus. Der Historiker erläuterte, die Hügel der Stadt seien einstmals mit Ponderosa-Kiefern und Zedern bedeckt gewesen, später jedoch völlig abgeholzt worden. Die insbesondere für eine Goldmühle benötigten Baumstämme kamen aus der Gegend um den Lake Tahoe und wurden teilweise über eigens gegrabene Kanäle befördert. Kleinere Seen lägen zwar in der Nähe, aber nicht in der unmittelbaren Umgebung.

Virginia City war sicherlich eine Option. Das Problem bestand darin, dass wir nicht wussten, ob Nicole eine Feuersbrunst schilderte oder einen bloßen Hausbrand. Zum Beispiel fand ich die Reportage über ein verheerendes Feuer, das 2004 in Martinez, Kalifornien, ein Haus auf der C-Street zerstörte. Da es wohl viele Feuer dieser Art gegeben hatte, kam ich zu der Überzeugung, Nicole nicht nach Virginia City mitzunehmen in der Hoffnung, sie würde dort noch vorhandene Gebäude aus dem 19. Jahrhundert wiedererkennen, sondern abzuwarten, bis von ihr genauere Hinweise auf eine bestimmte Stadt kämen. Doch das geschah nie.

Im Laufe der nächsten Monate erhielt ich gelegentlich Nachrichten von Kathleen. Demnach sagte Nicole kurz vor ihrem vierten Geburtstag, dass die Erinnerungen an die Familie in der C-Street ihr schwer zu schaffen machten. Ungefähr eine Woche später wirkte sie betrübt, fast niedergeschlagen, und erklärte: »Vielleicht hatte ich nie eine Familie in der C-Street. Vielleicht hab ich das alles nur erfunden.« Es mag sich also um ein Fantasiegebilde gehandelt haben – ein endgültiges Urteil darüber ist nicht möglich, da bisher keine Familie gefunden werden konnte, die Nicoles Aussagen entsprach –, oder um eine Verwirrung, weil die Erinnerungen nicht übereinstimmten mit ihrem sich entwickelnden Bewusstsein vom Fortgang des Lebens. Wenn sie früher keine Familie hatte, wurde ihr eventuell deutlich, dass auch die Dinge, die sie zu erinnern glaubte, nicht geschehen sein konnten. Kathleen und Lynn stimmte es traurig, dass Nicoles Erinnerungen mehr und mehr verblassten, denn nun schien sie sich von jener geistigen Sphäre zu lösen, zu der sie vorher Zugang gehabt hatte.

Die Loslösung war jedoch nicht vollständig, insofern Nicole weiterhin manchmal über die C-Street redete. Mit fünf Jahren sprach sie kaum noch darüber, aber wenn ihre Eltern fragten, ob dieser Ort real sei, erwiderte sie leidenschaftlich: »Ist real! C-Street ist immer noch da!« Sie hielt daran fest, dass ein Feuer ausgebrochen war, dass sie jedoch nicht darin umgekommen sei. Außerdem beschrieb sie bisweilen Bilder, die meistens mit ihrem Vater zu tun hatten, mit der nahe gelegenen Kirche, dem Holzfällen und Abtransport der Baumstämme auf Wasserwegen. Daneben machte sie kurze Andeutungen über ihr Leben nach dem Brand.

Als Nicole fünfeinhalb Jahre alt war, besuchte die Familie eine kleine Galerie in einer anderen Stadt. Nicole bemerkte ein Grammofon, blieb plötzlich stehen und rief: »Meine Güte, so eins hab ich seit Jahren nicht mehr gesehen!« Kathleen fragte, ob sie wisse, was das sei, und die Kleine erwiderte: »Ja, Mami, das ist ein Plattenspieler.« Auf die Frage, wo sie so einen schon gesehen hatte, kam die Antwort: »In der C-Street. Wir hatten einen in den Dreißigerjahren.« Während der nächsten zwanzig Minuten summte sie Lieder, die sie ihrer Erinnerung nach auf jenem Plattenspieler gehört hatte. Die Eltern waren von den hübschen Melodien ebenso beeindruckt wie von Nicoles gekonntem Summen. Mehrmals schwang sich ihre Stimme zu einem bewegenden Tremolo auf. Einige Tage später sagte sie, früher habe sie der Musik aus diesem alten Plattenspieler gelauscht und sei dabei eingeschlafen.

Obwohl ich Zweifel hege im Hinblick auf Nicoles Chronologie, derzufolge sie in den Dreißigerjahren ein solches Grammofon in ihrer Nähe hatte - denn zu jener Zeit war es offenbar schon passé –, ist diese Geschichte im Ganzen doch höchst bemerkenswert. Die Art und Weise, wie sie das Gerät verblüfft wiedererkannte und dann völlig eintauchte in die Musik, die aus ferner Vergangenheit zu kommen schien, ist für mich ein Beleg, dass in ihr eine Erinnerung daran geweckt wurde.

Einen Monat später sprach sie davon, wie sie aus der C-Street in ihr gegenwärtiges Leben gelange. Sie gehe einfach diese Straße hinunter und sei sogleich in einer anderen Welt, wo sie aber von etwas blockiert würde, das sie nicht durchdringen könne. Plötzlich befinde sie sich dann im Bauch ihrer Mutter - mit ihren Worten ausgedrückt: »Ich war wie ... Das ist seltsam, ich bin klein und werde bald wiedergeboren. Ich bin ein Baby. Das ist so seltsam.« Im Mutterschoß fühle sie sich sehr klein, und dort sei es dunkel und unheimlich.

Im Alter von sechs Jahren sagte sie zu Kathleen: »Mami, weißt du, als ich aus deinem Bauch geschlüpft bin, stellte sich heraus, dass dieses Leben viel lustiger und fröhlicher ist, als ich es erwartet habe.«

Als Nicole im Alter von sieben Jahren einmal ins Auto stieg, um zur Schule gefahren zu werden, hielt sie plötzlich inne, schloss die Augen und neigte den Kopf zurück. »Ich spüre, dass ein Erdbeben kommt«, sagte sie. Es werde sich nicht in ihrem Bundesstaat (dem Pazifischen Nordwesten) ereignen, aber ganz in der Nähe. Kathleen sprach darüber bei der Arbeit mit einigen Kollegen. Abends war Nicole dann überrascht, dass kein Erdbeben stattgefunden hatte. Am nächsten Tag aber eilte einer der Kollegen zu Kathleen und fragte, ob sie von dem Erdbeben der Stärke 6 letzte Nacht vor der Küste von Oregon gehört habe …

Solche Vorahnungen deuten darauf hin, dass Nicole – ebenso wie Ryan in Kapitel 5 – über mediale Fähigkeiten verfügt, weshalb sich erneut die Frage stellt, woher ihre Bilder von einem früheren Leben eigentlich kommen. Handelte es sich um Erinnerungen oder um Dinge, die sie auf übernatürliche Weise sah? Mehr noch: Könnten mediale Fähigkeiten alle zum Ausdruck gebrachten Erinnerungen an frühere Leben erklären? Da ich dieses Problem bereits in meinem ersten Buch behandelt habe, werde ich hier nicht näher darauf eingehen, sondern nur hinzufügen, dass in unseren Fällen die meisten Kinder keinerlei mediale Fähigkeiten zeigen. Nach letztem Stand erklärten lediglich sechsundzwanzig Prozent der Familien, dass ihr Kind neben den Erinnerungen an ein vergangenes Leben außersinnliche Wahrnehmungen habe, die bei fast drei Vierteln nur schwach ausgebildet sind. Wenn demnach solche Erinnerungen Ausdruck medialer Fähigkeiten sind, so beschränken diese sich seltsamerweise meistens auf die Erinnerungen an eine bestimmte verstorbene Person.

Ein Feuer auf der C-Street, 2. Teil

Ich sandte den obigen Abschnitt an Kathleen, damit sie etwaige Fehler korrigieren könne. Daraufhin schrieb sie zurück, Nicole - inzwischen sieben Jahre alt - habe den Ausdruck der Seiten sofort an sich genommen und den Text laut vorgelesen. Beim Anblick des Titels *Ein Feuer auf der C-Street* schrie sie: »Ja, genau so wird's buchstabiert!« Während die Familie weiterlas, gab das Mädchen kurze Kommentare ab, aber keinen, der tief empfunden schien - bis sie zu der Stelle kam, wo Virginia City genannt wurde. Nicole griff nach dem Papier und sagte: »Lass mich mal sehen. Was hast du gesagt, wo liegt das?« Kathleen erwiderte: »In Nevada.« Nicole wiederholte den Namen des Bundesstaats und rief: »Nevada, das ist's! Das ist's! Es ist Nevada! Wir müssen nach Nevada!« Ihre Mutter versuchte, sie davon abzubringen, aber die Kleine ließ nicht locker und erklärte: »Mami, das ist's, das ist's!«

Nicoles Reaktion überraschte mich, weil sie nun von der Stadt selbst und nicht mehr von der C-Street sprach. In Anbetracht ihrer Bestätigung schlug ich vor, dass wir alle nach Virginia City fahren sollten, um der Sache auf den Grund zu gehen. Mit vier Flugtickets würde das eine kostspielige Angelegenheit, doch dank einer großzügigen Spende, die unser Institut wenige Monate zuvor erhalten hatte, verfügten wir über die dafür notwendigen Mittel.

Kathleen zögerte zunächst, hieß dann aber die Gelegenheit willkommen, falls die Entwicklung ihrer Tochter dadurch günstig beeinflusst werde. Ich teilte ihr mit, dass wir so bald wie möglich aufbrechen sollten, da die Erinnerungen der von uns untersuchten Kinder mit zunehmendem Alter gewöhnlich verblassen. Außerdem erörterten wir sowohl die positiven als auch eventuelle negative Auswirkungen der Reise auf Nicole. Im Gespräch untereinander waren Kathleen und Lynn unschlüssig, aber Nicole bestand auf der gemeinsamen Unternehmung und sagte zu ihrer Mutter: »Mami, vor was habt ihr denn Angst? Was soll schon passieren eurer Meinung nach?« Kathleen gab ihrer Befürchtung Ausdruck, dass die C-Street bestimmt nicht mehr so sei, wie Nicole sie erinnere, worauf diese erwiderte, das könne durchaus sein, jedoch wiederholte, dass sie dorthin müsse.

So fuhren wir schließlich nach Virginia City. Unsere Korrespondenz fand über den Sommer statt, und obwohl es sinnvoll war, vor Beginn des neuen Schuljahres zu reisen, ist August nicht unbedingt der angenehmste Monat für einen Besuch in Nevada. Die Reise lieferte zwar keine handfesten Beweise, hatte aber auch ihre interessanten Seiten.

Ich begegnete Nicole und ihren Müttern am Flughafen von Reno, wo unsere Maschinen zur gleichen Zeit hätten landen sollen. Doch infolge eines technischen Problems, das die Bereitstellung eines anderen Flugzeuges erforderte, startete mein Anschlussflug mit großer Verspätung. So traf ich erst mehrere Stunden nach ihnen in Reno ein, wo die drei gezwungen waren auszuharren. Nicole und Kathleen, die die Wartezeit für ein langes Nickerchen nutzten, hatten ebenso wie Lynn volles Verständnis für meine verspätete Ankunft.

Obwohl ich Nicole vier Jahre lang nicht gesehen hatte – seit sie drei war –, schien sie sich an mich zu erinnern. Nach ihrer anfänglichen Schüchternheit war sie sehr freundlich und offen. Wir holten den Mietwagen ab und fuhren dann auf ziemlich kurvenreicher Straße nach Virginia City. Während der Fahrt auf dem Asphalt sagte Nicole irgendwann: »Als ich früher hier wohnte, gab es diese schwarzen Straßen nicht.« Wegen der Flugverspätung erreichten wir unser Ziel erst am Ende des Tages. Da der ganze nächste Tag für unsere Erkundungen zur Verfügung stand, aßen wir einfach nur zu Abend und legten uns anschließend schlafen. Unser Gasthaus bestand aus drei verschiedenen Gebäuden, von denen zumindest eines vor der Feuersbrunst im Jahre 1875 errichtet worden war. Doch das Mädchen zeigte keine besondere Reaktion.

Am nächsten Morgen war es Zeit, mit unserer Erkundung zu beginnen. Wir hatten Nicole erklärt, dass wir herauszufinden versuchten, ob Virginia City tatsächlich der Ort war, an den sie sich erinnerte, wobei er heute sicherlich anders aussehen würde als damals zur Zeit der Feuersbrunst. Infolge des Bergbaus hatte die Stadt im späten 19. Jahrhundert einen Boom erlebt. Zunächst hatte man nach Gold geschürft, aber als sich die Arbeiter über all den blauen Schlamm beschwerten, der an ihren Schaufeln klebte und zum Teil für die Pflasterung der Straßen verwendet wurde, machte jemand die Entdeckung, dass die blaue Farbe vom Silber im Boden herrührte. Daraufhin wurde der Abbau des glänzenden Metalls mit großem Eifer vorangetrieben. Diese Tage sind jedoch längst vergangen – die Stadt zählt heute weniger als tausend Einwohner. Dennoch ist sie weiterhin eine Attraktion für Touristen, und einige Leute haben sie noch im Gedächtnis als die Stadt, wo sich die Cartwrights aus der Fernsehserie *Bonanza* oft aufhielten.

Es stellte sich heraus, dass die C-Street der Dreh- und Angelpunkt von Virginia City war und ist. Wir erfuhren, dass es dort vor der Feuersbrunst kleine Häuser und Pensionen gegeben hatte, aber auch die wichtigsten Geschäfte. Wir begannen unseren Rundgang im Touristenbüro auf der C-Street. Nicole hatte oft von einer in der Nähe des Hauses gelegenen Kirche erzählt. Tatsächlich befand sich die presbyterianische Kirche ebenfalls auf der C-Street – die einzige Kirche, die den Großbrand unbeschadet überstanden hatte. Da sie nur wenige Blocks vom Touristenbüro entfernt war, gingen wir zu Fuß dorthin. Ich sah keine Möglichkeit, unsere Unternehmung zu verschleiern, und fragte Nicole also geradeheraus, ob dies die Kirche sei, an die sie sich erinnerte. Sie verneinte, der Kirchturm sei spitzer gewesen. Direkt vor der Kirche war der Turm aus ihrer Perspektive allerdings nur schwer zu erkennen. Wir überquerten die Straße, um ihn genauer in Augenschein nehmen zu können. Aus diesem Blickwinkel sagte Nicole, nicht sehr überzeugend, dass es vielleicht der sei, den sie im Gedächtnis habe.

Außerdem hatte sie erwähnt, dass die Kirche an einer Ecke lag, was in diesem Fall nicht zutraf. Bald bemerkte ich unmittelbar neben der C-Street eine große, prunkvollere katholische Kirche mit hohem Kirchturm. Als wir uns ihr näherten, sagte Nicole: »Die haben gut daran getan, sie zu renovieren. Sie sieht fast so aus wie früher.«

Nach dem Rundgang kehrten wir zu der Kirche zurück. Nicole hatte ihren Eltern berichtet, dass ihr Vater in einer Kirche geheiratet habe, die einen ganzen Block einnahm. Diese war in der Tat ein mächtiges Bauwerk. Zudem hatte die Kleine beschrieben, wie er bei einer Hochzeit in einem schwarzen Anzug tanzte, und ihre Eltern glaubten, sie spräche über die Hochzeit mit ihrer Stiefmutter.

Wir betraten die Kirche und den beeindruckenden Altarraum. Uns wurde mitgeteilt, das Innere aus Holz sei den Flammen zum Opfer gefallen, aber die Außenwände seien noch die ursprünglichen von 1868. Nicole hatte mehrmals von einer Kirche gesprochen, die in der Nähe ihres Zuhauses an einer Ecke lag und beim Großbrand nicht zerstört wurde. Es war nicht klar, ob sich ihre Beschreibungen auch auf die Kirche bezogen, in der ihr Vater getraut wurde, aber auf diese hier schienen die übrigen Details durchaus zuzutreffen.

Allerdings reagierte Nicole in keiner Weise auf den Ort. Im Innern fragte ich sie, ob das die Kirche sei, an die sie sich erinnerte, doch es kam keine Antwort. Tatsächlich war sie während des ganzen Besuches – zumal gegenüber den Eltern – nicht gewillt, ihre Erinnerungen zu thematisieren.

Anschließend besuchten wir ein Museum, um die Geschichte der Stadt besser kennenzulernen. Wir erfuhren, dass die Stollen der Bergwerke mit speziellen Holzrahmen abgestützt wurden, um Einstürze zu verhindern. Dadurch entstand ein gewaltiger Bedarf an Bauholz, aber um Virginia City gab es keine Wälder.[3] Infolgedessen wurden Sägemühlen bei den Wäldern errichtet, von wo man das Holz dann zu den Minen beförderte. Kanäle wurden gegraben, auf denen die Baumstämme zur Stadt trieben. Der größte Kanal war fast vierzig Kilometer lang, und bis 1879 durchzogen Kanäle mit einer Länge von 130 Kilometern die Sierra Nevada. In jenem Jahr wurden über zehn Millionen Meter Holz auf dem Wasser transportiert. Im Museum sahen wir Abbildungen von einer Sägemühle und einem großen Kanal. Daher traf Nicoles Aussage über ihren Vater, der Baumstämme auf dem Wasser treiben ließ, auf Virginia City viel eher zu als auf die meisten anderen Orte. Ein seltsames Detail, das jedoch der Gegend angemessen war.

Ein weiteres stimmiges Detail hing mit Pferden zusammen. Nicole hatte von Pferden geredet, die durch die Stadt trabten und auch in ihren Hof kamen. Manche Jungen jagten ihnen hinterher und versuchten aufzuspringen, um sie zu reiten. Das erschien Kathleen so abwegig, dass sie es nicht weiter beachtete. Doch wir hörten, dass wilde Pferde seit langer Zeit im Umland gewesen waren und bis zum heutigen Tag hier anzutreffen sind. Tatsächlich sahen wir eines, das durch die Straßen trottete.

Ein weiteres Detail, das Nicole genannt und ich fast schon verworfen hatte, war ein Name: »O'Manny«. Das klang für mich nach einer Erfindung, aber Nicole versicherte, so habe ein neben ihrem Haus wohnender Freund geheißen. Kathleen entdeckte im Internet, dass der irische Familienname O'Mahony wie O'Manny ausgesprochen wird. (Außerdem erfuhr ich später, dass eine Person im Reality-TV Ommanney hieß, genauso wie der britische Admiral Erasmus Ommanney.) In Virginia City lebte eine große irische Gemeinde, was auch zu einer Bemerkung Nicoles passte, die sie in jüngeren Jahren gemacht hatte. Sie sagte nämlich, ihre Schwester habe ihr beigebracht, wie man sich schminke und wie man Hooley tanze. Zwar wussten weder Kathleen noch ich, was ein Hooley ist, aber diesen irischen Begriff definiert das Oxford English Dictionary als »lärmendes Fest«. Eine andere Quelle spricht von einem Abend mit traditioneller Musik und Tanz.[4]

So beschlossen Kathleen und ich, auf dem irischen Friedhof nach O'Mahonys zu suchen. Zunächst hatte ich vorgeschlagen, Nicole mitzunehmen und zu sehen, ob irgendein Name ihr bekannt vorkäme. Dagegen sträubte sie sich jedoch, und nach dem Besuch des Friedhofs war ich froh, dass Nicole so reagiert hatte. In der brütenden Augusthitze Nevadas gingen wir an zahlreichen Gräbern vorbei, um zur irischen Sektion zu gelangen. Dort erblickten wir unregelmäßig verteilte Gräber auf unebenem Grund, von denen einige schwer zu erreichen waren und andere völlig vernachlässigt schienen. Nachdem wir keinen einzigen O'Mahony entdeckt hatten, waren wir erleichtert, nach der langen Suche bei brütender Hitze mehr oder weniger unversehrt zum Wagen zurückzukehren.

Während der gesamten Reise war Nicole eine bezaubernde und glückliche Siebenjährige. Allerdings zeigte sie keine emotionale Reaktion auf die Umgebung, obwohl diese natürlich zum großen Teil anders aussah als vor über hundert Jahren. Wir konnten keinen eindeutigen Beweis dafür finden, dass Virginia City der Ort ihrer Erinnerung war. Er entsprach zwar auf ziemlich verblüffende Weise einigen ihrer Aussagen, aber vollständige Gewissheit war nicht zu erlangen. Nicole hingegen hegte keine Zweifel dieser Art und ließ am Ende der Reise ihren Gefühlen freien Lauf. Kathleen zufolge brach sie plötzlich in Tränen aus, als die Maschine von Reno abflog, und sagte: »Ich will nicht weg von hier. Das war mehr als nur eine Reise.« Ihre Mutter fragte, ob sie wirklich glaube, dass Virginia City ihre frühere Heimat war, worauf Nicole erwiderte: »Nein, ich *weiß* es ganz bestimmt.«

Obwohl keiner der in diesem Kapitel geschilderten Fälle zur Identifizierung der früheren Person führte, sind sie doch allesamt gute Beispiele für das Phänomen der Wiedergeburt. Es geht nicht um ein paar seltsame Dinge, die an fernen Orten geschehen sind, nein, die hier behandelten Fälle haben sich in typischen amerikanischen Familien zugetragen, von denen die meisten behaupteten, nicht an frühere Leben zu glauben, bis dann die Kinder von ihren Erinnerungen zu erzählen begannen. Und dabei handelt es sich nur um die Spitze des Eisbergs, da uns eine Reihe weiterer Familien von ähnlichen Ereignissen berichtet haben. Auch wenn sie darüber kaum in der Öffentlichkeit sprechen, sind diese Vorgänge doch nicht zu leugnen.

In meiner Praxis behandelte ich einmal einen Jungen, der unter einer Aufmerksamkeitsdefizit- beziehungsweise Hyperaktivitätsstörung litt. Später erfuhr ich, dass seine Eltern zuvor bereits Ian kontaktiert hatten, weil der Junge über ein früheres Leben sprach. Das hatten sie mir, dem behandelnden Psychiater, verschwiegen, weshalb ich davon ausgehe, dass sie es auch vor anderen Leuten geheim hielten. In manchen Fällen haben die Eltern nicht einmal den Großeltern des Kindes über dessen Aussagen berichtet, denn in unserer Kultur mögen diese ziemlich seltsam klingen. Selbst wenn Sie also nie davon erfahren, haben Ihre Nachbarn, Kollegen oder fernen Verwandten vielleicht ein Kind, das über ein vergangenes Leben spricht. Das muss nicht heißen, dass die genannten Details tatsächlich auf eine verstorbene Person zurückgeführt werden können. Doch nachdem ich eine solche Geschichte nach der anderen gehört habe, bin ich zu der Überzeugung gelangt, dass wir derartige Berichte ernst nehmen sollten.

Geist triumphiert über Materie

Nach dem Studium meiner Fälle und der Untersuchungen von Ian bin ich zu dem Schluss gekommen, dass einige kleine Kinder tatsächlich über Erinnerungen und Gefühle verfügen, die von einer verstorbenen Person stammen. Wie soll ein vernünftig denkender Mensch sich darauf einen Reim machen? Etwas Außergewöhnliches scheint zu geschehen, aber inwiefern kann die Vorstellung von früheren Leben zusammenpassen mit der Wissenschaft und all dem, was wir durch die wissenschaftliche Methode gelernt haben?

Die Antwort liegt in der Einsicht, dass die Wissenschaft nicht nur den wissenschaftlichen Materialismus beinhaltet – die Auffassung also, unsere Welt bestehe allein aus physischer Materie. Auf der Grundlage dieses Materialismus würden die meisten etablierten Wissenschaftler die Wiedergeburt mit dem Argument verneinen, dass kein Teil von uns nach dem Tod des Körpers weiterleben kann. In dem Maße jedoch, wie ich das heutige wissenschaftliche Weltbild näher erforschte, reifte in mir die Einsicht, dass sich die Sache eigentlich weitaus komplexer verhält.

Die im Laufe der letzten hundert Jahre gemachten Entdeckungen in der Physik – zumal der Quantenphysik oder Quantenmechanik, die sich der Erforschung der kleinsten subatomaren Teilchen widmet – haben gezeigt: Dieses Universum ist komplizierter, als es den Anschein hat. Sie bestärken mich in der Ansicht, dass ein Bewusstsein jenseits der materiellen Welt existiert. Mittlerweile glaube ich, dass das Körperliche aus dem Geistigen hervorgeht, das heißt: Die körperliche Welt wird geschöpft aus etwas, das man sich als Intellekt, Bewusstsein oder

Geist vorstellen kann. Damit sind unsere Fälle, in denen Kinder sich möglicherweise an frühere Leben erinnern, durchaus vereinbar mit einem neuen Verständnis von Wissenschaft – und vom Dasein selbst.

Die materialistische Anschauung, praktisch zum Synonym der modernen Wissenschaft geworden, wird von vielen ihrer Vertreter nicht infrage gestellt. Sie stufen die Religion auf einen überholten Volksglauben herab und das Bewusstsein auf ein bloßes Produkt des physischen Gehirns. Jede Betrachtung des Nichtkörperlichen läuft Gefahr, in das Reich der Feen oder Kobolde verbannt zu werden.

Die moderne Wissenschaft war sich dieser materialistischen Ausrichtung jedoch nicht immer so sicher. Isaac Newton zum Beispiel, einer ihrer Begründer, schrieb zahlreiche religiöse Traktate. Alfred Russel Wallace, neben Charles Darwin der Mitentdecker der Theorie über die natürliche Selektion, war beeindruckt von Séancen, denen er beiwohnte, und verteidigte öffentlich den Spiritismus. Zahlreiche andere Wissenschaftler wären zu nennen, die für religiöse oder spirituelle Ideen offen waren. Entscheidend ist, dass die gegenwärtige, von der etablierten Wissenschaft präsentierte Weltsicht, es gebe nur das physische Universum, in Widerspruch steht zu den Auffassungen etlicher anerkannter Wissenschaftler.

Solche Überzeugungen werden heute von einer Minderheit im Wissenschaftsbetrieb auch weiterhin insgeheim vertreten. Eine kürzlich durchgeführte Untersuchung ergab, dass drei Viertel der Wissenschaftler an erstklassigen amerikanischen Forschungseinrichtungen sich als spirituell bezeichnen, wobei viele diesen Begriff von »religiös« unterscheiden. Sogar zwanzig Prozent der atheistischen Wissenschaftler betrachteten sich als »spirituelle Atheisten«.[1] Oft neigen die religiös gesinnten Wissenschaftler auf den verschiedenen Gebieten dazu, ihren

Glauben – oder in manchen Fällen ihre abweichenden Überzeugungen – von ihren wissenschaftlichen Perspektiven zu trennen und für sich zu behalten.

Aber es gibt Ausnahmen. Francis S. Collins, jener Genetiker, der das Humangenomprojekt leitete und jetzt Direktor der Nationalen Gesundheitsinstitute der Vereinigten Staaten ist, schrieb ein Buch mit dem Titel *The Language of God: A Scientist Presents Evidence for Belief*[2] (Die Sprache Gottes: Ein Wissenschaftler präsentiert Beweise für den Glauben), worin er den Einklang zwischen Wissenschaft und religiösem Glauben befürwortet. Brian Josephson wiederum, Nobelpreisträger für Physik, verursachte eine Kontroverse, weil sein Beitrag in einer Broschüre zur Briefmarkenserie anlässlich des hundertsten Jubiläums der Nobelpreise die Aussage enthielt, dass gewisse Entwicklungen »vielleicht zu einer Erklärung von Prozessen – etwa der Telepathie – führen, die von der traditionellen Wissenschaft weiterhin nicht verstanden werden«.[3]

Die meisten etablierten Wissenschaftler scheinen sich nicht oder nur vage darüber klar zu sein, dass wesentliche Entdeckungen in der Physik den Materialismus inzwischen widerlegt haben. Wenn man dem Bewusstsein oder der Spiritualität einen besonderen Platz zuerkennt, können diese Aspekte integriert werden in ein umfassendes Verständnis, das die durch wissenschaftliche Analyse gewonnenen Erkenntnisse mit beinhaltet. Die Leitsätze der Quantenmechanik haben viele Grundlagen dessen erschüttert, was wir zu wissen meinten.

Da die Entdeckungen Newtons und anderer Pioniere der klassischen Physik die meisten Vorgänge in der Welt so gut erklärten, war der Schluss nur logisch, dass sie genügten, um alles zu verstehen – vom kleinsten Partikel bis zur größten Galaxie. Dann kam die Relativitätstheorie und, mit vielleicht noch mehr Macht, das überlieferte Weltbild zu erschüttern, die Quantenmechanik. Henry Stapp, Physiker am Lawrence Berkeley National Laboratory, umschrieb diese Entwicklung mit den Worten: »Seit fast einem Jahrhundert wissen wir, dass diese theoretische Schöpfung des menschlichen Geistes namens ›klassische Physik‹ eine Erfindung unserer Einbildungskraft ist.«[4] Die klassische Physik stellt eine Annäherung an die Wirklichkeit dar und ist in den meisten Fällen derart genau, dass sie für all unsere praktischen Zwecke ausreicht. Doch obwohl sie fast immer funktioniert, mögen die Folgerungen, die wir aus ihr ziehen, verkehrt sein. Und tatsächlich wird man sehen, dass eine davon – der Materialismus – sich mittlerweile als falsch erwiesen hat.

Ihm zufolge ist das Universum vor etwa 13,8 Milliarden Jahren entstanden. Gemäß der Urknall-Theorie ging die gesamte, heute vorhandene Materie und Energie aus einem singulären Punkt hervor, dehnte sich dann immer weiter aus, um das weiter expandierende Universum zu erschaffen. Nach ungefähr 300 000 Jahren bildeten sich Wasserstoff- und Heliummoleküle und weitere 300 000 Jahre später Materieklumpen, die sich allmählich zu Galaxien verdichteten. Unsere Sonne entstand vor etwa 4,5 Milliarden Jahren, und darauf folgten die Planeten.

Offenbar entwickelten sich vor eineinhalb bis zwei Milliarden Jahren eukaryotische Zellorganismen, mit denen das mehrzellige Leben begann. Komplexere Organismen nahmen Gestalt an und führten schließlich zu der Vielfalt von Pflanzen und Tieren, die wir kennen. Menschen waren das zufällige Ergebnis natürlicher Selektion. Während ihr Gehirn sich ausformte, wuchsen die Frontallappen und konstituierten das Bewusstsein. Als bewusste Beobachter waren und sind wir imstande, die Welt zu untersuchen und zu verstehen, wie sie entstanden ist.

Ich bin jedoch zur Überzeugung gelangt, dass diese Geschichte an zentraler Stelle unvollständig ist. Das Bewusstsein ist nicht bloß ein zufälliges Nebenprodukt der Evolution. Der logische Schluss aus verschiedenen Entdeckungen in der neuen Physik legt nahe, dass Bewusstsein das Universum überhaupt erst erschafft und dass dessen schöpferischer Prozess sich weiterhin in jedem Augenblick vollzieht. Max Planck, einer der Begründer der Quantentheorie, sagte sinngemäß: »Ich erachte das Bewusstsein als fundamental und die Materie als abgeleitet aus dem Bewusstsein. Wir können nicht hinter das Bewusstsein gelangen.«[5]

Diese radikale Umorientierung rührt nicht zuletzt aus dem sogenannten Messproblem, auf das die Quantenmechanik aufmerksam gemacht hat. Jene unscheinbare Bezeichnung umschreibt eine Herausforderung, die unser Verständnis von der Welt bis ins Innerste erschüttert. Demnach existieren nämlich Teilchen auf der Quantenebene weniger als feste Objekte und eher als Wahrscheinlichkeitswellen. Erst wenn ein Objekt gemessen wird, kollabiert seine Wahrscheinlichkeitswelle, wodurch dann ein eindeutiges Ergebnis zustande kommt.

Die Einsicht, welch wichtige Rolle diese Messung – oder genauer die Beobachtung – spielt, kann ein neues Wissen von der wahren Natur der Welt zeitigen, das sowohl genauer wie auch wunderbarer ist als die frühere mechanistische Anschauung. Um dahin zu gelangen, muss ich einen Umweg über die Quantenphysik machen, die meines Erachtens tiefe Einblicke in das Reich des Geistigen und das Wesen der Wirklichkeit gewährt. Trotz des schwierigen Geländes werden Sie sehen, dass das Ziel die Reise lohnt.

Das Wahrscheinliche ins Tatsächliche verwandeln

In der Quantenphysik wird häufig auf das sogenannte Doppelspaltexperiment hingewiesen, das ich in meinem ersten Buch kurz behandelt habe.[6]

Bei diesem Experiment gibt es eine Lichtquelle sowie eine fotografische Platte, die das emittierte Licht abbildet. Zwischen ihnen befindet sich eine Blende, die das Licht fernhält. Schneidet man in die Blende einen Spalt, damit das Licht passieren kann, zeichnet sich – gemäß der Position des Spaltes – auf der fotografischen Platte ein unscharfes Muster ab.

Was passiert nun, wenn man in die Blende einen zweiten Spalt schneidet? Man könnte meinen, es würden zwei unscharfe Muster entstehen, die den beiden Spalten entsprechen, aber dem ist nicht so. Stattdessen scheint das Licht die Spalten als Wellen zu passieren – es erzeugt auf der fotografischen Platte ein Interferenzmuster abwechselnd heller und dunkler Bänder. Die Analogie dazu wäre, dass man zwei große Objekte in einen See wirft. Wo die dadurch ausgelösten Wellen aufeinandertreffen, entsteht ein Berg. Wenn hingegen zwei Täler sich verbinden, kommt es zu einer umso ausgeprägteren Vertiefung, während ein Berg und ein Tal sich gegenseitig aufheben.[7] Im Doppeltspaltexperiment geht es nicht um Wasserwellen, sondern um Lichtwellen, die aus den Spalten kommen, miteinander interferieren und jene helldunklen Muster hervorrufen.

Manchmal verhält sich das Licht, als wäre es aus Teilchen zusammengesetzt, den sogenannten Photonen, dann wieder verhält es sich wie Wellen. Genau das ist der springende Punkt beim Doppelspaltexperiment. Denn was geschieht, wenn man das Licht so stark dämpft, dass jeweils nur noch ein Photon die

Blende passiert? Es bildet sich weiterhin eine Art Interferenzmuster. Der britische Physiker und Nobelpreisträger Paul Dirac schrieb dazu: »Dann interferiert jedes Photon nur mit sich selbst.«[8] Es ist, als hätte das Photon sich für keinen Spalt entscheiden können, und so passiert es beide gleichzeitig.

Falls Sie meinen, diese Ergebnisse seien einfach bedingt durch die seltsame Beschaffenheit des Lichts, seinen Welle-Teilchen-Dualismus, sollten Sie wissen, dass das Doppelspaltexperiment mittlerweile mit Elektronen durchgeführt wurde – ebenso mit Neutronen, Atomen und sogar größeren Molekülen.[9] Nicht allein das Licht, sondern auch die eigentliche Materie verhält sich wie Wellen, scheint an zwei Orte gleichzeitig zu streben und mit sich selbst zu interferieren.

Der berühmte Physiker Richard Feynman sagte, das Doppelspaltexperiment sei »unmöglich, *absolut* unmöglich durch irgendeine klassische Methode zu erklären« und »trage in sich den Kern der Quantenmechanik«.[10] Ich hoffe, damit gezeigt zu haben, wie merkwürdig diese Ergebnisse sind. Teilchen verhalten sich wie Wellen und sind an zwei Orten gleichzeitig. Aber was sind das für Wellen? Es sieht danach aus, als sollte die gesamte Materie als Konglomerat von Wahrscheinlichkeitswellen aufgefasst werden.

Die meisten von uns haben im Physikunterricht gelernt, dass Atome, die Grundbausteine des Universums, aus Elektronen bestehen, die wie kleine Billardkugeln einen Kern aus Protonen und Neutronen umkreisen. Quantenphysiker hingegen teilen uns mit, dass Elektronen gewissermaßen als »Wahrscheinlichkeitsflecke« zu betrachten sind, deren Orte eher potenziell denn definitiv sind. So seltsam es scheinen mag, aber erst wenn ein Elektron gemessen wird, verwandelt sich sein Fleck in einen bestimmten Punkt.

Im Doppelspaltexperiment können die Photonen gezwungen werden, sich zu entscheiden und den einen *oder* den anderen Spalt zu passieren. Wenn man Sensoren aufstellt, um sie auf ihrer Reise zu beobachten, sieht man jedes Photon nur durch einen Spalt gehen. Das Interferenzmuster auf der fotografischen Platte verschwindet, und man erhält stattdessen zwei unscharfe Muster entsprechend den beiden Spalten. Die Beobachtung führt zu *einem* exakten Ergebnis, nicht zu den zwei potenziellen Ergebnissen wie zuvor.

Ebenso mag man ein Teilchen auf einer der zwei Bahnen reisen lassen, wobei die Chance, dass es dann jede der beiden einschlägt, fünfzig zu fünfzig steht. Bevor jemand mithilfe eines Messgeräts nachschaut, welche Bahn es wählt, kann man der Quantentheorie zufolge nur sagen, dass es beide Möglichkeiten hat. Der gesunde Menschenverstand würde behaupten, es wählt eine Bahn – doch welche das ist, wissen wir erst, wenn jemand sie überprüft. Auf der Quantenebene führt der gesunde Menschenverstand oft in die Irre, denn vor der Messung bewegt sich das Teilchen eigentlich auf keiner Bahn. Es existiert lediglich als Welle, mit einer Wahrscheinlichkeit von fünfzig zu fünfzig, dass es jede der beiden Bahnen einschlägt.

Wenn Licht und Materie vor irgendeiner Art von Messung nur als Wahrscheinlichkeitswellen existieren, stellt sich die Frage, was das für die Lebenswirklichkeit bedeutet. Werner Heisenberg, einer der Begründer der Quantenphysik, erklärte: »Die Atome oder Elementarteilchen selbst sind nicht so real [wie irgendwelche Phänomene im täglichen Leben]; sie bilden eher eine Welt der Potenzialitäten oder Möglichkeiten als eine der Dinge oder Tatsachen.«[11] Und er fährt fort: »Der Übergang vom ›Möglichen‹ zum ›Wirklichen‹ findet also während des Beobachtungsaktes statt.«[12] Mit anderen Worten: Die Messung bewirkt, dass eine der beiden Möglichkeiten – oder in anderen

Situationen eine von vielen Möglichkeiten – zur sichtbaren Wirklichkeit wird. Sie erzeugt etwas, das in dieser Form zuvor nicht bestanden hat.

Durch die Entdeckungen im Rahmen des Doppelspaltexperiments hat sich die Vorstellung durchgesetzt, dass sich ein Teilchen gleichzeitig in zahlreichen, einander überlagernden Zuständen befindet. Das betrifft nicht nur seinen Ort, sondern auch andere Eigenschaften wie Geschwindigkeit und Spin. In all diesen Bereichen gibt es vielfältige Möglichkeiten. Heisenberg nannte die potenziellen Ergebnisse *potenti*[13], und sämtliche *potentia* machen zusammen eine Wahrscheinlichkeitswelle aus. Ein Photon kann den einen oder den anderen Spalt durchqueren – beide Möglichkeiten koexistieren, sind Bestandteile vieler sich überlagernder Möglichkeiten. Sobald man ein Photon oder ein Elektron wahrnimmt, reduziert sich die Wahrscheinlichkeitswelle auf jenes eine Ergebnis, das beobachtet wird. Erst durch die Messung kollabieren die verschiedenen Möglichkeiten zu der einen Wirklichkeit, und deshalb sprechen die Quantenphysiker hier vom »Kollaps der Wellenfunktion«.

Messung oder Beobachtung?

Wenn eine Messung ein Ergebnis zeitigt, ist es dann die Veränderung im Messinstrument, welche die Wellenfunktion kollabieren lässt, oder die Beobachtung des Wissenschaftlers? Über diese Frage dachte insbesondere John von Neumann nach, ein hervorragender Mathematiker und Autor des Buches *Mathematische Grundlagen der Quantenmechanik*.[14] Wie der Titel besagt, liefert es präzise mathematische Beweise für die Theorie der Quantenphysik. Der Physiker Nick Herbert bezeichnet das Buch als die »Quantenbibel«[15] – mit dem Argument, dass es wie die meisten heiligen Texte von vielen verehrt, aber nur von wenigen gelesen wird (vielleicht weil es angefüllt ist mit einer unerhörten Menge von mathematischen Gleichungen).

In seinem Buch erörtert von Neumann die These, wie die Versuchsanordnung in zwei Bereiche unterteilt werden muss – in das Beobachtungssystem einerseits und den Beobachter andererseits.[16] Er zeigt, dass man diese Trennung an verschiedenen Stellen vornehmen kann. Ob das Messinstrument als Teil des Beobachtungssystems aufgefasst wird oder als Teil des Beobachters, das mathematische Ergebnis ist das gleiche. Die Veränderungen in der Netzhaut des Beobachters, der auf das Messinstrument blickt, können als Teil des beobachteten Systems verstanden werden – ebenso wie die chemischen Veränderungen in seinen Gehirnzellen, denn es zählt allein das »abstrakte Ego[17] des Beobachters. Dieses ist sein wesentlicher Teil oder das »intellektuelle innere Leben des Individuums«[18] in jener Wechselbeziehung zwischen ihm und dem beobachteten System, die Ereignisse in der Welt verursacht. Zusammengefasst heißt das: Bei der Messung kommt tatsächlich erst dann ein Ergebnis zustande, wenn ein physisches Signal im Gehirn zu einer Erfahrung im menschlichen Bewusstsein wird.[19]

Einen weiteren Zugang zu dieser Frage eröffnete der deutsche Physiker Mauritius Renninger. Er erfand ein Gedankenexperiment, das darin besteht, aus einem negativen Ergebnis auf die vorrangige Bedeutung der Beobachtung zu schließen.[20] Dazu ein stark vereinfachtes Beispiel: Stellen Sie sich vor, ein Experiment durchzuführen, in dem ein Photon eine von zwei Bahnen einschlagen kann, und das Messinstrument auf einer der beiden angebracht wird, um festzustellen, ob sich das Photon dort entlangbewegt. Kann das Gerät es auf dieser Bahn nicht orten, muss das Photon die andere genommen haben. Bei der Untersuchung dieser Versuchsanordnung entdeckten Renninger und andere Forscher, dass die Beobachtung der Abwesenheit eines Photons auf der einen Bahn die Wellenfunktion ebenso kollabieren lässt, wie es durch die Beobachtung seiner Anwesenheit auf der anderen Bahn geschehen würde. Da eigentlich nichts gemessen und nur eine Abwesenheit beobachtet wird, ist also die Beobachtung selbst – und nicht die Messung – der entscheidende Vorgang beim Kollaps der Wellenfunktion. Dieses Phänomen kommentierte der Physiker Richard Conn Henry von der Johns Hopkins University in der Zeitschrift *Nature* folgendermaßen: »Die Wellenfunktion kollabiert einfach dadurch, dass der menschliche Geist nichts sieht.« Und daraus wiederum zog er den Schluss: »Das Universum ist gänzlich mental«.[21]

Experimentelle Beweise auf dieser Ebene kamen auch aus der Parapsychologie. Forscher haben Geräte verwendet, die als Zufallszahlengeneratoren oder Zufallsereignisgeneratoren bezeichnet werden und ihren Output nach völlig zufälligem Muster produzieren.[22] Ein solches Gerät kann zum Beispiel eine Serie grüner oder roter Lichtblitze aussenden. Die Wahrscheinlichkeit, dass ein Blitz jeweils grün oder rot ist, beträgt demgemäß fünfzig Prozent. In den Tests versuchen dann die Probanden, mittels ihrer Gedanken den Output in der einen oder anderen Richtung zu ändern, sodass mehr grüne beziehungsweise mehr rote Blitze erzeugt werden, als man aufgrund der Wahrscheinlichkeit erwarten würde. Eine beträchtliche Sammlung von Daten zu derartigen Experimenten belegt, dass die bewusste, zielgerichtete Bemühung tatsächlich eine leichte und doch bedeutsame Abweichung im Output der Geräte bewirken kann, wodurch er dann nicht mehr zufällig ist.

Der deutsch-amerikanische Physiker und Parapsychologe Helmut Schmidt ging noch einen Schritt weiter, um herauszufinden, ob die bewusste Bemühung auch dann nicht zufällige

Resultate herbeiführen kann, wenn sie erst *nach* deren Aufzeichnung einsetzt.[23] Die fünf Versuche, die er anstellte, lieferten die Bestätigung, dass dem so ist, und zwar mit einer Wahrscheinlichkeit von 8000 zu 1. Er zeichnete zufällige Ereignisse wie grüne oder rote Lichtblitze auf und speicherte die Sequenz auf einer Diskette. Tage oder Monate später wurde diese Sequenz auf einem Computer gezeigt, während einige Testpersonen auf mentalem Wege versuchten, eine der beiden Farben häufiger aufblitzen zu lassen. Solange niemand die Aufzeichnungen im Voraus überprüfte, konnten die bewussten Bemühungen der Testpersonen die Ergebnisse dahingehend beeinflussen, dass diese nicht mehr zufällig waren und eine Farbe öfter auftauchte als der Wahrscheinlichkeit nach. Dieser Erfolg der Testpersonen legt den Schluss nahe: Der Kollaps der Wellenfunktion trat nicht ein, als die Lichtblitze vom Aufnahmegerät erfasst wurden, sondern erst dann, als man die Aufzeichnungen später beobachtete. Der französische Physiker Olivier Costa de Beauregard schrieb, die Experimente »könnten eine wissenschaftliche Revolution ankündigen, ähnlich der von der rotierenden Erde«.[24]

Renningers Experimente zeigen also, dass durch Beobachtung die Wellenfunktion kollabieren kann, auch wenn kein physischer Vorgang gemessen wird. Schmidt wiederum wies nach, dass nicht die Wechselbeziehung mit einem Aufnahmegerät diesen Kollaps bewirkt; er ereignet sich erst, wenn das Ergebnis später beobachtet wird. Deshalb hatte von Neumann recht: Nicht die Änderung im Messgerät ist der entscheidende Faktor, sondern das Bewusstsein des Beobachters, das den Vorgang zu vollenden und aus den verschiedenen Möglichkeiten eine einzige Wirklichkeit zu erzeugen scheint.

Darüber hinaus ist es offenbar nicht die Beobachtung an sich, die ein Ergebnis bewirkt, sondern das durch die Beobachtung hervorgerufene Wissen. Indem der Beobachter in einem Experiment gemäß Renninger sieht, dass ein Teilchen sich nicht auf der einen Bahn bewegt, kann er folgern, dass es die andere eingeschlagen haben muss. Da es keine weitere Alternative gibt, »weiß« er, welche Bahn das Teilchen gewählt hat, bringt dadurch die Wellenfunktion zum Einsturz und stellt das konkrete Ergebnis her. Es beruht also nicht auf dem Akt des Messens, sondern auf dem Akt des Wissens – auf der Wechselbeziehung mit jenem »intellektuellen inneren Leben des Individuums«, das von Neumann hervorhob.

Die Welt im Großen

Wenn Sie meinen, all diese seltsamen Phänomene seien auf das winzige Reich der Quanten beschränkt, so täuschen Sie sich. Gewiss sind Sie dabei in guter Gesellschaft, da Physiker lange Zeit dachten, die Quantenmechanik beherrsche die Mikrowelt, die klassische Physik hingegen die Makrowelt. Sie gingen davon aus, dass zwischen beiden eine Art Grenze verliefe. Doch diese Auffassung ist inzwischen überholt. Nur wenige Physiker würden der klassischen Physik noch den gleichen Stellenwert einräumen wie der Quantenmechanik.[25] Jene stellt eine nützliche Annäherung dar, aber letztlich ist die Welt auf allen Ebenen aus Quanten zusammengesetzt.

Der Physiker Brian Greene hat geschrieben, die Quantenmechanik zeige, »dass das Universum auf Prinzipien gegründet ist, die aus der Perspektive unserer täglichen Erfahrung bizarr sind«.[26] Diese Prinzipien gelten zwangsläufig auch jenseits der mikroskopischen Quantenwelt, weil deren Ereignisse makroskopische Konsequenzen haben können und große Objekte vom Verhalten ihrer Quanten abhängen.

Die Wirkung der Quanten auf die Welt im Großen wird lebhaft veranschaulicht durch Schrödingers berühmte Katze.[27] Um die Abhängigkeit der Quantentheorie von Messungen ad absurdum zu führen, schlug der österreichische Physiker Erwin Schrödinger ein Gedankenexperiment vor, demzufolge eine Katze mit einem Röhrchen tödlichen Gifts, einem Hammer und einer kleinen Menge radioaktiver Substanz in ein Zimmer gesperrt wird. Ein Gerät sorgt dafür, dass der Zerfall eines einzigen radioaktiven Atoms den Hammer zu Fall bringen wird, wodurch das Röhrchen zerbricht, das Gift austritt und die Katze tötet. Die radioaktive Substanz ist so gering, dass im Laufe einer Stunde die Wahrscheinlichkeit für den Zerfall eines Atoms und die Auslösung des Mechanismus nur fünfzig Prozent beträgt.

Wird die Versuchsanordnung eine Stunde lang sich selbst überlassen, befindet sich das Atom im Zustand der Überlagerung – es ist sowohl zerfallen als auch nicht zerfallen, solange es unbeobachtet bleibt. Das würde bedeuten, dass sich die Katze ebenfalls im Zustand der Überlagerung befindet, also gleichzeitig tot und lebendig ist. Ein solches Ergebnis wünscht man sich nicht gerade für die eigene Theorie. Daraus könnte man nämlich schließen, dass die Quantenmechanik versagt, wenn Systeme größer oder komplexer werden. Doch experimentelle Entdeckungen zeigen jetzt, dass die Überlagerung tatsächlich bei makroskopischen Objekten auftreten kann. Ein im Jahr 2000 von der Zeitschrift *Nature* veröffentlichter Aufsatz belegt, dass ein Sensor namens *Superconducting quantum interference device* (SQUID, supraleitende Quanteninterferenzeinheit)[28] gleichzeitig in zwei sich überlagernde Zustände versetzt werden kann: Im einen fließt der Strom im Uhrzeigersinn, im anderen entgegen dem Uhrzeigersinn. Das führte zu Kommentaren mit Titeln wie »Schrödingers SQUID«[29], »Schrödingers Katze ist jetzt fett«[30] oder »Neues Leben für Schrödingers Katze«[31]. Die Forschungen auf diesem Gebiet sind mittlerweile so weit fortgeschritten, dass Physikern an der University of California, Santa Barbara, die Überlagerung in einem mit bloßem Auge sichtbaren Objekt gelang.[32] Nachdem *Nature* ihre Studie publiziert hatte, wurde diese von der Zeitschrift *Science* als Durchbruch des Jahres 2010 gefeiert.[33]

Quanteneffekte können sich in der Lebenswelt bemerkbar machen, selbst wenn sie nur schwer zu erkennen sind. Der österreichische Quantenphysiker Anton Zeilinger schrieb dazu: »Ein Übergang vom Quantum zum Klassischen wie vom Mikroskopischen zum Makroskopischen wird nach meiner Erwartung nicht geschehen … Es ist nur eine Frage der Fertigkeit des Experimentators und des Geldes, um das Experiment durchzuführen.«[34] Zahlreiche Experimente von Zeilinger und anderen haben bereits Quanteneffekte in zunehmend größeren Objekten nachgewiesen und scheinen deutlich zu machen, dass zwischen beiden Welten keine eindeutige Grenze besteht.[35] Die Welt auf der Quantenebene und die Welt auf der klassischen Ebene sind nicht zwei getrennte Systeme. Das Größere geht aus dem Kleinsten mit all dessen seltsamen Mustern hervor, auch wenn dies gewöhnlich nicht unmittelbar wahrnehmbar ist.

Die Vergangenheit beobachten

Die Quantenwelt kann nicht nur die Welt im Großen beeinflussen, sondern sogar die Vergangenheit. Insbesondere die Beobachtung ist notwendig, um die Vergangenheit zu bestimmen. Erinnern Sie sich an das Doppelspaltexperiment, in dem Photonen die beiden Spalten gleichzeitig passieren, wenn die Beobachtung sie nicht zwingt, sich durch den einen oder den anderen zu bewegen. John Wheeler, jener bedeutende theoretische Physiker, der neben vielen anderen Errungenschaften den schwarzen Löchern ihren Namen gab, ersann ein Gedankenexperiment, in dem das Doppelspaltexperiment in abgewandelter Form durchgeführt wird.[36] Wie zuvor werden Sensoren aufgestellt, um die Bewegung der Photonen durch die Spalten zu beobachten, ebenso aber gibt es eine Schranke, welche die Sensoren daran hindert, die Photonen und die Spalten zu »sehen«. Hebt man die Schranke, scheinen die Photonen beide Spalten gleichzeitig zu durchqueren und auf der fotografischen Platte ein Muster interferierender Wellen zu erzeugen. Senkt man die Schranke, messen die Sensoren die Photonen, die dann als diskrete Teilchen durch den einen oder den anderen Spalt gehen.

Wheeler schlug vor, dass man kurz abwartet und die Schranke senkt, nachdem die Photonen gerade die Spalten passiert haben. So würden die Sensoren die Teilchen auf ihrer weiteren Reise beobachten, während diese ihre klar umrissenen Bahnen aus dem einen oder dem anderen Spalt erzeugen. Auf diese Weise würde die Entscheidung, ob die Schranke gesenkt werden soll, festlegen, ob sich die Photonen bei der Durchquerung der Spalten wie Wellen oder wie Teilchen verhielten – wenngleich diese Entscheidung erst *danach* fiele. Folglich würde sie festlegen, welche Bahn die Photonen eingeschlagen haben, als sie *in der Vergangenheit* die Spalten durchquerten.

Ein solches Experiment der »verzögerten Entscheidung« ist inzwischen von mehreren Forschergruppen in der Praxis durchgeführt worden. Sie bestätigen, dass die spätere Entscheidung über das frühere Verhalten der Photonen bestimmt.[37]

Wheeler gab sich nicht damit zufrieden, an dieser Stelle haltzumachen, und trieb seine Ideen in fantastisch anmutende Dimensionen, als er ein ähnliches Gedankenexperiment auf galaktischer Ebene zur Diskussion stellte.[38] Stellen Sie sich einen fernen Quasar vor, der Licht emittiert. Zwischen ihm und der Erde lägen zwei große Galaxien, deren Schwerkraft das Licht auf dem Weg zur Erde krümmen würde. In dieser gigantischen Version des Doppelspaltexperiments wäre der Quasar die Lichtquelle, und die beiden Galaxien ersetzten die Spalten. Astronomen auf der Erde könnten Teleskope auf die Galaxien richten, um zu beobachten, wie Lichtstrahlen von ihnen gebeugt werden. Oder sie könnten Spiegel so aufstellen, dass die gebeugten Lichtstrahlen nicht beobachtet würden, sondern stattdessen auf ein Stück Film träfen und die bekannten, durch Wellen hervorgerufenen hellen und dunklen Bänder erzeugten, selbst wenn der Quasar so weit entfernt wäre, dass sein Licht jeweils nur mit einem Photon den Film berührte. Die alternierenden Interferenzmuster würden anzeigen, dass die Photonen anscheinend durch beide Galaxien gleichzeitig reisten, obwohl diese Lichtjahre auseinanderlägen.

Was noch verblüffender ist: Insofern diese »Versuchsanordnung« nur eine überdimensionale Vergrößerung des Doppelspaltexperiments darstellt, wären es die Handlungen der Astronomen, die darüber bestimmten, welche Bahn die Photonen einschlagen. Die Astronomen würden jedes Photon zwingen, die eine oder die andere Galaxie zu durchqueren, wenn sie es mit einem Teleskop dabei beobachteten; oder die Photonen würden sich verhalten wie Wellen, die beide Galaxien gleichzeitig passieren und auf dem Film die Interferenzmuster hervorrufen. Da jedoch der Quasar von der Erde extrem weit entfernt wäre, hätten die Photonen ihre Reise bereits Milliarden von Jahren früher begonnen.

Beobachter auf der Erde könnten also darüber bestimmen, auf welche Bahn ein Photon *vor Milliarden von Jahren* eingeschwenkt ist. Nicht weil sie Milliarden von Jahren in die Vergangenheit zurückreisen, sondern weil die Funktion der Wahrscheinlichkeitswelle für die Bahn – selbst für deren Teil in der weit entfernten Vergangenheit – nicht kollabiert, ehe eine Beobachtung durchgeführt wird. Die Wellenfunktion, bestehend aus all den möglichen Bahnen, die das Photon hätte nehmen können, existiert weiter über Milliarden von Jahren, bis eine Beobachtung sie schließlich zum Einsturz bringt und ein Ergebnis zeitigt. Mit anderen Worten: Die Geschichten der Photonen bleiben so lange unbestimmt, wie sie von Beobachtern nicht erkannt werden.

Quantenverschränkung

Ein weiteres Beispiel für das Wechselspiel von Wissen und Zeit ist das Konzept der Quantenverschränkung, ein Problem, das Physikern seit fast achtzig Jahren Rätsel aufgibt. Im Jahr 1935 war Albert Einstein keineswegs zufrieden mit der Quantentheorie, derzufolge die Eigenschaften von Teilchen lediglich potenzieller Natur sind, bis ein Ergebnis beobachtet wird.[39]

Einstein hielt das für falsch und meinte, diese Eigenschaften existierten bereits vor ihrer Beobachtung und seien nur verborgen. Zusammen mit zwei jungen Kollegen, Boris Podolsky und Nathan Rosen, veröffentlichte er einen Aufsatz, dem eine Diskussion über ihr gemeinsames Gedankenexperiment zugrunde lag, wobei Podolsky den Text schrieb. Hinterher war Einstein mit den Details des Aufsatzes nicht einverstanden, und es ist unklar, ob er die letzte Fassung überhaupt gelesen hat, bevor Podolsky sie einreichte.[40]

Dennoch hat dieser kleine, nicht ganz vier Seiten lange Traktat – ohne Anmerkungen und obwohl sein berühmter Koautor unzufrieden damit war – einen tief greifenden Einfluss auf die Entwicklung der Physik ausgeübt und wurde seither weitaus öfter zitiert als jeder andere Aufsatz von Einstein selbst.[41] Er ist bekannt unter dem Kürzel EPR, das die Initialen der Autoren wiedergibt.[42] Die Anordnung des EPR-Gedankenexperiments wird heute meist in der abgewandelten Form des amerikanischen Quantenphysikers und Philosophen David Bohm dargestellt, weil Podolskys Original den wesentlichen Punkt darin ziemlich verschleierte. In der Version von Bohm wechselwirken zwei Teilchen in einer Weise, die dazu führt, dass sie bei einer bestimmten Eigenschaft zwei gegensätzliche Ergebnisse zeitigen. Zum Beispiel ist das eine im Zustand »Spin up«, das andere im Zustand »Spin down«. Nach der Wechselwirkung bewegen sich die Teilchen in verschiedene Richtungen. Wenn jemand danach den Spin eines der beiden misst, ist der Spin des anderen automatisch bekannt, weil beide Spins einander entgegengesetzt sind.

Einstein dachte, der EPR-Aufsatz beweise, dass die Quantentheorie eine unvollständige Beschreibung der Wirklichkeit sei, denn demnach könne der Spin der Teilchen nur anhand einer Messung eindeutig bestimmt werden. Darüber hinaus besagt diese Theorie, dass ungeachtet der Entfernung zwischen den Teilchen die Messung des Spins bei dem einen bewirkt, dass der gegensätzliche Spin des anderen plötzlich in Erscheinung tritt, obwohl beide völlig voneinander getrennt sind. Die EPR-Autoren erklärten, das Experiment liefe darauf hinaus, dass die Wirklichkeit des zweiten Teilchens »vom Vorgang der Messung am ersten Teilchen abhängt, welches das zweite Teilchen in keiner Weise beeinflusst«. Daraus zogen sie den Schluss: »Man kann nicht erwarten, dass eine vernünftige Definition der Wirklichkeit dies zulässt.«

Vielleicht ist die Wirklichkeit also nicht vernünftig, wie nachfolgende Untersuchungen auch belegten. Zu dieser Erkenntnis gelangte insbesondere der nordirische Physiker John Stewart

Bell, der 1964 den EPR-Ansatz einer gründlichen Diskussion unterzog.[43] Seine Theorie beruht auf zwei Voraussetzungen. Die erste lautet, dass Objekte die Eigenschaft der Separabilität besitzen, und das heißt: Die Messung der Spinrichtung des einen Teilchens beeinflusst nicht die Spinrichtung des anderen Teilchens an einem entfernten Ort. Die zweite lautet, dass Objekte real sind: Das zweite Teilchen hatte eine vorherbestimmte Richtung, ehe das erste Teilchen gemessen wurde.[44] Bell zeigte auf mathematische Weise, dass jede Theorie, welche die Vorhersagen der Quantenmechanik übernimmt, gegen eine der beiden Voraussetzungen verstößt. Daher sei jede auf Realismus gründende Interpretation zwangsläufig »extrem nichtlokal«.[45]

Gemäß Bells Theorie wurden Experimente mit verschränkten Teilchenpaaren durchgeführt, vor allem von dem französischen Quantenphysiker Alain Aspect und seinen Kollegen.[46] Die Versuchsanordnung unterschied sich in gewissen Punkten von der David Bohms, aber die Parameter waren die gleichen. Die Ergebnisse stimmten mit der Quantenmechanik, nicht mit der lokalen Realität überein und belegten, dass der EPR-Ansatz, die Quantentheorie sei unvollständig, nicht zutrifft. Vielmehr wies er den Weg zu der Entdeckung, dass die Vorstellung von lokaler Realität falsch ist.

Bell schrieb, das Problem liege hauptsächlich in der Lokalität – darin also, dass die Messung des einen Teilchens das ferne zweite Teilchen nicht beeinflusse.[47] Doch das war nur eine der Annahmen in seiner Theorie. Die andere – dass vor jeder Beobachtung eine physische Realität existieren muss – könnte stattdessen verkehrt sein. Wenngleich solch eine Möglichkeit mit der übrigen Quantentheorie wohl eher vereinbar ist, scheint sie derart unlogisch, dass viele Experten dazu neigen, sie nicht mit einzubeziehen. Die beiden Physiker Bruce Rosenblum und Fred Kuttner sind zwar bereit, Bewusstsein mit Quantenphysik zusammenzudenken, kommentierten kürzlich jedoch Bells Theorem mit den Worten: »Unsere Welt besitzt *nicht* sowohl Realität als auch Separabilität. (Und wir geben sofort zu, nur wenig darüber zu wissen, was eine nicht reale Welt bedeuten könnte.)«[48] Dessen ungeachtet ist die nichtlokale Erklärung zuletzt in Ungnade gefallen.

2007 veröffentlichte eine Wiener Gruppe von Physikern eine Studie in der Zeitschrift *Nature.*[49] Nach Bells Grundsätzen führten sie ein Experiment durch, das in diesem Fall jedoch vor allem auf den Realismus fokussiert war, weniger auf den Aspekt der Lokalität. Sie fanden heraus, dass die bloße Annahme des Realismus – dass es eine von der Beobachtung unabhängige objektive Realität gibt – nach wie vor zu Ergebnissen führte, die nicht nur von den Vorhersagen der Quantenmechanik abwichen, sondern auch von jenen, die während des Experiments auftauchten. So widerlegten sie den Realismus, worauf die Website *Physics World* mit der Überschrift reagierte: »Quantum physics says goodbye to reality.«[50] (Die Quantenphysik verabschiedet sich von der Realität.) Die Forscher konnten nicht alle Arten nichtlokaler Theorien ausschließen, meinten aber, ihre Ergebnisse verdeutlichten, dass jede nichtlokale Erweiterung der Quantentheorie »höchst kontraintuitiv«[51] wäre. Und wer die nichtlokale Erklärung ablehne, müsse auch die objektive Realität leugnen.

Vor diesem Hintergrund lässt sich die Quantenverschränkung besser verstehen, die 1953 zuerst von Costa de Beauregard vorgeschlagen wurde.[52] Die Wechselwirkung zwischen zwei Teilchen ruft gegensätzliche Spins hervor, und ob dieser jeweils »up« oder »down« ist, weiß man erst, wenn eines der beiden in der Zukunft gemessen wird. Ja nicht nur die Spins sind unbekannt, die Teilchen sind nicht einmal real, ehe man eines von ihnen misst. Ebenso ist auch die ursprüngliche Wechselwirkung, welche die gegensätzlichen Spins verursachte, nicht real; sie bleibt eine Ansammlung geisterhafter *potentia*, bis ihre Ergebnisse bekannt sind.

Sobald der Spin eines der Teilchen schließlich beobachtet wird, tritt es in Erscheinung. Das hat zur Folge, dass auch seine vorherige Wechselwirkung mit dem zweiten Teilchen, durch die es seine Spinrichtung erhielt, deutlich wird, weil die Wechselwirkung auf besondere Weise ablaufen musste, um dieses Ergebnis zu bewirken. Aufgrund der nun genau bestimmten Wechselwirkung wird der Spin des zweiten Teilchens ebenfalls deutlich, da er bei dieser Wechselwirkung festgelegt wurde. Die Beobachtung erzeugt also nicht nur die Gegenwart der Teilchen (ihre Spins), sondern auch ihre Vergangenheit. Indem man durch einen Blick auf den Spin eines der Teilchen die Vergangenheit fixiert, entsteht die Illusion, dass die Messung eines Teilchens plötzlich das andere in großer Entfernung beeinflusst. In gewisser Weise tut es das, aber nur, weil es dessen Vergangenheit beeinflusst. Die Verschränkung ergibt sich, da die ursprüngliche Wechselwirkung zwischen den zwei Teilchen, die ihre gegensätzlichen Spinrichtungen hervorrief, so lange nicht verwirklicht wird – die Wellenfunktion kollabiert nicht –, bis ein Beobachter später den Spin von einem der beiden misst.

Eine Frage der Zeit

Die Verschränkung weist darauf hin, dass *Ereignisse in der Vergangenheit noch nicht geschehen sind*, bevor ihre Ergebnisse bekannt werden. Mit seiner speziellen Relativitätstheorie zeigte Einstein, dass die Zeit nicht jene Konstante ist, die sie zu sein scheint. Zwei Uhren, die sich mit verschiedenen Geschwindigkeiten durch den Raum bewegen, ticken unterschiedlich, und das heißt, die Zeit kann sich unterschiedlich schnell bewegen. Und noch seltsamer wird sie aufgrund der Entdeckungen in der Quantenphysik. Deren wesentliche Aussage lautet: Bevor die Ergebnisse eines Ereignisses bekannt sind, ist es noch nicht wirklich eingetreten, auch wenn es an einem Datum geschehen mag, das nach unserer Auffassung in der Vergangenheit liegt.

Ereignisse vollziehen sich auf einer Zeitachse, aber nicht unbedingt der Reihe nach. Man kann eine solche Zeitachse mit vier Ereignissen A bis D wie folgt darstellen:

Der gesunde Menschenverstand sagt uns, dass Ereignis A zuerst eintritt, dann Ereignis B, daraufhin Ereignis C und schließlich Ereignis D. Die Quantenphysik hingegen erzählt uns eine andere Geschichte. Demnach geschieht Ereignis A nicht, bevor sein Ergebnis bekannt ist; also könnte Ereignis B vor Ereignis A stattfinden – dann nämlich, wenn es als distinkter Punkt sichtbar wird und seine Wellenfunktion kollabiert. Wenn wir uns an das Ende der Zeitachse versetzen und sagen: Wir sind in der Gegenwart, könnte Ereignis A in der scheinbar fernen Vergangenheit noch nicht einmal geschehen sein. Es mag weiterhin nur eine Ansammlung möglicher Ergebnisse sein.

Wären die Begriffe von Zeit nicht so tief in unserem Denken verankert, könnten wir uns vorstellen, dass Ereignisse, deren Ergebnisse beobachtet wurden (oder zumindest bekannt sind), in der Vergangenheit liegen, Ereignisse, die jetzt beobachtet werden, die Gegenwart sind, und Ereignisse, die noch nicht beobachtet wurden, weiterhin in der Zukunft liegen. Solche »künftigen Ereignisse« könnten irgendwo auf der Zeitachse liegen, vom Jahr 2525 über das Jahr 1776 bis zu dem Zeitpunkt, als Photonen von einem fernen Quasar ihre Bahn in Richtung Erde einschlugen. Einige Leute sprechen über rückwirkende Kausalität oder Retrokausalität, also von einem Zurückgehen in der Zeit, um ein früheres Ereignis zu ändern. Doch die Beobachtung früherer Ereignisse ändert nicht die Vergangenheit, eben weil die unbeobachtete Vergangenheit noch nicht geschehen ist.

Ein wohlbekanntes Paradox über Zeitreisen lautet: Wären sie möglich, könnte ein Zeitreisender in die Vergangenheit zurückkehren und seinen Großvater umbringen, bevor der Kinder zeugte, wodurch der Enkel von vornherein gar nicht zur Welt gekommen wäre. Aber da dieser nicht existiert hätte, um die Zeitreise anzutreten, wäre sein Großvater immer noch am Leben, und so weiter und so fort. (Stephen King verzichtete in seinem jüngsten Zeitreise-Roman *11/22/63* [Der Anschlag] auf dieses Paradox. Als einer der Protagonisten davon spricht, in der Zeit zurückzugehen, und ein anderer fragt, was geschehen würde, wenn er dann seinen Großvater umbrächte, starrt jener ihn verblüfft an und fragt: »Warum zum Teufel sollte man das tun?«)[53] In dem oben beschriebenen Fall bedeutet die Existenz des Zeitreisenden, dass sein Großvater eindeutig gelebt und Kinder in die Welt gesetzt hat, weshalb dieser Teil seines Lebens nicht rückgängig gemacht werden könnte (dessen Wellenfunktion ist bereits kollabiert). Ich meine nicht, in eine Vergangenheit zurückzukehren, die geschehen ist, sondern dass Ereignisse, die wir für vergangen halten, nicht eintreten, bevor eine Beobachtung ein bestimmtes Ergebnis herbeiführt.

Der bereits genannte John Wheeler schrieb dazu: »Es ist falsch, sich die Vergangenheit in allen Details als ›bereits existierend‹ vorzustellen. Die ›Vergangenheit‹ ist Theorie. Die Vergangenheit hat keine Existenz außer der, die in der Gegenwart aufgezeichnet ist.«[54]

Ereignisse können extrem weit in der Vergangenheit liegen und immer noch unbestimmt sein. Erinnern Sie sich an Wheelers Gedankenexperiment, wonach die Messungen der Astronomen auf der Erde die Bahn beeinflussen können, auf der ein Photon sich bewegt, um hierherzugelangen – selbst jene Bahn, die es Milliarden Jahre vor seiner Messung einschlug. Da die in der Gegenwart operierenden Messgeräte einen entscheidenden Einfluss darauf haben, Dinge hervorzubringen, die anscheinend bereits geschehen sind, kann die Vorstellung, die Welt »da draußen« existiere unabhängig von uns, nicht länger aufrechterhalten werden.[55] »In irgendeinem seltsamen Sinne«, fuhr Wheeler fort, »ist dies ein ›partizipatorisches Universum‹«[56], es habe »einen Sinn, dass das, was der Beobachter in der Zukunft tun wird, darüber bestimmt, was in der Vergangenheit passiert – selbst in einer so weit entfernten Vergangenheit, als noch kein Leben existierte.«[57] Und er fügte des Weiteren hinzu, die Quantenphysik zeige, dass »›der Beobachterstatus‹ eine Vorbedingung für jede nützliche Version der Wirklichkeit ist«[58], was einen dazu führe, »die Arbeitshypothese zu erforschen, dass ›der Beobachterstatus‹ der Mechanismus der Schöpfung ist«. Das ist eine kühne Idee: Der Beobachter wird zum Schöpfer. Wheeler hob hervor, die »Akte des partizipierenden Beobachters« könnten sogar den Anfängen des Universums eine »greifbare ›Realität‹«[59] verleihen.

Entgegen unserem Eindruck wurde das Universum also nicht auf einen Schlag im Urknall hervorgebracht. Stattdessen wird es weiterhin erschaffen, mit jeder neuen Beobachtung immer wieder. Ereignisse in ferner Vergangenheit – etwa dass Photonen vor Milliarden Jahren ihre Reise durch den Raum antraten –, ja sogar Ereignisse bis zurück zum Urknall bleiben in einem potenziellen Schwebezustand, bis sie beobachtet werden und dadurch konkrete Ergebnisse zeitigen. Der russische Physiker Andrei Linde, der an der Stanford University in Kalifornien lehrt, erklärte: »Man mag sich fragen, ob das Universum wirklich existierte, bevor man anfängt, es zu betrachten … Und meine Antwort würde lauten, dass das Universum so *aussieht*, als hätte es existiert, bevor ich anfing, es zu betrachten … Wenn wir das Universum betrachten, können wir bestenfalls sagen, dass es so aussieht, als wäre es vor 10 Milliarden Jahren da gewesen«.[60]

Das heißt allerdings nicht, dass wir als menschliche Beobachter quasi zwangsläufig ins Dasein kamen. Hier auf der Erde oder sonst wo im Universum könnten andere Lebensformen entstanden sein. Doch an irgendeiner Stelle mussten sich Beobachter entwickeln, damit die Welt existieren kann. Diese Vorstellung erklärt, warum das Universum so fein abgestimmt scheint, um Leben zu unterstützen. Wären einige seiner Anfangsbedingungen oder physikalischen Konstanten ein klein wenig anders gewesen, hätte es kein Leben gegeben, ja die Planeten selbst hätten sich nicht bilden können.[61] Manche Forscher behaupteten, die Wahrscheinlichkeit eines Universums niedriger Entropie mit geformter Materie, ganz zu schweigen von intelligentem Leben, sei so unendlich gering, dass sie fast bei null liege.[62] Da jedoch ein solches Universum tatsächlich existiert, halten einige es für den Beweis der Existenz Gottes.[63]

Dagegen sprechen zwei Argumente. Das erste lautet: Jedes Universum, in dem wir uns befinden könnten, müsste offensichtlich die Fähigkeit besitzen, Leben zu unterstützen. Das zweite bezieht sich auf das Konzept des Multiversums, wonach es eine unendlich große Zahl von entstehenden und vergehenden Universen geben könnte – so viele, dass kaum eines davon in der Lage wäre, Leben zu unterstützen. Daher ist es kein Wunder, dass unser Universum so ist, wie es ist.

Aus Wheelers These von der Schöpfung durch Beobachtung resultiert demnach jene Auffassung, die unter dem Ausdruck »starkes anthropisches Prinzip«[64] bekannt wurde. Es bedeutet, dass ein Universum, das die Entwicklung von Beobachtern unterstützt, das einzige ist, das je entstehen *konnte.* Unser Universum war lediglich in einem Zustand zahlloser *potentia*, bis durch Beobachtung eine Vergangenheit zum Vorschein kam, und diese Vergangenheit musste zweifellos so beschaffen sein, dass sie schließlich Beobachter hervorbrachte. Mit Wheelers Worten: »Wenn nicht die blinden Würfel der Mutation und der natürlichen Selektion irgendwo auf dem Weg zu Leben und Bewusstsein und Beobachterstatus führten, hätte aufgrund der hier untersuchten Annahmen das Universum von vornherein nicht entstehen können.«[65] Vielleicht hätte es auch eher nichts als etwas geben können, aber da »etwas« beobachtet werden muss, bevor es existieren kann, muss ein Universum Beobachter haben. Es gibt kein lebloses, leeres Universum, weil ein solches nie durch Beobachtung ins Dasein treten könnte.

Es mag scheinen, als wären Menschen beziehungsweise Beobachter auf diesem kleinen Planeten oder anderswo in irgendeiner Galaxie viel zu klein und unbedeutend, um im Universum eine wichtige Rolle zu spielen, und gewiss nicht imstande, es überhaupt erst entstehen zu lassen. Doch die Beobachtung konnte kein kleineres Universum schaffen – nicht wegen der Größe an sich, sondern wegen der für die Erzeugung des Lebens notwendigen Zeit. Ein beobachtetes Universum müsste alt genug sein, um andere Elemente als Wasserstoff zu enthalten, denn gemäß dem amerikanischen Physiker Robert Henry Dicke »ist es wohlbekannt, dass Kohlenstoff nötig ist, um Physiker zu machen«.[66] Das ist mehr als eine witzige Bemerkung, insofern die Messungen der Physiker dazu beitragen, das Alter des Universums zu bestimmen. Wie Wheeler betonte, bedarf es der thermonuklearen Verbrennung, die im Innern eines Sterns mehrere Milliarden Jahre dauert, um aus Wasserstoff schwere Elemente wie Kohlenstoff zu erzeugen.[67] Und damit das Universum mehrere Milliarden Jahre zur Verfügung stellt, muss es sich nach der allgemeinen Relativitätstheorie mehrere Milliarden Lichtjahre im Raum ausdehnen. Jedes beobachtete Universum müsste so groß sein, wie das unsere ist, um über Beobachter zu verfügen. Obwohl wir als winzige Lebewesen im Verhältnis zu den kolossalen Ausmaßen des Universums unbedeutend wirken, können wir kein Universum hervorbringen, das auch nur ein wenig kleiner ist. Außerdem kann das Universum nicht ohne solch winzige Lebewesen existieren, die es beobachten.

Die Welt des Bewusstseins

Wheeler widersetzte sich der scheinbar deutlichen Beziehung zwischen Beobachtung und *bewusster* Beobachtung. Schnell folgerte er, dass »›Bewusstsein‹ nicht das Geringste zu tun hat mit dem Quantenprozess«[68], der lediglich beinhaltet, dass ein Ereignis sich bemerkbar macht, indem es auf irgendeine Weise wahrgenommen und aufgezeichnet wird. Wenn diese Aufzeichnung dann in jemandes Bewusstsein gelange, fügte er hinzu, und in einem ersten Schritt der Messung eine Bedeutung gebe, dann sei dieser Teil der Geschichte zwar wichtig, aber kein »Quantenphänomen«.

Andere Forscher haben sich weniger dagegen gesträubt, Bewusstsein im Quantenprozess in Erwägung zu ziehen. Das Problem begann mit von Neumanns zuvor beschriebener mathematischer Arbeit. Obwohl er eine durch Bewusstsein geschaffene Realität nur andeutete, waren manche Kollegen in dieser Hinsicht direkter.[69] Eugene Paul Wigner, ein ungarisch-amerikanischer Physiker und Nobelpreisträger, schlug ein Gedankenexperiment vor, das unter der Bezeichnung »Wigners Freund«[70] bekannt wurde. Dabei kann ein Licht zu gegebener Zeit aufblitzen oder nicht. In dem aufgestellten Gerät wird zum Beispiel ein Atom angeregt, sobald das Licht aufblitzt. Falls Wigner sich außerhalb des Zimmers aufhält, kollabiert die Wellenfunktion für das Ereignis nicht, bevor er zurückkehrt und das Gerät überprüft. Wenn hingegen anstelle des Geräts Wigners Freund im Zimmer ist und nachschaut, ob ein Blitz emittiert wurde, muss die Wellenfunktion kollabiert sein, bevor er Wigner sagt, ob er einen solchen gesehen habe. Sie bricht in dem Augenblick zusammen, da der Freund den Blitz beobachtet; sonst wäre dieser Mann in einem Zwischenzustand, bis er ihm das Ergebnis mitteilt. Aufgrund dieses Unterschieds schrieb Wigner: »Das Wesen mit einem Bewusstsein muss in der Quantenmechanik eine andere Rolle haben als das unbelebte Messgerät … Es ist der Eintritt eines Eindrucks in unser Bewusstsein, der die Wellenfunktion verändert … An diesem Punkt geht das Bewusstsein unausweichlich und unwiderruflich in die Theorie mit ein.«[71]

Die Ideen Wigners und von Neumanns führten zur Gründung der Denkschule namens Consciousness Causes Collapse (Bewusstsein verursacht Kollaps [der Wellenfunktion]). In jüngerer Zeit wurde der Physiker Henry Stapp vom Lawrence Berkeley National Laboratory damit in Zusammenhang gebracht. Er schrieb Bücher mit Titeln wie *Mindful Universe* (Bewusstes Universum) und *Mind, Matter and Quantum Mechanics*[72] (Geist, Materie und Quantenmechanik). Den gleichen Ton schlägt der bereits erwähnte russische Physiker Andrei Linde an: »Ich sehe keinerlei Sinn darin, zu behaupten, das Universum sei da in Abwesenheit der Beobachter. Wir sind zusammen, das Universum und wir ... Ich kann mir keine Theorie von allem vorstellen, die das Bewusstsein ignoriert.«[73]

In den 1930er-Jahren machte Sir James Jeans, der bekannte britische Physiker und Astronom, jene oft zitierte Bemerkung: »Das Universum ähnelt allmählich eher einem großen Gedanken als einer großen Maschine.« Und er fügte hinzu: »Der Geist erscheint nicht länger wie ein zufälliger Eindringling im Reich der Materie; wir beginnen zu vermuten, dass wir ihn eher bejubeln sollten als Schöpfer und Beherrscher der Materie.«[74] Der französische Physiker Bernard d'Espagnat wiederum schrieb: »Es stellt sich heraus, dass die Lehre, die Welt bestehe aus Objekten, deren Existenz vom menschlichen Bewusstsein unabhängig sei, in Widerspruch steht zur Quantenmechanik und mit den durch Experiment belegten Tatsachen.«[75]

Die Aussagen verschiedener Wissenschaftler wurden zitiert, um hervorzuheben, dass diese Vorstellungen eines der Paradigmen der heutigen Physik bilden. Da man jedoch sagt, es gebe ebenso viele Interpretationen der Quantentheorie wie Quantenphysiker, will ich nicht behaupten, es handle sich hier um einen Grundkonsens oder gar um die Ansicht der Mehrheit. Zugleich aber sind diese Ideen nicht nur Ausdruck einer verlockenden New-Age-Physik. Wenn ein Genie wie von Neumann in eine bestimmte Richtung weist, ist ein ernsthaftes Nachdenken von vornherein gewährleistet.

Ich hoffe, gezeigt zu haben, dass die hier dargestellten Ideen die logische Konsequenz der Entdeckungen in der Quantenphysik sind. Wenn Sie diese für verwegen halten, sollten Sie einige der Alternativen in Betracht ziehen. Eine der wichtigsten Erklärungen für das Messproblem ist die sogenannte Viele-Welten-Interpretation des amerikanischen Physikers Hugh Everett III.[76] Sie besagt Folgendes: Wenn eine Messung durchgeführt wird, kollabiert die Wellenfunktion nicht, um *ein* bestimmtes Ergebnis zu zeitigen; stattdessen tauchen alle möglichen Ergebnisse auf, jedes in seinem eigenen Paralleluniversum, da die Welt sich in verschiedene Varianten ihrer selbst verzweigt. Der Beobachter sieht nur ein Ergebnis, aber andere Versionen des Beobachters sehen andere mögliche Ergebnisse. Die Zweige haben keine Wirkung aufeinander, weshalb kein Beobachter sich je bewusst wird, dass die Trennung erfolgte.

Da nach dieser Hypothese jede Messung voneinander gesonderte Universen erzeugt, wird der Begriff »viele« im Ausdruck »Viele Welten« schnell zu einer groben Untertreibung. »Eine unendliche Zahl von Welten, erhoben zu unendlicher Macht« wäre vielleicht eine genauere Umschreibung. Dennoch wird diese Vorstellung von vielen namhaften Physikern ernst genommen, um den Beobachter aus der Quantentheorie fernzuhalten.

Wheeler und etliche andere Physiker verneinten die Bedeutung des Bewusstseins, weil sie es als weiteren *physikalischen* Prozess betrachteten.[77] Er glaubte, die »Gehirnfunktion – der Geist –« werde eines Tages gänzlich »nach Maßgabe der physikalischen Chemie und elektrochemischer Potenziale«[78] erklärt. Die materialistische Anschauung führte dazu, dass Wheeler zwar die Bedeutung des Beobachters erkannte – er hatte verblüffende Einsichten, inwieweit die Beobachtung sogar die weit entfernte Vergangenheit erst hervorbringt –, aber nicht zu akzeptieren vermochte, dass das Bewusstsein dieses Beobachters eine entscheidende Rolle spielt.

Gewiss liegt hier ein Paradox vor. Wheeler erklärte, die Quantenmechanik erwecke die Vorstellung, dass »der Beobachter für die Erschaffung des Universums ebenso wesentlich ist wie das Universum für die Erschaffung des Beobachters«.[79] Schließlich entwickelten sich im Universum bewusste Beobachter … die dann ebendieses Universum erschufen. Wie soll das einen Sinn ergeben? Eine Antwort lautet: Individuelle Beobachter sind das Ergebnis der Evolution – aber das heißt nicht, dass auch das Bewusstsein selbst ein solches ist. Für Menschen wie mich, die offen sind für die Möglichkeit, dass Bewusstsein mehr ist als das bloße Ergebnis physikalischer Chemie und elektrochemischer Potenziale, dass die Existenz mehr umfasst als das physische Universum, liegt der Ausweg aus dem Paradox in der Vorrangstellung des Bewusstseins, aus dem die physische Welt hervorgeht. Die Entdeckungen in der Quantenphysik haben die materialistisch geprägten Auffassungen von Anfang an infrage gestellt – oder zumindest unbestreitbar gezeigt, dass die Welt auf der tiefsten Ebene nicht so funktioniert, wie es der Alltagsverstand suggeriert. Die neu gewonnenen Erkenntnisse verweisen – nicht nur für mich, sondern für eine ganze Reihe von Physikern – auf die grundlegende Bedeutung des Bewusstseins. Außerhalb des Quantensystems muss etwas vorhanden sein, das es beobachtet und aufzeichnet. Daher bin ich überzeugt, dass das Bewusstsein jenseits davon angesiedelt ist, mit der physischen Welt wechselwirkt, sie dabei wahrnimmt und erschafft. Jedenfalls existiert es nicht, weil sie existiert, sondern umgekehrt: Weil es Bewusstsein gibt, gibt es auch die physische Welt.[80] Und wie Max Planck sagte, können wir nicht hinter das Bewusstsein gelangen.

Ein gemeinsamer Traum

Aus der Quantenphysik ersteht das Bild einer Welt, in der Ereignisse erst eintreten, wenn bewusste Wesen sie beobachten. Das können wir besser verstehen durch die Verbindung zu einer ähnlichen Welt, die wir sehr gut kennen – die Welt der Träume. Darin nehmen Personen nur dann Gestalt an, wenn wir mit ihnen interagieren. Sobald wir sie beobachten, treten sie in Erscheinung. Hingegen existieren die verschiedenen Personen in unserem wachen Leben allein als Möglichkeiten in unserem Hinterkopf – Figuren, die in unserem Traumleben auftauchen können, zunächst aber rein potenzielle Wesen bleiben. Obwohl wir uns dieser Ähnlichkeiten in der Alltagserfahrung nicht bewusst sind, hat die Quantenphysik gezeigt, dass die physische Welt in der gleichen Weise funktioniert.

Sicherlich gibt es Unterschiede. In der Traumwelt geschehen allerlei unsinnige Dinge. Plötzlich können wir fliegen, was in der physischen Welt, deren Möglichkeiten begrenzter sind, wohl kaum vorkommen wird. Und Ereignisse, die durch Beobachtung fixiert werden, lassen sich durch andere Beobachtungen nicht ändern. Doch der Prozess im Ganzen ist mit dem in der Traumwelt durchaus vergleichbar. Hier wie dort bestehen Möglichkeiten, und eine davon wird zur Tatsache, wenn sie beobachtet wird.

Die Analogie zu Träumen ist so passend, dass man sich – statt jenes riesigen Uhrwerks von Isaac Newtons mechanistischem Universum – die physische Welt als einen Traum vorstellen kann, an dem all seine Beobachter mitwirken. Die einzelnen Teile kommen nach und nach zum Vorschein, sobald einer seiner Träumer sie erfährt. Wenn etwas nicht beobachtet wird, kann es sehr wohl nicht existieren.

Die Einsicht, dass das Universum auf seiner tiefsten Ebene vom Bewusstsein abhängt, um zu existieren, verlangt, dass wir unser Verständnis von der Welt revidieren. Die Entdeckungen in der Quantenphysik sind derart verblüffend und, offen gestanden, so schwer zu verstehen, dass viele Wissenschaftler in anderen Bereichen sie noch nicht in ihre Forschungen mit einbezogen haben. Biologen zum Beispiel neigen weiterhin zu der Ansicht, Bewusstsein sei lediglich ein Nebenprodukt des

Gehirns, das sich entwickelte, um Organismen zum Überleben in der natürlichen Welt zu verhelfen – ein sogenanntes Epiphänomen.

Diese Ansicht muss sich ändern. Ein genaueres Verständnis ist außerdem optimistischer: Das Universum ist kein sinn- und zweckloser Ort, in den wir nur durch Zufall gelangten. Das Bewusstsein ist die treibende Kraft, der das physische Universum folgt. Es existiert, weil wir existieren – ein Erzeugnis unserer gemeinsamen Einbildungskraft. Wir glauben, unser Geist sei eingebunden in diese Welt, tatsächlich aber ist die Welt eingebunden in unseren Geist.

Wir alle sind körperliche Wesen, die in einer körperlichen Welt leben, mit der wir gemäß der etablierten Wissenschaft identisch sind. Aber wir besitzen auch Bewusstsein, das mehr ist als ein Nebenprodukt unserer Gehirne. Trotz der begrenzten Lebensdauer unseres Körpers haben wir dank unserem Bewusstsein an etwas Größerem teil. Es besteht unabhängig von der körperlichen Welt, ja ist sogar deren Schöpfer. Und jeder von uns trägt es in sich.

Wenn wir die Welt wie einen gemeinsamen Traum betrachten, können wir die Wechselbeziehung zwischen Geist und Materie in unserem Leben besser begreifen. In Träumen haben wir keine Kontrolle über das Geschehen oder das Verhalten anderer Personen. Doch einige Menschen entwickeln die Fähigkeit, ihre Träume mehr zu beherrschen. Sie haben sogenannte Klarträume[81], in denen sie sich bewusst sind, dass sie träumen, und können dann einzelne Vorgänge auch beeinflussen.

Vielleicht sind wir imstande, in der gleichen Art und Weise mehr Kontrolle über die physische Welt zu erlangen. Gertrude Schmeidler[82], eine Mentalpsychologin, die 1942 in Harvard lehrte, stellte immer wieder fest, dass Menschen, die jede Möglichkeit von medialer Fähigkeit ablehnten, beim Test über außersinnliche Wahrnehmung (ASW) schlechter abschnitten als jene, die für solche Vorstellungen zumindest offen waren. Diese Entdeckung wurde mittlerweile von zahlreichen Forschern bestätigt und als »Schaf-Ziege-Effekt« bezeichnet (wobei die Ungläubigen die Ziegen sind).[83] Er besagt: Was Menschen für möglich halten, hilft genauer zu bestimmen, was tatsächlich für sie möglich ist. Demzufolge mag uns das Bewusstsein von der geistigen Grundlage der Welt für neue Möglichkeiten empfänglich machen.

Eine Möglichkeit, für die Sie jetzt hoffentlich offen sind, ist die Aussicht auf ein Leben nach dem Tod, das unsere Fälle von Erinnerungen an frühere Leben nahelegen. Jedes der Kinder scheint ein Bewusstsein zu haben, das vorher in einer anderen Person existierte. Obwohl das aus materialistischer Perspektive absurd ist, wird die Sache wesentlich interessanter, wenn man die Entdeckungen der Quantenphysik mit in Betracht zieht. Geht nämlich das physische Universum aus dem Bewusstsein hervor, gibt es keinen Grund anzunehmen, das individuelle Bewusstsein ende mit dem Tod des physischen Gehirns. Es könnte nach dem Tod fortdauern und in ein künftiges Leben zurückkehren.

An einem Traum arbeiten

Da ich offen bin für die Möglichkeit eines Lebens nach dem Tod, bin ich natürlich neugierig, was es bereithalten mag. Meine Ansicht darüber hat sich geändert aufgrund der Vorstellung, dass die Welt als gemeinsamer Traum existiert. Ich bilde mir nicht mehr ein, dass wir danach an einen anderen Ort gehen. Vielmehr haben wir einen weiteren Traum. Die Idee, eine Wesenheit – eine Seele oder ein Bewusstsein – bewege sich aus dem Diesseits in ein Jenseits, legt die Betonung zu sehr auf die physischen Welten. Stattdessen glaube ich, dass auch die neuen Erfahrungen Schöpfungen des Geistes sein werden. Falls das Modell des gemeinsamen Traums zutrifft, muss es nicht nur *ein* Leben nach dem Tod geben. Im Augenblick des Todes beginnt jedes Individuum einen weiteren Traum, wobei dessen Eigenart von Person zu Person variieren kann.

Nahtoderfahrungen

Der unmittelbare Traum scheint oft von einem Übergang zu handeln, verbunden mit einem Bewusstsein von Sterben und der Bewegung in eine andere Form von Existenz. Ähnlich sind Nahtoderfahrungen, wie es der Begriff ausdrückt, Erlebnisse, über die Menschen berichten, die dem Tod sehr nahe kamen, bevor sie wiederbelebt wurden.[1] An früherer Stelle nannte ich einige ihrer Details – dass sie über dem eigenen Körper schweben, durch einen Tunnel zu einem anderen Ort gelangen, häufig ihr Leben im Rückblick betrachten, verstorbene Verwandte sehen und schließlich einem Lichtwesen begegnen.

Die spezifischen Aspekte solcher Erfahrungen können von Fall zu Fall verschieden sein. Wie die nächtlichen Träume werden offenbar auch die Geschehnisse zwischen Leben und Tod von früheren Erfahrungen beeinflusst. Und obwohl Nahtoderfahrungen in der ganzen Welt gemeinsame Merkmale aufweisen, gibt es doch hier und da kulturelle Unterschiede.

Allan Kellehear, medizinischer Soziologe an der Middlesex University, London, untersuchte Berichte über Nahtoderfahrungen, die in mehreren Ländern veröffentlicht wurden.[2] Bei der Analyse ihrer Gemeinsamkeiten innerhalb der westlichen Hemisphäre erkannte er, dass sie meistens davon handelten, in andere Welten zu gehen und dort bislang unbekannte Wesen zu treffen. Die Tunnelerfahrung hingegen fand keine Erwähnung in den nicht westlichen Fällen, obwohl oft Phasen in der Dunkelheit beschrieben wurden. Eine außerkörperliche Erfahrung kennzeichnete die Nahtoderfahrungen in fast allen Kulturen, und der Lebensrückblick ereignete sich in mehreren.

Die klinische Psychologin Satwant Pasricha entdeckte ebenfalls sowohl Ähnlichkeiten als auch Unterschiede zwischen Berichten über Nahtoderfahrungen in Indien und den Vereinigten Staaten.[3] Inder und Amerikaner erzählten, verstorbene Verwandte und Bekannte getroffen und religiöse Figuren oder Lichtwesen gesehen zu haben, durch die Gedanken geliebter lebender Personen wiederbelebt, dann von einem geliebten Menschen aus dem jenseitigen Reich zurückgeschickt worden zu sein und im scheinbar toten Zustand ihren eigenen physischen Körper wahrgenommen zu haben.

Die Unterschiede ergaben sich daraus, dass die Schilderungen der indischen Personen im Detail häufig abwichen von denen der amerikanischen. Viele Inder erklärten, in das andere Reich durch Boten geführt worden zu sein, die sie dann Yama übergaben, dem Gott des Todes. Als Yamas Buch mit der Liste der Taten und Missetaten geöffnet wurde, stellte sich heraus, dass die Boten den falschen Menschen gebracht hatten. Jemand anders sollte sterben, woraufhin jener in die hiesige Welt zurückkehrte und weiterlebte.

Todd Murphy, ein Forscher auf dem Gebiet der kognitiven Neurowissenschaft, sammelte zehn Fälle von Nahtoderfahrungen aus der populären Literatur Thailands.[4] Die Metaphorik schien kulturell geprägt, obwohl Murphy argumentierte, sie sollte eher als Widerspiegelung der Erwartungen des Individuums betrachtet werden, wie der Tod sein würde, denn als Ausdruck der Kultur an sich. Die Themen waren Yamatoots (jene Boten, die Pasricha in den indischen Fällen beschrieben hatte), die Bedeutung der während des Lebens erworbenen Verdienste, Verwechslungen der Identität im Angesicht des Gottes.[5] Die allgemeinen von Kellehear und Pasricha hervorgehobenen Merkmale fanden sich auch in den thailändischen Nahtoderfahrungen. Zum Beispiel wurden in vier von Murphys zehn Fällen Freunde und Verwandte gesehen.

Die übergreifende Aussage dieser Berichte lautet, dass Menschen aus vielen Teilen der Welt, die dem Tod nahe waren, im Moment des Sterbens Erfahrungen machen. Solche Erfahrungen scheinen also weitverbreitet, sind jedoch nicht immer identisch. Einige Leute betrachten die Unterschiede als Argument, Nahtoderfahrungen seien keine realen Ereignisse und lieferten keine Beweise dafür, dass Bewusstsein unabhängig vom Gehirn existieren kann. Das war kürzlich auch die Entgegnung des amerikanischen Autors Sam Harris auf die Nahtoderfahrung, die Eben Alexander, viele Jahre Neurochirurg an der Harvard Medical School, selbst gemacht und in seinem Buch *Proof of Heaven* (Blick in die Ewigkeit) beschrieben hat. Harris wies darauf hin, Alexanders Bericht hebe sich immerhin ab von den Erfahrungen eines vierjährigen Jungen, geschildert in dem Buch

Heaven is for real (Den Himmel gibt's echt), insofern er nicht behaupte, dass Jesus auf einem regenbogenfarbenen Pferd reite oder dass die Seelen toter Kinder im Himmel immer noch Hausaufgaben machen müssten.[6]

Der Trugschluss in Harris' Kritik liegt darin, dass sie auf der Voraussetzung gründet: »... wenn ein immaterieller Bereich wirklich erforscht würde, träten einige allgemein gültige Kennzeichen hervor.« Wie ich weiter oben ausgeführt habe, treten diese durchaus hervor; vor allem aber geht es darum, dass Menschen nach dem Tod nicht an einen einzigen Ort gelangen. Aufgrund des von mir vorgeschlagenen Modells sind Unterschiede zu erwarten, wenn Menschen ihre nächste durch Bewusstsein erzeugte Wirklichkeit erfahren, ihren nächsten Traum. Ebenso wenig, wie ein amerikanischer Christ nachts von Yama, dem Gott des Todes, träumen wird oder ein indischer Hindu von Jesus, mag auch die nächste vom Bewusstsein hervorgerufene Wirklichkeit eines Vierjährigen kaum etwas gemein haben mit der eines Neurochirurgen.

Die Unterschiede zwischen den Berichten sprechen tatsächlich dagegen, es gebe nach dem Tod nur einen Ort, zu dem jeder aufbricht. Darüber hinaus würde ich anfügen, dass gerade die Varianten jener Schilderungen aus verschiedenen Völkern und Gegenden meinen Ansatz bestätigen. Es scheint nämlich, dass Erwartungen und Erfahrungen eine Rolle spielen in der nächsten Wirklichkeit, die ein Mensch erlebt (oder herzustellen hilft), genau wie unsere Erfahrungen und Gedanken vor dem Schlafengehen unsere nächtlichen Träume beeinflussen können.

So deutliche Abweichungen sprechen auch gegen die Auffassung, Nahtoderfahrungen seien lediglich das Ergebnis einer heftigen Reaktion des sterbenden Gehirns, von dem man eigentlich gleichförmigere Bilder erwarten könnte. Das widerlegen nicht zuletzt die Berichte vieler Kinder, die sich an frühere Leben erinnern, über die Ereignisse zwischen den Leben. Etwa zwanzig Prozent von ihnen sagen, sie hätten irdische Ereignisse wie die Bestattung der verstorbenen Person beobachtet, ein anderes Reich betreten oder Erfahrungen bezüglich ihrer Empfängnis beziehungsweise Schwangerschaft gemacht, um ihr gegenwärtiges Leben zu beginnen.

Poonam Sharma, eine Medizinstudentin, die einen Sommer lang mit uns zusammenarbeitete, bevor sie sich bedeutsamen Forschungen in innerer Medizin und Psychologie widmete, verglich publizierte Berichte über Nahtoderfahrungen mit den Beschreibungen der von uns untersuchten Kinder über die Zeitspanne zwischen den Leben, mit besonderem Augenmerk auf die burmesischen Fälle, die sie codierte und in unsere Datenbank einfügte.[7] Dabei stellte sie signifikante Gemeinsamkeiten fest. In den westlichen Fällen galt dies insbesondere für die transzendentalen Aspekte. Bei den Fällen aus anderen Teilen der Welt bestanden die Übereinstimmungen eher in den Erzählungen der Kinder über die Zwischenphase. Die burmesischen Berichte wiederum hatten große Ähnlichkeiten mit denen über Nahtoderfahrungen in den Nachbarstaaten Indien und Thailand. Diese Entsprechungen zeigten, dass die Erinnerungen der Kinder an jene Zwischenphase als Teil des gesamten Phänomens Leben nach dem Tod betrachtet werden müssen, das auch Nahtoderfahrungen mit einschließt.

Die Berichte amerikanischer Kinder über ihre Erinnerungen an die Zeit zwischen den Leben klingen fast so wie die über Nahtoderfahrungen. So glich die Schilderung Patricks, des kleinen Jungen im 1. Kapitel, der im Himmel einem Verwandten begegnet war – »Billy der Pirat«, der traurig und bestürzt darüber war, dass nach seinem Tod niemand über ihn redete –, jener von vielen Patienten, die meinten, in Todesnähe verstorbene Verwandten gesehen zu haben. Und wie sie versicherten, ein anderes Reich betreten zu haben, beschrieb Lee, der sich an Sidney Coe Howards Leben zu erinnern schien, in einem Schloss irgendwo oben in den Wolken gewesen zu sein. Dort habe es weder Lichter noch ein »Töpfchen« gegeben, wohl aber Fenster. Als seine Mutter ihn fragte, wie er vom Schloss im Himmel aus schließlich zu Lee geworden sei, lautete die Antwort, er sei eine Leiter hinuntergestiegen, um Lee zu werden. Obwohl ein Schloss im Himmel ziemlich fantastisch anmuten mag, könnte es doch Teil der Traumwelt gewesen sein, die Lee erlebte, bevor er in die hiesige Traumwelt zurückkehrte, die wir für die Wirklichkeit halten.

Die Ansicht einiger Leute, Nahtoderfahrungen seien nichts als eine letzte Reaktion des sterbenden Gehirns, kann unmöglich zutreffen auf die ähnlichen Berichte von gesunden kleinen Kindern. Deren Schilderungen der Zwischenphase entkräften auch das Argument, Menschen mit Nahtoderfahrungen erfänden irgendwelche Hirngespinste, um sich mit dem Ende der eigenen Existenz nicht auseinandersetzen zu müssen. Unsere Fälle handeln auch von Kindern, die dem Tod nicht nah waren und gewöhnlich nicht alt genug sind, um ihn wirklich zu begreifen, und dennoch sind ihre Berichte denen über Nahtoderfahrungen bisweilen ziemlich ähnlich. Damit werden die psychologischen Erklärungen solcher Erfahrungen zumindest infrage gestellt. Beide Phänomene – Nahtoderfahrungen und Berichte kleiner Kinder über die Zwischenphase – mögen also tatsächlich Ahnungen von einem Leben nach dem Tod sein. Jedenfalls stimmen sie mit dem Modell einer vom Bewusstsein erzeugten Wirklichkeit vollkommen überein.

Der Traum geht weiter

Mit ihren Berichten über Erinnerungen an frühere Leben scheinen die Kinder in unseren Fällen zu jener Welt zurückzukehren, wo sie ein früheres Leben führten. Oder, um es vor dem nun deutlich skizzierten Hintergrund genauer auszudrücken: Ungeachtet dessen, ob jene Kinder die Erfahrung einer Zwischenphase machen, fallen sie in den gleichen Traum zurück, in dem sie sich vorher befunden haben – und zwar in diese Welt. Um ihren Weg fortzusetzen, müssen sie einen neuen Charakter annehmen, da die frühere Person an diesem Punkt des Traumes gestorben ist. Stellen Sie sich zum Vergleich vor, Sie liegen nachts schlafend im Bett; mitten im Traum werden Sie aufgeweckt – vielleicht durch ein traumatisches Geschehen, das ihn durchzieht –, sinken dann aber wieder in Schlaf und setzen den gleichen Traum fort. Das entspricht ziemlich genau dem, was in unseren Fällen passiert.

Das neue Leben beginnt gewöhnlich schon bald nach dem Ende des vorigen. Die mittlere Zeitspanne – die eine Hälfte der Fälle weist eine kürzere auf, die andere eine längere – zwischen dem Tod der früheren Person und der Geburt des Kindes beträgt nur sechzehn Monate. Obwohl die im Buch dargestellten Fälle Ausnahmen bilden, ist hier das Intervall normalerweise sehr kurz – als würden die Kinder aus einem Traum erwachen, dann schnell wieder einschlafen und im gleichen Traum weitermachen. Demnach ähnelt das Ende eines früheren Lebens einem vorzeitig abgebrochenen Traum.

In siebzig Prozent unserer Fälle starb die frühere Person eines unnatürlichen Todes – durch Mord, Selbstmord oder Unfall. James Hustons Tod im Pazifik und Sidney Coe Howards tödlicher Traktorunfall sind typische Beispiele. Außerdem starben die früheren Personen oft jung, ihr durchschnittliches Todesalter lag bei nur achtundzwanzig Jahren. Selbst wenn sie eines natürlichen Todes starben, waren sie im Durchschnitt erst fünfunddreißig Jahre alt, wobei ein Viertel mit fünfzehn oder jünger verschied. Deshalb ist der Tod von Patricks Halbbruder im Alter von zwei Jahren zwar ungewöhnlich im Hinblick auf die Gesamtbevölkerung, nicht aber in unseren Fällen.

Ein Diagramm, das die Zahl der Tode in der Gesamtbevölkerung in Beziehung setzt mit dem Alter der Verstorbenen, zeigt eine langsam ansteigende Kurve, da mit zunehmendem Alter immer mehr Menschen sterben. In unseren Fällen hingegen nimmt die Kurve den umgekehrten Verlauf und fällt ab, auch wenn man nur solche betrachtet, in denen die frühere Person auf natürliche Weise starb:

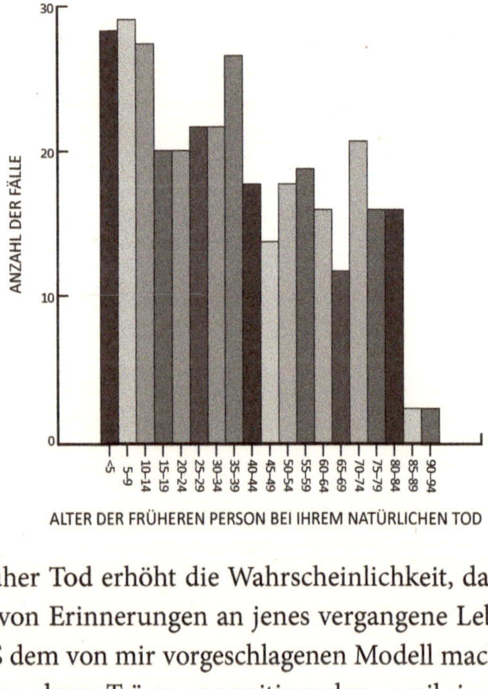

Ein früher Tod erhöht die Wahrscheinlichkeit, dass ein Kind später von Erinnerungen an jenes vergangene Leben erzählt. Gemäß dem von mir vorgeschlagenen Modell macht das Sinn. Personen, deren Träume vorzeitig enden – weil sie einfach kurz sind oder jäh abgebrochen werden –, kehren voraussichtlich schnell in den gleichen Traum zurück. Mit anderen Worten: Menschen, die jung oder infolge unnatürlicher Umstände sterben, werden wahrscheinlich eher in unsere geistig erschaffene Welt zurückkommen, um ein nächstes Leben zu beginnen.

Diese Vorstellung erklärt auch ein weiteres Muster. In über neunzig Prozent unserer Fälle war die frühere Person aus dem gleichen Land wie das Kind und hat oft in dessen näherer oder fernerer Umgebung gewohnt. Selbst wenn es über einen verstorbenen Menschen aus einem anderen Land erzählt, besteht gewöhnlich eine Verbindung zu dem Land des Kindes – wie etwa bei burmesischen Kindern, die über japanische, während des Zweiten Weltkriegs in Burma getötete Soldaten sprachen.[8] Wenn ein Individuum den gleichen Traum mit einem neuen Leben fortsetzt, scheint es logisch, dass die Verhältnisse größtenteils mit den ursprünglichen übereinstimmen. Es kann nicht als die gleiche Person wiederkehren, eben weil das frühere Individuum in diesem Traum starb, wohl aber im gleichen Gebiet.

Gefühlsmäßige Bindungen oder ungelöste emotionale Probleme mögen einen Einfluss darauf haben, wo genau das Individuum im Traum zurückkommt. Vergleicht man Fälle, in denen die frühere Person ein Mitglied der Familie des Kindes war, mit solchen, in denen die Familien sich überhaupt nicht kannten, ergeben sich einige statistisch bedeutsame Unterschiede im Hinblick darauf, wie die frühere Person starb. Fälle mit natürlichen Toden finden sich eher innerhalb der gleichen Familie, während ungewöhnlichere Tode – früher oder unerwarteter Tod, selbst aufgrund natürlicher Ursachen – besonders bei einander fremden Familien auftauchen.

Meine Interpretation dazu lautet folgendermaßen: Individuen mit starken oder ungelösten emotionalen Bindungen an ihre Familien – wie die zwischen Patricks Halbbruder und seiner Mutter Lisa – kehren in den gleichen Traum zurück, um die Geschichte mit ihnen fortzusetzen. In Situationen ohne jene emotionalen Probleme veranlassen die anderen Faktoren – der unnatürliche oder frühe oder unerwartete Tod – das Individuum, schnell in den gleichen Traum wie vorher zurückzufallen, doch nicht unbedingt in die gleiche Familie.

Andere Welten

Natürlich können wir normalerweise nicht in den gleichen Nachttraum zurückkehren. Daher frage ich mich, ob das auch für unsere Leben gilt. Soweit man weiß, sind Erinnerungen an frühere Leben ziemlich selten. Bisher wurde nur eine Untersuchung durchgeführt, um ihre Häufigkeit zu erfassen, nämlich in einem Gebiet Indiens.[9] Die Forscher stellten fest, dass auf 450 Einwohner durchschnittlich ein Fall kam, obwohl sie zugeben mussten, einige Fälle vielleicht übersehen zu haben. Es ist zumindest vorstellbar, dass viel mehr Kinder mit Erinnerungen an frühere Leben geboren werden, aber dass sie diese vergessen, bevor ihre Sprachfähigkeit ausgebildet ist, oder dass die Versuche, darüber Mitteilung zu machen, von ihren Eltern missachtet oder gar heftig zurückgewiesen werden, wodurch dann die Vergangenheit aus dem inneren Blickfeld verschwindet.

Jedenfalls gibt es keinen Beweis dafür, dass die meisten Kinder solche Erinnerungen haben, also auch keinen Beweis, dass jeder von uns wiedergeboren wird, selbst wenn man die hier behandelten Fälle ebenso akzeptiert wie meine Argumentation. Ich sehe jedoch keinen Grund, warum andere geistig erzeugte Welten, andere gemeinsame Träume neben der uns bekannten Welt nicht existieren sollten. So, wie wir gewöhnlich nicht in den gleichen Nachttraum zurückkehren, verhält es sich möglicherweise auch mit unseren Leben. Obwohl nur wenige Individuen in diesen gemeinsamen Traum zurückzufinden scheinen, mögen doch mehr Menschen nach ihrem Tod in unterschiedlicher Form daran teilhaben.

Wie könnten diese anderen, durch Bewusstsein erschaffenen Welten aussehen? Meines Erachtens hängen sie von den Erfahrungen in unserem Leben ab. Zweifellos werden auch die Nachtträume durch unsere Erlebnisse im Lauf des Tages beeinflusst. Dessen Themen könnten sich in den nächtlichen Träumen widerspiegeln. Wenn Sie sich zum Beispiel einen Horrorfilm anschauen, bereuen Sie das vielleicht später, nach einem nächtlichen Albtraum. Ihre Erfahrungen spielen also eine wichtige Rolle und wirken auf die nachfolgenden Träume ein.

Ähnlich könnten Ihre Lebenserfahrungen die geistig erzeugten Welten nach Ihrem Tod beeinflussen. Viele Christen erklären, dass die eigenen Handlungen oder Glaubensvorstellungen darüber bestimmen, ob man in den Himmel oder in die Hölle kommt. Falls die Existenz tatsächlich einem gemeinsamen Traum entspricht, mag es aber nicht nur einen Himmel, nicht nur eine Hölle geben, sondern eine unendliche Zahl geteilter Träume, einige himmlisch, andere höllisch und manche wie diese Welt – bisweilen himmlisch, dann wieder höllisch und meistens irgendwo dazwischen. Von daher finde ich es bemerkenswert, dass nach meinem Modell die Religionen insofern recht haben, als die Entscheidungen und Taten in diesem Leben das nächste Dasein nachhaltig prägen. Obwohl damit keinerlei Jüngstes Gericht verbunden wäre, könnte man auf der Grundlage des jetzigen Lebens und im Rahmen eines völlig natürlichen Vorgangs ein »gutes« oder ein »schlechtes« Leben nach dem Tod erfahren.

Dieser Ablauf scheint dem Karma zu entsprechen, jener östlichen Vorstellung, derzufolge die Handlungen und Gedanken in diesem Leben sich in einem der nächsten Leben manifestieren. Mir geht es zwar nicht um karmische Vergeltung oder Belohnung, aber aus den früheren Erfahrungen könnten sich durchaus auf natürliche Weise Konsequenzen ergeben. Die tibetischen Buddhisten vertreten die Auffassung, dass sowohl die Art der Lebensführung wie auch der Bewusstseinszustand im Augenblick des Todes – also die letzten Gedanken und Gefühle – entscheidend sind für die folgende Existenz.[10] Das wäre vereinbar mit meiner Überzeugung, dass jede geistige Schöpfung beeinflusst wird durch die zuvor gehegten Gedanken.

Die Atmosphäre im Leben nach dem Tod mag der im Diesseits überraschend ähnlich sein. Obwohl wir üblicherweise nicht in den gleichen Nachttraum zurückkehren, spielen unsere Träume doch oft in einer relativ vergleichbaren Umgebung. Gewiss gibt es da Unterschiede, vielleicht so viele, wie man sich vorstellen kann, und die materiellen Bedingungen in der einen Welt mögen von denen in der anderen deutlich abweichen. Doch zumindest wäre weiterhin eine Art von raumzeitlicher Erfahrung vorhanden und nicht nur Denken oder Geist. Denn damit eine Abfolge von Ereignissen geschehen kann, muss offenbar ein raumzeitliches Kontinuum existieren.

Eine Veranschaulichung dieser Zusammenhänge kommt aus der medialen Literatur. Der Mediumismus, die Vorstellung also, dass bestimmte Individuen mit Verstorbenen kommunizieren können, ist ein Thema, das ganze Bibliotheken füllt.[11] Es genügt zu sagen, dass eine Reihe anerkannter Wissenschaftler wie William James sowie einige Nobelpreisträger vor einem Jahrhundert medial veranlagte Personen auf die Probe stellten und herausfanden, dass manche von ihnen dank außergewöhnlicher geistiger Fähigkeiten Zugang hatten zu Informationen, die von Verstorbenen zu stammen schienen. (Außerdem entdeckten die Forscher, dass viele der sogenannten »Medien« überhaupt kein Talent besaßen.)

Solch medial veranlagte Menschen haben zahlreiche Beschreibungen des Lebens nach dem Tod gegeben, von denen ich eine hervorheben möchte, jene des walisischen Pastors C. Drayton Thomas, die er von seiner verstorbenen Frau erhielt. In den 1920er- und 1930er-Jahren schrieb er Bücher über den Mediumismus. Unserem Büro liegt die Kopie eines Rohmanuskripts vor, das er zu jener Zeit verfasst hat. Es beinhaltet verschiedene Korrekturen, einige mit der Hand eingefügt. Ich weiß nicht, ob es je veröffentlicht wurde, aber am Ende findet sich ein dreiseitiger Text, der mich wirklich verblüfft hat. Unter dem Titel »Ein Bericht über ihr Ableben, mitgeteilt von meiner Frau durch das Medium Mrs Osborne Leonard« handelt es sich angeblich um eine Schilderung von Thomas' Frau über Ereignisse im Leben nach dem Tod. Sie endet mit folgenden Worten: »Was mich so tief erstaunt, ist die Wirklichkeit und Stofflichkeit der Dinge hier … Im Garten habe ich versucht … die Bäume zu spüren, und festgestellt, dass sich ihre Rinde genauso fest anfühlte wie die der Bäume in unserem Garten zu Hause. Ich habe sogar versucht, die Bäume zu schütteln, was mir aber nicht gelang; es waren große Bäume, die sich unter meiner Hand stark anfühlten. Wenn ich die Hände anderer Menschen berühre, fühlen auch sie sich stark an. Wir haben nichts Diffuses oder Dunstiges.«

Meines Erachtens ist unsere Welt von der rein geistigen Welt nicht streng unterschieden. Die hiesige Welt ist so real, wie es eben möglich ist, erschaffen vom Geist, doch das gilt auch für alle anderen Welten. Die Existenz geht aus dem Bewusstsein hervor. Demnach ist die Wirklichkeit nicht so wie etwa in dem Film *Matrix*, wo Menschen in einer Computersimulation der Welt interagieren und sich überhaupt nicht bewusst sind, dass sie eigentlich in sogenannten Pods im Tiefschlaf liegen, während die Maschinen ihre Körper als Energiequellen benutzen. Tatsächlich gleicht die Welt einer vom Bewusstsein simulierten virtuellen Realität, aber sie ist so real, wie sie nur sein kann.

Vor diesem Hintergrund stellt sich eine weitere Frage: Wer ist in den gemeinsamen Träumen des Lebens nach dem Tod bei uns? Wenn ich nachts träume, tauchen plötzlich und immer wieder Menschen auf, die für mich eine Bedeutung haben. Dazu gehören Leute, die häufig um mich sind – meine Frau natürlich sowie Freunde oder Kollegen, außerdem Personen, denen ich am Tag vorher zufällig begegnet bin oder über die ich nachzudenken Gelegenheit hatte. Darüber hinaus sind auch jene gegenwärtig, die ich einige Zeit nicht gesehen oder in Betracht gezogen habe, zu denen ich jedoch weiterhin eine emotionale Verbindung fühlen kann. Das betrifft insbesondere Menschen – oder sogar Haustiere –, die ich kannte und die verstorben sind; von einigen habe ich nach ihrem Tod jahrelang in regelmäßigen Abständen geträumt. Vielleicht träume ich heute noch mehr von ihnen als zu ihren Lebzeiten, weil deren Abwesenheit eine tief empfundene Verbindung zurücklässt, die nicht mehr mit Leben erfüllt werden kann.

Unsere von Bewusstsein erschaffenen Welten mögen in ähnlicher Weise bevölkert sein. Gewiss gilt das für die ursprünglichen Welten, da Menschen mit Nahtoderfahrungen oft darüber berichten, auf der anderen Seite verstorbene Verwandte gesehen zu haben.[12] (Manche erzählen sogar, jene erblickt zu haben, von deren Tod sie vor ihrer Nahtoderfahrung nichts wussten, was einige äußerst beeindruckende Fälle zur Folge hat.)[13] Die Vorstellung, ins Leben danach zu gelangen und meine geliebten Wesen nicht wiedersehen zu können, wäre mir jedenfalls zuwider. Lieber male ich mir aus, dass die innigen Verbindungen zwischen uns sie veranlassen, erneut bei mir zu sein. Schließlich würden die Bande gelöst, wodurch dann jene Personen nicht mehr anwesend wären, aber mein emotionales Bedürfnis würde sie zunächst in meiner Nähe halten und bewirken, dass sie in meinem nächsten Traum, den ich mit anderen teile, wieder erscheinen.

Es bleibt offen, wie in den von Bewusstsein erschaffenen Welten die Zeit wirksam würde. Die Leben kann man sich durchaus als chronologische Abfolge vorstellen – zuerst habe ich ein Leben, dann ein nächstes, anschließend wieder ein anderes –, aber vielleicht macht das nicht wirklich Sinn, wenn die Leben in unterschiedlichen Traumwelten stattfinden. Die verschiedenen Welten oder Träume, einerseits zwar ins raumzeitliche Kontinuum eingefügt, würden es andererseits übersteigen. Ungeachtet meiner Überzeugung, dass jede Welt, in der etwas geschieht, Raum und Zeit beinhalten muss, bin ich mir nicht sicher, ob die eine unbedingt direkt an die nächste anschließt. Offenbar ist das so in einigen Fällen, etwa wenn Menschen darüber berichten, in Nahtoderfahrungen jenseitige Sphären betreten zu haben. Doch der Prozess insgesamt scheint äußerst komplex zu sein. Zum Beispiel mögen Individuen in mehreren Träumen auftauchen. Möglicherweise sieht man nach seinem Tod die eigene verstorbene Großmutter wieder, während sie hier »zugleich« in ein anderes Leben geboren wurde. Der Ablauf mag sich also einer leicht verständlichen Linearität entziehen.

Dass ein Traum auf den anderen folgt, belegen auch jene Zeugnisse von Kindern, die Ereignisse im Leben ihrer Eltern vom Himmel aus beobachtet haben – so wie James Leininger sich etwa an die Reise seiner Eltern nach Hawaii erinnerte oder wie Ryan die Reaktion seiner Mutter beschrieb, als der Ultraschall zeigte, sie werde einen Jungen bekommen. Diese Begebenheiten sind nicht ganz mühelos mit dem Traummodell zu erklären. Sie deuten darauf hin, dass Personen manchmal durch Träume oder Welten hindurchsehen und einen Traum betrachten können, während sie selbst einen anderen erfahren. Das ähnelt Berichten aus dem medialen Gebiet, wonach Menschen im Leben nach dem Tod – in einem anderen Traum – anscheinend mit Menschen dieser Welt kommunizieren können. In gewissen Fällen sind einige offenbar imstande, die Bewusstseinsgrenzen zu überschreiten. Ich behaupte nicht, völlig zu begreifen, wie sie das tun, aber ihre Fähigkeit mag veranschaulichen, dass die Grenzen zwischen unserem Bewusstsein und den vom Bewusstsein erschaffenen Wirklichkeiten fließender sind, als wir vielleicht glauben, ja dass beide Welten in enger Verbindung stehen.

Der Träumer

Wenn wir nach dem Tod von einem Traum in den nächsten übergehen, würde ein Teil in uns die erfahrenen Welten transzendieren. Wir besäßen dann ein umfassenderes Selbst, das sich durch unsere aufeinanderfolgenden Leben zieht. Bezogen auf das Traummodell heißt das: Ein jeder existiert während seiner Nachtträume meist in Gestalt seines täglichen Selbst, zuweilen aber auch als jemand anders. Neben seinem Charakter im kurzlebigen Traum besitzt er ein reales, davon getrenntes Selbst. In ähnlicher Weise verfügen wir alle meiner Ansicht nach über einen umfassenderen Teil, der den individuellen Traum – das individuelle Leben – übersteigt und fortfährt, andere Träume, andere Leben oder Welten mitzuerschaffen.

Ich gehe davon aus, dass unsere Rollen im Leben denen von Schauspielern in Filmen gleichen. Während wir vom einen Leben ins nächste wechseln oder, genauer ausgedrückt, einen

Traum nach dem anderen haben, mögen sich unsere Eigenschaften mit jedem Leben mehr oder weniger ändern. Folglich hätten wir jeweils verschiedene Charakterzüge entsprechend unserer Erbanlage und unserer Erziehung. Doch ebenso würde einer unserer übergreifenden Aspekte von diesem Leben ins nächste eingehen. Der amerikanische Schauspieler James Stewart zum Beispiel verkörperte im Lauf seiner langen Karriere viele Figuren – einige liebenswert oder einfach, andere eher zwiespältig oder vielschichtig –, doch ungeachtet ihres Charakters war es stets unverwechselbar James Stewart, der sie darstellte. Es gab dieses Wesen, den Schauspieler, der in jeder seiner Figuren gegenwärtig war, zugleich aber jenseits von ihnen existierte. Das mag auch auf uns zutreffen, die wir durch die Leben wandern. So käme allmählich ein umfassenderes Wesen zum Vorschein, nicht nur jene Person, die wir in unserem früheren Leben waren.

James Stewart brachte etwas ein, das alle von ihm gespielten Figuren formte und prägte. Sie unterschieden sich deutlich von denen, die etwa Cary Grant darbot. Daher vermute ich, dass dies auch für unsere zahlreichen Leben gilt, dass unser Bewusstsein einem jeden etwas Einzigartiges verleiht. Und wir beginnen ein Leben jeweils mit der Anlage zu bestimmten Charakterzügen und Verhaltensmustern.

Unsere Fälle über frühere Leben enthalten einige Beweise für diese Annahme. Unter den Faktoren, die wir hierbei für unsere Datenbank codieren, finden sich sechs zu Persönlichkeit oder Verhalten sowohl für das Kind wie auch für die frühere Person. (Sie wurden vor langer Zeit festgelegt und klingen vielleicht ein bisschen altmodisch.) Es handelt sich dabei um folgende Fragen: Ist/war die Person wohlhabend? Zeigt die Versuchsperson eine Neigung zur Kriminalität/War die frühere Person kriminell? Ist/war die Person philanthropisch oder generös? Ist/war die Person stark an religiösen Vorstellungen interessiert? Meditiert(e) die Person? Ist/war die Person fromm?

In den meisten Fällen verfügen wir nicht über solche Informationen, weshalb nur wenige mit sämtlichen Faktoren in die Analyse mit einbezogen werden können. Trotzdem besteht ein statistisch bedeutsamer Zusammenhang zwischen der Anzahl der Faktoren bei der früheren Person und der beim Kind. Mit anderen Worten: Je deutlicher die frühere Person ein bestimmtes Charakteristikum zum Ausdruck brachte, desto eher wird auch das Kind es an den Tag legen. Diese Korrelation ist bei jedem Faktor so offensichtlich, dass die Wahrscheinlichkeit einer zufälligen Übereinstimmung nur eins zu hundert beträgt. Die Persönlichkeiten beider Menschen sind zwar in keiner Weise identisch – wir wissen, dass Vererbung und Umwelt einen großen Einfluss auf die Persönlichkeitsentwicklung haben –, aber es scheint eine Wirkung vom einen auf den anderen zu geben. Gewisse Anlagen sind übertragen worden.

Darüber hinaus vermute ich, dass nicht nur das Individuum etwas zu jedem Leben beiträgt, sondern dass jedes Leben das Individuum prägt in dem Maße, wie Erfahrungen unsere Entwicklung in diesem Leben bestimmen. Das umfassendere Selbst ist nicht statisch, vielmehr kann es sich ändern und weiterentwickeln. Dadurch macht es Fortschritte (oder zuweilen Rückschritte) auf jenem Weg, der als geistige Entwicklung bezeichnet werden kann. Das geschieht wohl auf natürliche Weise, nicht durch gezielte Bemühung. Insofern glaube ich nicht, dass man zwischen den Leben auf irgendwelche Leitfiguren oder Versammlungen trifft, um von ihnen zu erfahren, welche Probleme im kommenden Leben zu behandeln sind (wie es einige Verfechter der hypnotischen Regression vorschlagen[14]). Manche mögen derartige Träume haben, doch ich bezweifle, dass der eigentliche Prozess ein genaues Abbild davon ist. Eher werden unsere nächsten Leben, ob in dieser Welt oder einer anderen, vorher ungelöste Probleme beinhalten, genau wie unsere nächtlichen Träume im Grunde Versuche des Bewusstseins darstellen, ebenso bedrängende wie klärungsbedürftige Gefühle zu verarbeiten.

Dazu ein Beispiel, über das sich spekulieren ließe. Wer im einen Leben darauf erpicht ist, Reichtümer zu horten, mag im nächsten Leben einen »Albtraum« haben, in dem er an Armut leidet. Im Laufe mehrerer Leben gelangt er vielleicht zu der Einsicht, dass Reichtum nicht notwendig ist, um ein erfülltes Leben zu führen, wodurch dieses Problem bei ihm allmählich verschwindet. Indem wir uns durch einige unserer Verhaltensmuster arbeiten, fällt das eine oder andere weg, und dann widmen wir uns solchen, die der Auseinandersetzung bedürfen. Der Fortschritt hängt also davon ab, wie sich die Inhalte jedes »Traumes« entwickeln. Dieser Prozess scheint der durch natürliche Selektion bedingten Entwicklung der irdischen Spezies zu entsprechen.[15] Wie bei deren zufälligen Veränderungen, die eine immer erfolgreichere Anpassung an die Umwelt bewirken, mag es zwar Schritte zur Seite oder in die falsche Richtung geben, doch da sich der Trauminhalt aufgrund der gelösten Probleme verändert, wird geistiger Fortschritt letztlich auf natürliche Weise geschehen.

Die Aufarbeitung von Problemen kann eine schwierige Angelegenheit sein, und gewiss haben einige Menschen in diesem Leben mit schrecklichen Leiden zu kämpfen. In kleinerem Umfang erleben wir Unangenehmes in Albträumen, während unser Bewusstsein verschiedene Emotionen im Unterbewusstsein zu bewältigen versucht. Demgemäß hoffe ich, dass die Traumata, an denen Menschen hier leiden, Teil eines weitreichenden Verarbeitungsprozesses sind, der sich über mehrere Leben erstreckt und am Ende zu Lösung und Fortschritt führt.

Geist und Leben

Ein wesentlicher Unterschied zwischen unseren Nachtträumen und Lebenserfahrungen besteht darin, dass unsere Traumfiguren keine innere Existenz haben. Sie sind nur da, weil wir sie wahrnehmen. Im diesseitigen Leben hingegen hat wohl jedes bewusste Wesen eine innere Existenz (es sei denn, man verfällt in den Solipsismus und beschließt, die einzige Person zu sein, die wirklich existiert). Wir alle sind Mitschöpfer dieses gemeinsamen Traumes – nicht unsere individuelle Persönlichkeit, sondern der bewusste Teil unserer selbst, der den besonderen Traum, das besondere Leben übersteigt.

Wie mag jener umfassendere Teil eines jeden von uns – der Träumer – mit den anderen Träumern verbunden sein? Angesichts der reibungslosen Funktionsweise unserer Welt – sobald man ein Ereignis beobachtet, ist dessen Ergebnis für alle künftigen Beobachter festgelegt – stelle ich mir vor, dass jenes einzigartige Bewusstsein in jedem von uns einem übergreifenden Ganzen angehören muss. Jeder webt gleichsam mit am Teppich des Lebens, statt nur allein vor sich hin zu arbeiten.

Das Ich in unseren nächtlichen Träumen, sein Charakter, ist Teil eines größeren Ich, eines größeren Geistes, aus dem unsere Traumwelten hervorgehen. Alle Menschen im Traum kommen aus dem gleichen Bewusstsein, so wie sie im Nachttraum aus dem eigenen Bewusstsein auftauchen. Desgleichen mögen alle Menschen in der körperlichen Welt ebenfalls aus dem gleichen Bewusstsein, durch eine größere bewusste Kraft entstehen.

Die für diesen Zusammenhang wichtigen Arbeiten stammen von dem Schweizer Psychiater und Begründer der analytischen Psychologie Carl Gustav Jung. Er erforschte die Beziehung zwischen dem Mentalen und dem Physischen anhand seines Konzepts der Synchronizität oder der »sinngemäßen Koinzidenzen«, das auf Entsprechungen zwischen geistigen Bildern und objektiven Situationen beruht.[16] Demzufolge gibt es drei Arten synchronistischer Ereignisse.[17]

Das erste ist das am weitesten verbreitete: Der mentale Zustand eines Beobachters entspricht auf sinngemäße Weise einem gleichzeitigen äußeren Geschehen. Jung nannte dazu das Beispiel aus seiner psychotherapeutischen Arbeit mit einer Frau, die allzu rational und intellektuell war, um sich voll auf die Therapie einzulassen. Als sie ihm eines Tages von ihrem Traum erzählte, in dem ihr ein goldener Skarabäus – ein teures Schmuckstück – überreicht wurde, hörte Jung hinter sich ein Klopfen ans Fenster. Er öffnete es und ergriff das Insekt, das hereinflog. Es war ein Goldglänzender Rosenkäfer, der mit seinen schillernden Farben dem goldenen Skarabäus so sehr ähnelte, wie es in diesem Teil der Welt überhaupt möglich ist. Er übergab ihn der Patientin und sagte: »Hier ist Ihr Skarabäus.« Dieses Ereignis half, die Abwehrmechanismen der Frau zu durchbrechen, und führte zu einer effektiveren Therapie.

Bernard Beitman, ein Freund und Kollege von mir, der kürzlich Synchronizitäten und Koinzidenzen weiter untersucht hat, macht darauf aufmerksam, dass Jung in dieser Geschichte ein aktiver Handelnder war.[18] Nicht nur sei er aufgestanden, um den Käfer zu fangen und ihn der Patientin zu übergeben; auch seine Gefühlslage sei wichtig gewesen, um diese Ereignisse herbeizuführen, oder anders ausgedrückt: Seine Frustration über die rein verstandesmäßige Herangehensweise der Frau habe irgendwie zum Erscheinen des Käfers beigetragen.

Jungs zweite Art von Synchronizität betrifft die Koinzidenz zwischen einem mentalen Zustand und einem entsprechenden physischen Ereignis, das fern vom Beobachter stattfindet. Das Beispiel, das er anführt, handelt von dem schwedischen Wissenschaftler und Mystiker Emanuel Swedenborg. Dieser hatte eine

Vision von jenem großen Feuer, das zur gleichen Zeit in Stockholm, etwa vierhundert Kilometer entfernt, ausgebrochen war.

Die dritte Variante beschreibt die Koinzidenz zwischen einem mentalen Zustand und einem Ereignis in der Zukunft, das erst später nachgewiesen werden kann. Auf dieser Grundlage erörterte Jung die Experimente über außersinnliche Wahrnehmung des amerikanischen Parapsychologen J. B. Rhine. Dabei mussten Versuchspersonen eine Serie von Karten erraten, die erst Minuten oder gar Wochen nach der getroffenen Auswahl aufgedeckt wurden. Die Ergebnisse zeigten, dass die Wahrscheinlichkeit zufällig richtiger Antworten nur 1 zu 400 000 betrug.

Jung argumentierte, dass keine physische Ursache diese Antworten hervorgerufen haben konnte, dass sie also »akausal« seien. Neben der Beziehung zwischen Ursache und Wirkung sei also die Synchronizität ein weiterer Faktor in der Natur, den die Anordnung gewisser Ereignisse bestätige.[19] Es könne vom Gemütszustand des Beobachters abhängen, dass ein positiver Glaube oder eine optimistische Gesinnung – etwa in den oben erwähnten Experimenten – zu besseren Ergebnissen führe.

In diesem Zusammenhang berichtete mir Bernard Beitman von den Arbeiten des britischen Psychologen Roderick Main, der sich ebenfalls mit Koinzidenzen beschäftigt. Dabei ging es unter anderem um einen Mann, der intensiv das alttestamentarische Buch Sacharja studierte, in dem der gleichnamige Prophet eine Vision von vier Reitern hat, deren Pferde rot, schwarz, weiß und gefleckt sind. Der Mann machte eine Pause, ging in seinem Hotelzimmer hinaus auf den Balkon und sah unten auf der Straße vier Pferde: ein rotes, ein schwarzes, ein weißes und ein geflecktes. Er war völlig verblüfft.[20]

Als Bernard mir die Geschichte erzählte, schlug ich dafür zur Erklärung vor, eine Wellenfunktion sei kollabiert, die Konzentration des Mannes auf die Bildersprache über vier Pferde unterschiedlicher Farbe habe die Wahrscheinlichkeit erhöht, dass vier Pferde unterschiedlicher Farbe sich von anderen, in der Nähe grasenden Pferden absonderten und schließlich unter dem Balkon des Mannes auftauchten. So würde aus einer ziemlich zufälligen Reihe von Möglichkeiten *ein* Ergebnis erzielt, und das erneute Erscheinen der Pferde wäre analog dazu, sich tagsüber auf eine bestimmte Szene zu besinnen und in der darauffolgenden Nacht davon zu träumen.

Bernards Reaktion auf meinen Vorschlag war, soweit ich mich erinnere, ein schallendes Lachen. Und sicherlich hat er recht damit, dass es sich hier nicht einfach nur um eine kollabierende Wellenfunktion handelte wie bei der Beobachtung eines Elektrons, um zu sehen, welchen Spalt es im Experiment durchquert. Nichtsdestotrotz bin ich überzeugt, dass in der geschilderten Geschichte eine ähnliche Wechselbeziehung zwischen innerem Bewusstsein und äußeren Ereignissen bestanden haben könnte.

Ein Beispiel aus meinem Leben zeigt, dass diese Vorstellung auf einen weiter gefassten Rahmen angewendet werden könnte, jedoch auch, dass die Wechselbeziehung komplex ist. Im fieberhaften Versuch, mein erstes Manuskript zu veröffentlichen, schickte ich entsprechende Anfragen an zahlreiche Literaturagenten, unter anderem an Patricia van der Leun. Damals wusste ich nicht, dass sie gerade ein Gespräch mit einem ihrer Autoren geführt hatte, nämlich mit B. Alan Wallace, Experte für tibetischen Buddhismus und Direktor des Santa Barbara Institute for Consciousness Studies. Alan, den ich erst später kennenlernte, berichtete Patricia über die Arbeit Ian Stevensons an der hiesigen University of Virginia. Daher war sie neugierig, als bald darauf mein Brief bei ihr eintraf, und bat mich um ein Exposé, das sie dann mitnahm zu einem Mittagessen mit Diane Reverand, der Lektorin bei St. Martins's Press. Diane mochte das Exposé, und so war ich, ohne es zu ahnen, nahe daran, einen Verleger zu finden. Tatsächlich kam ein Angebot von St. Martin's Press, noch bevor Patricia und ich die Vereinbarung zwischen Agent und Autor unterschrieben hatten. Damit war das Buch bereits auf den Weg gebracht.

Sie sagen vielleicht, es habe sich einfach um einen glücklichen Zufall gehandelt. Aber wenn Sie in Betracht ziehen, dass im scheinbaren Glück das Bewusstsein mit beteiligt sein mag, dann veranschaulichen die Ereignisse, wie vielschichtig ein solcher Ablauf sein kann. Mein Wunsch, einen Verleger zu finden, veranlasste weder B. Alan Wallace, etliche Jahre seines Lebens dem Studium des Buddhismus zu widmen, noch Patricia van der Leun und Diane Reverand, Freundinnen zu werden, noch Diane, sich für solche Themen zu interessieren, da sie bereits eine Reihe von Büchern über Nahtoderfahrungen herausgegeben hatte. Dennoch fügten sich sämtliche Teile zusammen, um ein Ergebnis herbeizuführen, das für mich ziemlich wichtig war. Jung hätte den Vorgang nicht als einen Beleg für Synchronizität gewertet, weil die Serie von Ereignissen nicht so unwahrscheinlich war, dass sie nicht durch Zufall hätte eintreten können.

Dessen ungeachtet verblüfft es mich, dass die Verbindung zwischen dem Ziel in meinem Kopf und gewissen Ereignissen, die sich größtenteils meinem Einfluss entzogen, möglicherweise nicht nur auf bloßem Zufall beruhte. Das würde nicht unbedingt heißen, dass mein Wunsch genau dieses Ergebnis bewirken musste, aber das Bewusstsein mag – auf verschlungenen Wegen – mit im Spiel gewesen sein, um jene physische Wirklichkeit herbeizuführen, die dann Gestalt annahm. Wenn das zutrifft, sind unsere Gedanken – die Bilder in unseren Köpfen, unsere Wünsche und Ziele – ebenso miteinander verknüpft wie mit den Ergebnissen in der realen Welt. Ja vielleicht entstammen sie sogar der gleichen Quelle. Die verschiedenen Teile meiner Serie von Ereignissen, die mir einen Verleger bescherte, wie auch jene in den Geschichten über den goldenen Skarabäus und über die vier Pferde passen deshalb so gut zusammen, weil sie letztlich allesamt aus einem allumfassenden Geist kommen.

Das muss nicht bedeuten, dass jedes Geschehen von diesem Geist geplant oder beabsichtigt ist. Auch wir beherrschen oder planen nicht die Ereignisse in unseren nächtlichen Träumen und wissen durchaus, dass sie Schöpfungen unseres Geistes sind. Die physische Welt mag nach dem gleichen Muster funktionieren. Unsere durch das Bewusstsein geschaffene Welt beinhaltet auch schmerzliche oder andere negative Erfahrungen, die sich zufällig, ohne bewusste Absicht oder Kontrolle ergeben. Trotzdem können wir sie unter Umständen lindern oder verringern, indem wir uns dem wohlwollenden Aspekt dieses größeren Geistes zuwenden.

Wenn wir versehentlich einen heißen Gegenstand anfassen, verbrennen wir uns die Hand unabsichtlich und ziehen sie spontan zurück. Die Nerven in der Hand senden sofort Schmerzimpulse ans Zentralnervensystem, das blitzschnell reagiert und Impulse in den Arm zurückschickt mit der Botschaft, die Hand zu bewegen. So mag jeder von uns gleichsam eine Nervenzelle in einem großen Nervensystem sein[21], wobei jeder mit Absicht gehegte Gedanke – ob Wunsch oder Gebet – einer Schmerzempfindung ähnelt, die das Gehirn erreicht. Obwohl Gehirn und Organismus vielleicht nicht darauf reagieren, wäre die natürliche Neigung vorhanden, die negative Empfindung genau so zu beseitigen, wie es auch auf der körperlichen Ebene geschieht, wenn uns etwas peinigt. Manchmal aber blenden wir der höheren Ziele wegen die unangenehmen Empfindungen aus – etwa den Schmerz beim Training oder die Kälte bei ausgedehnten Winterspaziergängen. Derart könnte es sich mit dem Dasein insgesamt verhalten: Gerade das, was uns aus der persönlichen, begrenzten Perspektive als negative Empfindung erscheint, die wir gerne vermeiden würden, mag uns auf lange Sicht zu Fortschritten verhelfen, ähnlich wie ein während des Trainings schmerzender Muskel mit der Zeit größer und stärker wird.

Es entzieht sich meiner Kenntnis, warum mein Wunsch, einen Verleger zu finden, ein günstiges Ergebnis zur Folge hatte, wohingegen vergleichbare Ziele unter anderen Umständen unerreicht bleiben. Die Welt scheint nicht so beschaffen zu sein, wie Rhonda Byrne sie in ihrem Buch *The Secret* beschreibt aufgrund der Vorstellung, dass positive Gedanken wie starke Magneten wirken, die positive Resultate – zum Beispiel Gesundheit und Reichtum – anziehen. Wenn das Leben nur so einfach wäre! Ich denke zwar auch, dass unsere Hoffnungen und Wünsche die anvisierten Ergebnisse beeinflussen können und dass wir imstande sind, durch bewusste Absicht die Wirklichkeit zu verändern, aber nicht auf so simple und direkte Weise, wie das Buch es suggeriert. Die Erforschung dessen, wie man diese positive Wirkung erhöht – durch Gebet, Meditation, Einsicht oder, wie Jungs Schriften über Synchronizität nahelegen, durch festen Glauben und Optimismus –, könnte sich als nützlich erweisen, wenn in dieser von Bewusstsein erschaffenen Existenz mehr Kontrolle über die Ereignisse erlangt werden soll.

Mit anderen Worten: Wir können versuchen, den Traum zu verbessern und die Welt angenehmer zu gestalten. Zugleich mögen unsere Hoffnungen und Wünsche immer mehr in Einklang kommen mit dem Plan der Schöpfung, wie er von der Höchsten Quelle des Bewusstseins und der physischen Wirklichkeit ersonnen wurde. Religiöse Menschen sagen bisweilen im Gebet: »Dein Wille geschehe«, womit sie den gütigen Aspekt dieses umfassenden Geistes anrufen und anerkennen, dass es wohl vieles gibt, was wir nicht verstehen.

Das große Ganze

Da ein Teil von uns offenbar die Fähigkeit besitzt, die verschiedenen Traumwelten zu transzendieren, während wir im Laufe aufeinanderfolgender Leben von der einen in die andere übergehen, muss es auch eine Existenz jenseits dieser Welten und der Raumzeit geben – eine Existenz aus reinem Geist. Jeder von uns mag darin ein Gedankengang sein. Oder wir ähneln, wie William James vorschlug, einer Gruppe von Inseln, die, von oben betrachtet, durch Wasser getrennt scheinen, auf dem Meeresboden jedoch miteinander verbunden sind.[22] Über diese Verbindung hinaus sind Inseln kleine Bestandteile eines einzigen großen Körpers, des Planeten Erde. So mag auch der Geist eines jeden ein kleiner Bewusstseinsstrom sein, eingebettet in den allumfassenden Geist, in das »kosmische Bewusstsein«, wie James schrieb. Damit soll nicht unsere Individualität verleugnet werden; jede Insel im Meer ist eine individuelle Einheit, aber ebenso Teil von etwas Größerem.

In ähnlicher Weise existieren wir vielleicht als Individuen an der Oberfläche und sind zugleich eingefügt in etwas viel Größeres – größer, als wir es uns vorstellen können, denn es geht hier ja nicht um einen Ozean, sondern um sämtliche Bewusstseinsströme. Versuchen Sie nur einmal, sich jeden Ihrer bisherigen Gedanken zu vergegenwärtigen, multipliziert mit den Gedanken der Milliarden Menschen, die auf diesem einen Planeten in dieser einen Galaxie gelebt haben, abermals multipliziert mit den Gedanken in den unzähligen anderen Traumwelten – und plötzlich erscheint das kosmische Bewusstsein sogar noch um vieles größer als der physische Kosmos.

Unterhalb der Oberfläche unseres individuellen Daseins wären wir demnach Teil jenes endlosen Bewusstseins, das ich versucht bin, als Geist Gottes zu bezeichnen. Das ist ein ferner,

ferner Ruf aus meiner baptistisch geprägten Vergangenheit – und dennoch: Jenes unendliche Reich des Bewusstseins, aus dem alle Gedanken und Gefühle, Ereignisse und Welten von der Entstehung eines Planeten bis zum verblassenden Glühen eines sterbenden Sterns, vom ersten Atemzug eines Neugeborenen bis zum letzten Seufzer eines langen, erfüllten Lebens hervorgehen, jene Höchste Quelle aller Existenz muss das sein, was unser schwacher Geist nur in einer entstellten, vermenschlichten, unscharfen Reproduktion erkennen kann, die wir »Gott« nennen. Wir glauben, deren Umrisse wahrzunehmen, aber ihre gewaltigen Ausmaße machen sie so groß, dass unsere Vorstellungskraft dafür nicht ausreicht.

Gewiss, es ist ein langer Weg von den Erinnerungen einiger Kinder an frühere Leben bis zu diesem Ausblick in kosmische Dimensionen. Aber da ein Schritt auf den anderen folgte, hat die Reise zu diesem Punkt geführt. Die Geschichte eines kleinen Jungen, der wieder und wieder detailgenau den schrecklichen Tod eines jungen Piloten im Zweiten Weltkrieg durchlebte, stellt die herkömmliche Auffassung infrage, dass Bewusstsein allein durch ein physisches Gehirn erzeugt wird und darauf beschränkt bleibt. Daran anschließend bieten die Forschungen in der Quantenphysik eine Methode, solche Ereignisse zu verstehen, denn sie mündet in den logischen Schluss, dass die körperliche Welt dem Bewusstsein entspringt, welches also nicht durch sie begrenzt sein muss. Die Einsichten eines Kindes in Louisiana, das sich an Vorkommnisse im Leben eines Piloten aus Pennsylvania erinnerte, lassen erahnen, dass Bewusstsein über Lebensspannen hinweg fortdauert und dass Erfahrungen, durch große Entfernungen und viele Jahre voneinander getrennt, dennoch verbunden, ja ineinander verflochten sein können.

Diese innige Verbindung sowie zahlreiche wissenschaftliche Beobachtungen der fließenden Übergänge in unserer holistischen Welt deuten darauf hin, dass jedes einzelne Bewusstsein nur ein winziger Bestandteil im Akt der Schöpfung ist, dass alle Teile harmonisch zu einem größeren Ganzen zusammenwirken und dass – so wie unsere körperliche Welt aus dem Bewusstsein erwächst – die gesamte Existenz diesem größeren Ganzen, der Höchsten Quelle, entstammt. Als Gedankenströme aus einem umfassenden Geist sind wir nicht voneinander getrennt, sondern darin vereint. Und wenn die eigenen Lebenserfahrungen unseren individuellen Geist bereichern können, wenn die Erkenntnis, dass wir alle Teil des Höchsten sind, uns hilft, ein wenig geduldiger, ein wenig offener, ein wenig liebevoller zu sein, wenn sie uns dazu bringt, eher auf unsere Gemeinsamkeiten als auf unsere Unterschiede zu achten, werden wir vielleicht auf bescheidene Weise die Fähigkeit weiterentwickeln, das Höchste zu bereichern und so auch das Dasein an sich.

Anmerkungen

Ein zurückgekehrtes Kind?

1 Vgl. hierzu Stevenson 1993.

2 Stevenson 1997.

3 Vgl. Moody 1946.

4 Siehe Bowman 1997 und 2001.

5 Stevenson 1978, S. 323.

6 Vgl. King 1975.

7 Pasricha u.a. 2005.

8 Stevenson 1999.

9 Shroder 2008.

10 Shroder 1999.

11 Vgl. Stevenson 1958.

12 Stevenson 2006.

Wanderung durch Asien

1 Stevenson und Pasricha 1980.

2 Stevenson 1984.

3 Vgl. Bartlett 1968, S. 430.

4 Stevenson, Pasricha und McClean-Rice 1989.

5 Ebd., S. 84.

6 Mills und Dhiman 2011.

7 Stevenson, Pasricha und McClean-Rice 1989, S. 100.

8 James 1896, S. 5.

9 Vgl. Foll 1959 und Khaing 1962.

10 Stevenson 1977.

11 Stevenson 2001, S. 209.

12 Eine gute Zusammenfassung findet sich bei Sabom 1998, Kap. 3.

Der Junge aus Barra

1 Die Angaben zum Flughafen sind auf: *http://isleofbarra.com/forvisitors/the-airport/plane-landing-on-the-beach.htlm.*

2 Tucker 2000.

3 Siehe Putnam, Helmers und Trickett 1993.

4 Haraldsson 1995, 2003 und ders., Fowler und Periyannanpillai 2000.

5 Stevenson 1974, S. 67–91.

6 Stevenson 2001, S. 218.

7 Ebd.

8 Zu F. W. H. Myers siehe die bemerkenswerte Abhandlung bei Kelly u. a. 2007, Kapitel 2.

9 Myers 1903, Band I, S. 34. Ich habe von dessen Konzeption des Geistes durch einen Vortrag von Adam Crabtree erfahren.

Der dritte James

1 Leininger und Leininger 2009.

2 Wright 1999.

3 Siehe American Academy of Child and Adolescent Psychiatry Staff 2000; Wälder 1933 und vor allem Terr 1981. Zu posttraumatischen Symptomen bei Kindern, die über Erinnerungen an frühere Leben berichten, vgl. Haraldsson 2003.

4 Vgl. Dictionary of American Naval Fighting Ships (1970), S. 22–23.

5 Diese Aussage stammt aus dem *Natoma Bay* Iwo Jima Operations Report War Diary.

6 Tillman 1979.

Er kam aus Hollywood

1 Stevenson 2001, S. 113–115.

2 Siehe auch Tucker 2005, S. 151–56, und insbesondere Nissanka 2001.

Berühmte Namen aus der Vergangenheit

[1] Stevenson, Pasricha und Samararatne 1988.

[2] White 1977.

[3] Berichtet auf *http:/www.cnn.com/2011/US/04/07/bobby.jones.iv.grandfather.legacy/index.htlm*. Abgerufen am 12.8.2012.

[4] Stevenson 2000.

[5] ders. 1983, S. 223.

[6] Vgl. *http:/www.cdc.gov/nchs/data/misc/atlasres.pdf.* Abgerufen am 24.9.2012.

Unbekannte Identität

[1] Haraldsson 2003.

[2] Vgl. *The Oxford Dictionary of Nursery Rhymes* 1952, S. 270–78.

[3] Vgl. McLaughlin 1998, Kapitel 7.

[4] Eine weitere Quelle ist *http:/www.en.wiktionary.org/wiki/hooley.*

Geist triumphiert über Materie

[1] Siehe Ecklund und Long 2011.

[2] Collins 2006.

[3] Klarreich 2001.

[4] Vgl. *http:/www.physics.lbl.gov/-stapp/UCSF050509.docA*, S. 3.

[5] In: *The Observer* vom 25. Januar 1931; hier zit. nach Stromberg 1942, S. 329.

[6] Zu den Diskussionen über das Doppelspaltexperiment siehe z. B. Greene 1999, Davies 1983 und »The Double-Slit-Experiment« in: *Physics World,* 15. September 2002.

[7] Vgl. Greene 1999, S. 99.

[8] Dirac 1958, S. 9.

[9] Zu weiteren Details über die Geschichte des Experiments siehe den Artikel »The Double-Slit-Experiment«, ebd.

10 Feynman, Leighton und Sands 1963, Bd. 3, S. 1.

11 Heisenberg, zit. nach Herbert 1985, S. 195.

12 Heisenberg, zit. nach Stapp 2007, S. 90.

13 Heisenberg, zit. nach Herbert, ebd.

14 von Neumann 1955 [1932].

15 Herbert 1985, S. 25.

16 Zu Diskussionen über von Neumanns Arbeit siehe Rosenblum und Kuttner 2006, S. 184, sowie Herbert 1985, S. 145–49.

17 von Neumann ebd., S. 421.

18 Ebd., S. 418.

19 Vgl. Herbert 1985, S. 148.

20 Ebd., S. 160.

21 Henry 2005.

22 Vgl. Radin und Nelson 1989.

23 Vgl. Schmidt 1993.

24 Costa de Beauregard 1995, S. 290.

25 Vgl. Vedral 2011.

26 Greene 1999, S. 108.

27 Vgl. Schrödinger 1935 und Gilder 2008, S. 173.

28 Siehe Friedman u. a. 2000.

29 Collins 2000.

30 Blatter 2000.

31 Leggett 2000.

32 Vgl. O'Connell u. a. 2010.

33 Siehe Cho 2010.

34 Zeilinger, hier zit. nach Seife 2001.

35 Siehe z. B. Arndt u. a. 1999; Nairz u. a. 2002; Friedman u. a. 2000; van der Wal u. a. 2000; Hackermüller u. a. 2003. Weitere Beispiele liefert Vedral 2011, S. 42.

36 Vgl. Folger 2002.

37 Siehe Jacques u. a. 2007, wo auch frühere Untersuchungen genannt sind.

[38] Vgl. Folger ebd.

[39] Siehe Fine 2011.

[40] Ebd.

[41] Vgl. dazu Gilder 2008, S. 3–4.

[42] Siehe Einstein, Podolsky und Rosen 1935.

[43] Vgl. Bell 1964.

[44] Eine Diskussion dazu in: Rosenblum und Kuttner, ebd., S. 142–152.

[45] Bell, ebd., S. 195.

[46] Aspect, Grangier und Roger 1981; Aspect, Dalibard und Roger 1982; Aspect, Grangier und Roger 1982.

[47] Vgl. Bell, ebd., S. 195.

[48] Rosenblum und Kutter, ebd., S. 143.

[49] Vgl. Gröblacher u. a. 2007.

[50] Siehe *http://www.physicsworld.com/cws/article/news/2007/apr/20/quantum-physics-says-goodbye-to-reality.*

[51] Ebd.

[52] Siehe Jammer 1974, S. 238–39, sowie Costa de Beauregard 1987, insbesondere S. 252.

[53] King 2011, S. 61 (in der amerikanischen Originalausgabe).

[54] Wheeler 1983, S.194.

[55] Ebd., S. 194–96.

[56] Ders.1977, S. 6.

[57] Ebd., S. 3.

[58] Ebd.

[59] Ders. 1983, S. 209.

[60] Linde, zit. nach Folger 2002, S. 48.

[61] Vgl. Wheeler 1977.

[62] Vgl. Davies 1983, Kap. 12 und 13.

[63] Siehe Collins 2006.

[64] Carter 1974; siehe auch Barrow und Tippler 1988.

[65] Wheeler 1977, S. 28.

[66] Dicke 1961.
[67] Wheeler 1977.
[68] Ders. 1983, S. 196.
[69] Vgl. Herbert 1985, S. 25.
[70] Wigner 1962.
[71] Ders., ebd., S. 294, 289.
[72] Stapp 1996, 2007.
[73] Linde, zit. nach Folger 2002.
[74] Jeans 1933, S. 186.
[75] D'Espagnat 1979, S. 158.
[76] Everett 1957; zur weiteren Diskussion siehe auch Herbert 1985.
[77] Vgl. Wheeler 1983.
[78] Ebd., S. 207.
[79] Wheeler 1977, S. 27.
[80] Diese Aussage ähnelt der des Astronomen Bernard Haisch (2006): »Es ist nicht die Materie, die eine Illusion von Bewusstsein erzeugt, sondern Bewusstsein erzeugt eine Illusion von Materie.« Allerdings würde ich nicht so weit gehen zu sagen, dass Materie eine reine Illusion ist, sondern daran festhalten, dass sie aus dem Bewusstsein entsteht.
[81] Vgl. LaBerge 1985.
[82] Schmeidler 1943 sowie *http://www.parapsych.org/members/g_schmeidler.html.*
[83] Vgl. Palmer 1977.

An einem Traum arbeiten

[1] Viele der nachfolgenden Hinweise und Erklärungen stammen aus Sharma und Tucker 2004.
[2] Vgl. Kellehear 1993.
[3] Vgl. Pasricha 1995.
[4] Vgl. Murphy 2001.

[5] Siehe Pasricha und Stevenson 1986.

[6] Sam Harris, vgl. *http://www.samharris.org/blog/item/science-on-the-brink-of-death.*

[7] Vgl. Sharma und Tucker, ebd.

[8] Siehe Stevenson und Keil 2005.

[9] Vgl. Barker und Pasricha 1979.

[10] Vgl. Rinpoche 1993, Kap. 14.

[11] Für einen Überblick über mediale Literatur vgl. Gauld 1982.

[12] Siehe dazu Kelly 2001.

[13] Dazu insbesondere Greyson 2010.

[14] Dementsprechende Vorstellungen finden sich bei Weiss 1988 und Newton 1994.

[15] Die Analogie zur natürlichen Selektion entwickelte sich während eines anregenden Gesprächs mit dem Filmemacher David Sauvage.

[16] Siehe Jung 1952/1970.

[17] Ebd., S. 526 ff.

[18] Beitman 2011.

[19] Vgl. Jung, ebd., S. 485.

[20] Vgl. Main 2007, S. 12.

[21] Sir James Jeans stellte die gleiche Analogie her, siehe *The Observer*, 4. Januar 1931.

[22] Siehe James 1909/1986, S. 374.

Bibliografie

Alexander, E.: *Proof of Heaven. A Neurosurgeon's Journey into the Afterlife. New York:* Simon & Schuster 2012. (*Blick in die Ewigkeit*. München: Ansata 2013)

American Academy of Child and Adolescent Psychiatry Staff: *Your Child. Emotional, Behavioral, and Cognitive Development from Birth Through Preadolescence*, hrsg. von D. Pruitt. New York: HarperCollins 2000.

Arndt, M., O. Nairz, J. Vos-Andreae, C. Keller, G. van der Zouw und A. Zellinger: »Wave-Particle Duality of C_{60} Molecules«, in *Nature* 401/1999, S. 680–682.

Aspect, A., J. Dalibard und G. Roger: »Experimental Test of Bell's Inequalities Using Time-Varying Analyzers«, in *Physical Review Letters* 49/1982, S. 1804–1807.

Aspect, A., P. Grangier und G. Roger: »Experimental Tests of Realistic Local Theories via Bell's Theorem«, in *Physical Review Letters* 47/1981, S. 460–463.

Aspect, A., P. Grangier und G. Roger: »Experimental Realization of Einstein-Podolsky-Rosen-Bohm *Gedankenexperiment*: A New Violation of Bell's Inequalities«, in *Physical Review Letters* 49/1982, S. 91–94.

Barker, D. R. und S. K. Pasricha: »Reincarnation Cases in Fatehabad: A Systematic Survey in North India«, in *Journal of Asian and African Studies* 14/1979, S. 231–240.

Barrow, J. D. und F. J. Tipler: *The Anthropic Cosmological Principle*. Oxford: Oxford University Press 1988.

Bartlett, J.: *Familiar Quotations*, hrsg. von E. M. Beck. Boston: Little, Brown and Company 1968 [1855].

Beitman, B. D.: »Coincidence studies«, in *Psychiatric Annals* 41/2011, S. 561–571.

Bell, J. S.: »On the Einstein Podolsky Rosen paradox«, in *Physics* 1/1964, S. 195–200.

Blatter, G.: »Schrödinger's Cat Is Now Fat«, in *Nature* 406/2000, S. 25–26.

Bowman, C.: *Children's Past Lives: How Past Life Memories Affect Your Child*. New York: Bantam Books 1997. (*Mama, ich war schon einmal erwachsen! Kinder erinnern sich an frühere Leben*. Hanau: Amra 2012)

Bowman, C.: *Return from Heaven: Beloved Relatives Reincarnated Within Your Family*. New York: HarperCollins 2001.

Burpo, T., und L. Vincent: *Heaven Is For Real: A Little Boy's Astounding Story of His Trip to Heaven and Back*. Nashville, Tenn: Thomas Nelson 2010. (*Den Himmel gibt's echt: Die erstaunlichen Erlebnisse eines Jungen zwischen Leben und Tod*. Holzgerlingen: SCM Hässler 2012)

Carter, B.: »Large Number Coincidences and the Anthropic Principle in Cosmology«, in *Confrontations of Cosmological Theories with Observational Data*, hrsg. von M. S. Longair. Dordrecht: D. Reidel 1974.

Cho, A.: »The First Quantum Machine«, in *Science* 330/2010, S. 1604.

Collins, F. S.: *The Language of God: A Scientist Presents Evidence for Belief*. New York: Free Press 2006.

Collins, G. P.: »Schrödinger's SQUID«, in *Scientific American*, Oktober 2000.

Costa de Beauregard, O.: »Time, the Physical Magnitude«, in *Boston Studies in the Philosophy of Science*, Bd. 99, hrsg. von R. S. Cohen und M. W. Wartofsky. Dordrecht: D. Reidel 1987.

Costa de Beauregard, O.: »Macroscopic Retrocausation«, in *Foundations of Physics Letters* 8 (3)/1995, S. 287–291.

Davies, P.: *God and the New Physics*. New York: Touchstone 1983. (*Gott und die moderne Physik*. München: C. Bertelsmann 1986)

D'Espagnat, B.: »The Quantum Theory and Reality«, in *Scientific American* 241 (5)/1979, S. 158–181.

Dicke, R. H.: »Dirac's Cosmology and Mach's Principle« in *Nature* 192/1961, S. 440–441.

Dictionary of American Naval Fighting Ships, Band 5. Washington: Defense Department, Navy, Naval History Division 1970.

Dirac, P. A. M.: *The Principles of Quantum Mechanics*. London: Oxford University Press 1958.

»(The) Double-Slit Experiment«, in *Physics World*, 15. September 2002.

Ecklund, E. H., und E. Long.: »Scientists and Spirituality«, in *Sociology of Religion* 72/2011, S. 253–274.

Einstein, A., B. Podolsky und N. Rosen: »Can Quantum-Mechanical Description of Physical Reality be Considered Complete?«, in *Physical Review* 47/1935, S. 777–780.

Everett, H.: »›Relative State‹ Formulation of Quantum Mechanics«, in *Reviews of Modern Physics* 29/1957, S. 454–462.

Feynman, R. P., R. B. Leighton und M. Sands: *The Feynman Lectures on Physics*. 3 Bände. Reading, Mass.: Addison-Wesley Publishing 1963.

Fine, A.: »The Einstein-Podolsky-Rosen Argument in Quantum Theory«, in *The Stanford Encyclopedia of Philosophy* (Winter 2011), hrsg. von E. N. Zalta. *http://plato.stanford.edu/archives/win2011/entries/qt-epr/.*

Folger, T.: »Does the Universe Exist if We're Not Looking?«, in *Discover*, Juni 2002, S. 44–48.

Foll, C. V.: »An Account of Some of the Beliefs and Superstitions About Pregnancy, Parturition and Infant Health in Burma«, in *Journal of Tropical Pediatrics* 5/1959, S. 51–59.

Friedman, J. R., V. Patel, W. Chen, S. K. Tolpygo und J. E. Lukens: »Quantum Superposition of Distinct Macroscopic States«, in *Nature* 406/2000, S. 43–46.

Gauld, A.: *Mediumship and Survival: A Century of Investigations*. London: William Heinemann 1982.

Gilder, L.: *The Age of Entanglement: When Quantum Physics Was Reborn*. New York: Alfred A. Knopf 2008.

Greene, B.: *The Elegant Universe: Superstrings, Hidden Dimensions, and the Quest for the Ultimate Theory*. New York: W. W. Norton 1999.

Greyson, B.: »Seeing Deceased Persons Not Known to Have Died: ›Peak in Darien‹ Experiences«, in *Anthropology and Humanism* 35/2010, S. 159–171.

Gröblacher, S., T. Paterek, R. Kaltenbaek, C. Brukner, M. Żukowski, M. Aspelmeyer und A. Zeilinger: »An Experimental Test of Non-Local Realism«, in *Nature* 446/2007, S. 871–875.

Hackermüller, L., S. Uttenthaler, K. Hornberger, E. Reiger, Brezger B., A. Zeilinger und M. Arndt: »Wave Nature of Biomolecules and Fluorofullerenes«, in *Physical Review Letters* 91/2003, 090408-1-090408-4.

Haisch, B.: *The God Theory: Universes, Zero-Point Fields and What's Behind It All.* San Francisco: Weiser Books 2006.

Haraldsson, E.: »Children Who Speak of Past-Life Experiences: Is There a Psychological Explanation?«, in *Psychology and Psychotherapy: Theory, Research and Practice* 76/2003, S. 55–67.

Haraldsson, E., P. C. Fowler und V. Periyannanpillai: »Psychological Characteristics of Children Who Speak of a Previous Life: A Further Field Study in Sri Lanka«, in *Transcultural Psychiatry* 37/2000, S. 525–544.

Henry, R. C.: »The Mental Universe«, in *Nature* 436/2005, S. 29 ff.

Herbert, N.: *Quantum Reality: Beyond the New Physics.* New York: Anchor Books 1985.

Jacques, V., E. Wu, F. Grosshans, F. Treussart, P. Grangier, A. Aspect und J. Roch: »Experimental Realization of Wheeler's Delayed-Choice Gedankenexperiment«, in *Science* 315/2007, S. 966–968.

James, W.: »Presidential Address«, in *Proceedings of the Society for Psychical Research* 12/1896, S. 2–10.

James, W.: »Confidences of a ›Psychical Researcher‹«, in *Essays in Psychical Research*. Cambridge, Mass.: Harvard University Press 1909/1986.

Jammer, M.: *The Philosophy of Quantum Mechanics: The Interpretations of Quantum Mechanics in Historical Perspective*. New York: John Wiley & Sons 1974.

Jeans, J.: *The Mysterious Universe*. New York: Macmillan 1933.

Jung, C. G.: »Synchronicity: An Acausal Connecting Principle«, in *The Structure and Dynamics of the Psyche*, hrsg. von G. Adler, M. Fordham und H. Read. Princeton, New Jersey: Princeton University Press 1952/1970.

Kellehear, A.: »Culture, Biology, and the Near Death Experience: A Reappraisal«, in *Journal of Nervous and Mental Disease* 181/1993, S. 148–156.

Kelly, E. F., E. W. Kelly, A. Crabtree, A. Gauld, M. Grosso und B. Greyson: *Irreducible Mind: Toward a Psychology for the 21st Century*. Lanham, Maryland: Rowman & Littlefield 2007.

Kelly, E. W.: »Near-Death Experiences with Reports of Meeting Deceased People«, in *Death Studies* 25/2001, S. 229–249.

Khaing, M. M.: *Burmese Family*. Bloomington: Indiana University Press 1962.

King, L. S.: »Reincarnation«, in *JAMA* 234/1975, S. 978 ff.

King, S.: *11/22/63*. New York: Scribner 2011. (*Der Anschlag*. München: Heyne 2012)

Klarreich, E.: »Stamp Booklet Has Physicists Licked.« in *Nature* 413/2001, S. 339.

LaBerge, S.: *Lucid Dreaming.* Los Angeles: Jeremy P. Tarcher 1985.

Leggett, T.: »New Life for Schrödinger's Cat«, in *Physics World*, August 2000, S. 23–24.

Leininger, B., und A. Leininger, mit K. Gross: *Soul Survivor: The Reincarnation of a World War II Fighter Pilot.* New York: Grand Central 2009.

Main, R.: *Revelations of Chance.* Albany: State University of New York Press 2007.

McLaughlin, M.: *Sierra Stories: True Tales of Tahoe.* Carnelian Bay, California: Mic Mac Publishing 1998.

Mills, A., und K. Dhiman: »Shiva Returned in the Body of Sumitra: A Posthumous Longitudinal Study of the Significance of the Shiva/Sumitra Case of the Possession Type«, in *Proceedings of the Society for Psychical Research* 59/2011, S. 145–193.

Moody, R. L.: »Bodily Changes During Abreaction«, in *Lancet* 2/1946, S. 934–935.

Murphy, T.: »Near-Death Experiences in Thailand«, in *Journal of Near-Death Studies* 19/2001, S. 161–178.

Myers, F. W. H.: *Human Personality: And Its survival of Bodily Death.* 2 Bände. London: Longman's, Green 1903.

Nairz, O., M. Arndt und A. Zeilinger: »Experimental Verification of the Heisenberg Uncertainty Principle for Fullerene Molecules«, in *Physical Review A* 65/2002, 032109-1-032109-4.

Newton, M.: *Journey of Souls: Case Studies of Life Between Lives.* St. Paul, Minnesota: Llewellyn 1994.

Nissanka, H. S. S.: *The Girl Who Was Reborn: A Case-Study Suggestive of Reincarnation.* Colombo, Sri Lanka: Godage Brothers 2001.

O'Connell, A. D., M. Hofheinz, M. Ansmann, R. C. Bialczak, M. Lenander, E. Lucero, M. Neeley, D. Sank, H. Wang, M. Weides, M. Wenner, J. M. Martinis und A. N. Cleland: »Quantum Ground State and Single-Phonon Control of a Mechanical Resonator«, in *Nature* 464/2010, S. 697–703.

(The) Oxford Dictionary of Nursery Rhymes, hrsg. von I. Opie and P. Opie. London: Oxford University Press 1952.

Palmer, J.: »Attitudes and Personality Traits in Experimental ESP Research«, in *Handbook of Parapsychology*, hrsg. von B. B. Wolman. New York: Van Nostrand Reinhold 1977.

Pasricha, S.: »Near Death Experiences in South India: A Systematic Survey«, in *Journal of Scientific Exploration* 9/1995, S. 79–88.

Pasricha, S. K., J. Keil, J. B. Tucker und I. Stevenson: »Some Bodily Malformations Attributed to Previous Lives«, in *Journal of Scientific Exploration* 19/2005, S. 359–383.

Pasricha, S., und I. Stevenson: »Near-Death Experiences in India: A Preliminary Report«, in *Journal of Nervous and Mental Disease* 174/1986, S. 165–170.

Putnam, F. W., K. Helmers und P. K. Trickett: »Development, Reliability, and Validity of a Child Dissociation Scale«, in *Child Abuse & Neglect* 17/1993, S. 731–741.

Radin, D. I., und R. D. Nelson: »Evidence for Consciousness-Related Anomalies in Random Physical Systems«, in *Foundations of Physics* 19/1989, S. 1499–1514.

Rinpoche, S.: *The Tibetan Book of Living and Dying.* New York: HarperCollins 1993. (*Das tibetische Buch vom Leben und vom Sterben.* München: Knaur 2010)

Rosenblum, B., und F. Kuttner: *Quantum Enigma: Physics Encounters Consciousness.* New York: Oxford University Press 2006.

Sabom, M.: *Light & Death: One Doctor's Fascinating Account of Near-Death Experiences.* Grand Rapids, Michigan: Zondervan Publishing House 1998. (*Erinnerung an den Tod. Eine medizinische Untersuchung.* München: Goldmann 1989)

Schmeidler, G. R.: »Predicting Good and Bad Scores in a Clairvoyance Experiment: A Final Report«, in *Journal of the American Society for Psychical Research* 37/1943, S. 210–221.

Schmidt, H.: »Observation of a Psychokinetic Effect Under Highly Controlled Conditions«, in *Journal of Parapsychology* 57/1993, S. 351–372.

Schrödinger, E.: »Die gegenwärtige Situation in der Quantenmechanik«, in *Die Naturwissenschaften* 48/1935, S. 807–812; 823–828; 844–849.

Seife, C.: »Microscale Weirdness Expands Its Turf«, in *Science* 292/2001, S. 1471.

Shroder, T.: *Old Souls: The Scientific Evidence for Past Lives.* New York: Simon & Schuster 1999.

Shroder, T.: »A Good Question«, in *Journal of Scientific Exploration* 22/2008, S. 115–116.

Stapp, H. P.: *Mind, Matter and Quantum Mechanics.* Berlin: Springer 1996.

Stapp, H. P.: *Mindful Universe: Quantum Mechanics and the Participating Observer.* Berlin: Springer 2007.

Stevenson, I.: »Scientists with Half-Closed Minds«, in *Harper's Magazine* 217/1958, S. 64–71.

Stevenson, I.: *Twenty Cases Suggestive of Reincarnation.* Charlottesville: University Press of Virginia 1974 [2., bearbeitete Auflage. Die Erstausgabe erschien 1966 in *Proceedings of the American Society for Psychical Research*, Band 26].

Stevenson, I.: *Cases of the Reincarnation Type, vol. II: Ten Cases in Sri Lanka.* Charlottesville: University Press of Virginia 1977.

Stevenson, I.: »Some Comments on Automatic Writing«, in *Journal of the American Society for Psychical Research* 72/1978, S. 315–332.

Stevenson, I., und S. Pasricha: »A Preliminary Report on an Unusual Case of the Reincarnation Type with Xenoglossy«, in *Journal of the American Society for Psychical Research* 74/1980, S. 331–348.

Stevenson, I.: *Cases of the Reincarnation Type, vol. IV: Twelve Cases in Thailand and Burma.* Charlottesville: University Press of Virginia 1983.

Stevenson, I.: *Unlearned Language: New Studies in Xenoglossy.* Charlottesville: University of Virginia Press 1984.

Stevenson, I., S. Pasricha und G. Samararatne: »Deception and Self-Deception in Cases of the Reincarnation Type: Seven Illustrative Cases in Asia«, in *Journal of the American Society for Psychical Research* 82 (1)/1988, S. 1–31.

Stevenson, I., S. Pasricha und N. McClean-Rice: »A Case of the Possession Type in India with Evidence of Paranormal Knowledge«, in *Journal of Scientific Exploration* 3/1989, S. 81–101.

Stevenson, I.: «Birthmarks and Birth Defects Corresponding to Wounds on Deceased Persons«, in *Journal of Scientific Exploration* 7/1993, S. 403–416.

Stevenson, I.: *Reincarnation and Biology: A Contribution to the Etiology of Birthmarks and Birth Defects.* Westport, Connecticut: Praeger 1997.

Stevenson, I.: »Past Lives of Twins«, in *Lancet* 353/1999, S. 1359–1360.

Stevenson, I.: »The Phenomenon of Claimed Memories of Previous Lives: Possible Interpretations and Importance«, in *Medical Hypotheses* 54 (4)/2000, S. 652–659.

Stevenson, I.: *Children Who Remember Previous Lives: A Question of Reincarnation.* Jefferson, North Carolina: McFarland & Co 2001 [überarbeitete Ausgabe].

Stevenson, I., und J. Keil: »Children of Myanmar Who Behave Like Japanese Soldiers: A Possible Third Element in Personality«, in *Journal of Scientific Exploration* 19/2005, S. 171–183.

Stevenson, I.: »Half a Career with the Paranormal«, in *Journal of Scientific Exploration* 20/2006, S. 13–21.

Stromberg, G.: »Coherence in a Physical World«, in *Philosophy of Science* 9/1942, S. 323–334.

Tillman, B.: *Corsair: The F4U in World War II and Korea.* Annapolis, Maryland: Naval Institute Press 1979.

Tucker, J. B.: »A Scale to Measure the Strength of Children's Claims of Previous Lives: Methodology and Initial Findings«, in *Journal of Scientific Exploration* 14/2000, S. 571–581.

Tucker, J. B.: *Life Before life: A Scientific Investigation of Children's Memories of Previous Lives.* New York: St. Martin's Press 2005.

Van der Wal, C. H., A. C. J. ter Haar, F. K. Wilhelm, R. N. Schouten, C. J. P. M. Harmans, T. P. Orlando, S. Lloyd und J. E. Mooij: »Quantum Superposition of Macroscopic Persistent-Current States«, in *Science* 290/2000, S. 773–777.

Vedral, V.: »Living in a Quantum World«, in *Scientific American*, Juni 2011, S. 38–43.

Von Neumann, J.: *Mathematische Grundlagen der Quantenmechanik.* Berlin: Springer 1996.

Wälder, R.: »The Psychoanalytic Theory of Play«, in *Psychoanalytic Quarterly* 2/1933, S. 208–224.

Weiss, B.: *Many Lives, Many Masters: The True Story of a Prominent Psychiatrist, His Young Patient, and the Past-Life Therapy That Changed Both Their Lives.* New York: Fireside 1988.

Wheeler, J. A.: »Genesis and Observership«, in *Foundational Problems in the Special Sciences*, hrsg. von R. Butts and J. Hintikka. Dordrecht: D. Reidel 1977.

Wheeler, J. A.: »Law Without Law«, in *Quantum Theory and Measurement*, hrsg. von J. Wheeler und W. H. Zurek. Princeton, New Jersey: Princeton University Press 1983.

White, S. H.: *Sidney Howard.* Boston: Twayne Publishers 1977.

Wigner, E. P.: »Remarks on the Mind-Body Question«, in *The Scientist Speculates: An Anthropology of Partly-Baked Ideas*, hrsg. von I. J. Good. New York: Basic Books 1962.

Wright, D.: *The Battle for Iwo Jima 1945.* Stroud: Sutton 1999.

Dank

Mein besonderer Dank gilt den in diesem Buch beschriebenen Familien, dass sie sowohl ihre Geschichten als auch ihre Zeit mit mir geteilt haben. Ohne sie hätte es überhaupt nicht entstehen können. Die meisten ihrer Namen wurden geändert, aber zum Glück wissen sie, um wen es sich jeweils handelt.

Die im zweiten Kapitel dargestellten Reisen nach Asien wären zweifellos fruchtlos gewesen ohne die kenntnisreiche Mithilfe der ÜbersetzerInnen Sutdya Vajrabhaya und Wichian Sittiprapaporn in Thailand sowie U Myint Aung in Myanmar.

Außerdem möchte ich Greyson und Ariana Williams danken. Ihre großzügige Spende ermöglichte es mir, der Fertigstellung des Buches mehr Zeit zu widmen. Auf diese Weise wurde auch die im siebten Kapitel geschilderte Forschungsreise finanziell unterstützt.

Patricia van der Leun, meine Literaturagentin, und Daniela Rapp, meine Lektorin bei St. Martin's Press, trugen dazu bei, dass dieses Buch weitaus besser wurde, als es sonst der Fall gewesen wäre. Der Korrektor Eric Meyer fügte zahlreiche Verbesserungen ein. Vorschläge von Lori Derr und David Sauvage waren ebenfalls sehr nützlich.

Schließlich möchte ich besonders der Liebe meines Lebens danken, meiner Frau Chris. Erneut stand sie mir als inoffizielle Lektorin zur Seite. Darüber hinaus verleiht mir das Zusammensein mit ihr immer wieder neue Kraft für die Erforschung des Lebens und erhöht meine Wertschätzung dafür, was es jeden Tag zu bieten hat.

Als Buddha noch ein Elefant war
Inspirierende Geschichten über Weisheit, Glück und Lebensfreude
Mark W. McGinnis